Nuevas Leyes de Procedimiento administrativo y Régimen Jurídico de las Administraciones Públicas

Ley 39/2015, de 1 de octubre, del Procedimiento Administrativo Común de las Administraciones Públicas

y

Ley 40/2015, de 1 de octubre, de Régimen Jurídico del Sector Público

DIEGO FISCALERO

ISBN-10: 1530467209
ISBN-13: 978-1530467204

DEDICATORIA

Dedicado a los opositores, a los que lo fueron y a todos los estudiantes de legislación.

SUMARIO

Ley 39/2015, de 1 de octubre, del Procedimiento Administrativo Común de las Administraciones Públicas

Índice Articular

CAPÍTULO I. Normas generales de actuación

- Artículo 13. Derechos de las personas en sus relaciones con las Administraciones Públicas.
- Artículo 14. Derecho y obligación de relacionarse electrónicamente con las Administraciones Públicas.
- Artículo 15. Lengua de los procedimientos.
- Artículo 16. Registros.
- Artículo 17. Archivo de documentos.
- Artículo 18. Colaboración de las personas.
- Artículo 19. Comparecencia de las personas.
- Artículo 20. Responsabilidad de la tramitación.
- Artículo 21. Obligación de resolver.
- Artículo 22. Suspensión del plazo máximo para resolver.
- Artículo 23. Ampliación del plazo máximo para resolver y notificar.
- Artículo 24. Silencio administrativo en procedimientos iniciados a solicitud del interesado.
- Artículo 25. Falta de resolución expresa en procedimientos iniciados de oficio.
- Artículo 26. Emisión de documentos por las Administraciones Públicas.
- Artículo 27. Validez y eficacia de las copias realizadas por las Administraciones Públicas.
- Artículo 28. Documentos aportados por los interesados al procedimiento administrativo.

CAPÍTULO II. Términos y plazos

- Artículo 29. Obligatoriedad de términos y plazos.
- Artículo 30. Cómputo de plazos.
- Artículo 31. Cómputo de plazos en los registros.
- Artículo 32. Ampliación.
- Artículo 33. Tramitación de urgencia.

TÍTULO III. De los actos administrativos

CAPÍTULO I. Requisitos de los actos administrativos

- Artículo 34. Producción y contenido.
- Artículo 35. Motivación.
- Artículo 36. Forma.

CAPÍTULO II. Eficacia de los actos

CAPÍTULO III. Nulidad y anulabilidad

TÍTULO IV. De las disposiciones sobre el procedimiento administrativo común

CAPÍTULO I. Garantías del procedimiento

CAPÍTULO II. Iniciación del procedimiento

Sección 1.ª Disposiciones generales

Sección 2.ª Iniciación del procedimiento de oficio por la administración

- Artículo 58. Iniciación de oficio.
- Artículo 59. Inicio del procedimiento a propia iniciativa.
- Artículo 60. Inicio del procedimiento como consecuencia de orden superior.
- Artículo 61. Inicio del procedimiento por petición razonada de otros órganos.
- Artículo 62. Inicio del procedimiento por denuncia.
- Artículo 63. Especialidades en el inicio de los procedimientos de naturaleza sancionadora.
- Artículo 64. Acuerdo de iniciación en los procedimientos de naturaleza sancionadora.
- Artículo 65. Especialidades en el inicio de oficio de los procedimientos de responsabilidad patrimonial.

Sección 3.ª Inicio del procedimiento a solicitud del interesado

- Artículo 66. Solicitudes de iniciación.
- Artículo 67. Solicitudes de iniciación en los procedimientos de responsabilidad patrimonial.
- Artículo 68. Subsanación y mejora de la solicitud.
- Artículo 69. Declaración responsable y comunicación.

CAPÍTULO III. Ordenación del procedimiento

- Artículo 70. Expediente Administrativo.
- Artículo 71. Impulso.
- Artículo 72. Concentración de trámites.
- Artículo 73. Cumplimiento de trámites.
- Artículo 74. Cuestiones incidentales.

CAPÍTULO IV. Instrucción del procedimiento

Sección 1.ª Disposiciones generales

- Artículo 75. Actos de instrucción.
- Artículo 76. Alegaciones.

Sección 2.ª Prueba

- Disposición adicional segunda. Adhesión de las Comunidades Autónomas y Entidades Locales a las plataformas y registros de la Administración General del Estado.
- Disposición adicional tercera. Notificación por medio de anuncio publicado en el «Boletín Oficial del Estado».
- Disposición adicional cuarta. Oficinas de asistencia en materia de registros.
- Disposición adicional quinta. Actuación administrativa de los órganos constitucionales del Estado y de los órganos legislativos y de control autonómicos.

[Disposiciones transitorias]

- Disposición transitoria primera. Archivo de documentos.
- Disposición transitoria segunda. Registro electrónico y archivo electrónico único.
- Disposición transitoria tercera. Régimen transitorio de los procedimientos.
- Disposición transitoria cuarta. Régimen transitorio de los archivos, registros y punto de acceso general.
- Disposición transitoria quinta. Procedimientos de responsabilidad patrimonial derivados de la declaración de inconstitucionalidad de una norma o su carácter contrario al Derecho de la Unión Europea.

[Disposiciones derogatorias]

- Disposición derogatoria única. Derogación normativa.

[Disposiciones finales]

- Disposición final primera. Título competencial.
- Disposición final segunda. Modificación de la Ley 59/2003, de 19 de diciembre, de firma electrónica.
- Disposición final tercera. Modificación de la Ley 36/2011, de 10 de octubre, reguladora de la jurisdicción social.
- Disposición final cuarta. Referencias normativas.
- Disposición final quinta. Adaptación normativa.
- Disposición final sexta. Desarrollo normativo de la Ley.
- Disposición final séptima. Entrada en vigor.

TÍTULO PRELIMINAR

Disposiciones generales

Artículo 1. Objeto de la Ley.

1. La presente Ley tiene por objeto regular los requisitos de validez y eficacia de los actos administrativos, el procedimiento administrativo común a todas las Administraciones Públicas, incluyendo el sancionador y el de reclamación de responsabilidad de las Administraciones Públicas, así como los principios a los que se ha de ajustar el ejercicio de la iniciativa legislativa y la potestad reglamentaria.

2. Solo mediante ley, cuando resulte eficaz, proporcionado y necesario para la consecución de los fines propios del procedimiento, y de manera motivada, podrán incluirse trámites adicionales o distintos a los contemplados en esta Ley. Reglamentariamente podrán establecerse especialidades del procedimiento referidas a los órganos competentes, plazos propios del concreto procedimiento por razón de la materia, formas de iniciación y terminación, publicación e informes a recabar.

Artículo 2. Ámbito subjetivo de aplicación.

1. La presente Ley se aplica al sector público, que comprende:

a) La Administración General del Estado.

b) Las Administraciones de las Comunidades Autónomas.

c) Las Entidades que integran la Administración Local.

d) El sector público institucional.

2. El sector público institucional se integra por:

a) Cualesquiera organismos públicos y entidades de derecho público vinculados o dependientes de las Administraciones Públicas.

b) Las entidades de derecho privado vinculadas o dependientes de las Administraciones Públicas, que quedarán sujetas a lo dispuesto en las normas de esta Ley que específicamente se refieran a las mismas, y en todo caso, cuando ejerzan potestades administrativas.

c) Las Universidades públicas, que se regirán por su normativa específica y supletoriamente por las previsiones de esta Ley.

3. Tienen la consideración de Administraciones Públicas la Administración General del Estado, las Administraciones de las Comunidades Autónomas, las Entidades que integran la Administración Local, así como los organismos públicos y entidades de derecho público previstos en la letra a) del apartado 2 anterior.

4. Las Corporaciones de Derecho Público se regirán por su normativa específica en el ejercicio de las funciones públicas que les hayan sido atribuidas por Ley o delegadas por una Administración Pública, y supletoriamente por la presente Ley.

TÍTULO I

De los interesados en el procedimiento

CAPÍTULO I

La capacidad de obrar y el concepto de interesado

Artículo 3. Capacidad de obrar.

A los efectos previstos en esta Ley, tendrán capacidad de obrar ante las Administraciones Públicas:

a) Las personas físicas o jurídicas que ostenten capacidad de obrar con arreglo a las normas civiles.

b) Los menores de edad para el ejercicio y defensa de aquellos de sus derechos e intereses cuya actuación esté permitida por el ordenamiento jurídico sin la asistencia de la persona que ejerza la patria potestad, tutela o curatela. Se exceptúa el supuesto de los menores incapacitados, cuando la extensión de la incapacitación afecte al ejercicio y defensa de los derechos o intereses de que se trate.

c) Cuando la Ley así lo declare expresamente, los grupos de afectados, las uniones y entidades sin personalidad jurídica y los patrimonios independientes o autónomos.

Artículo 4. Concepto de interesado.

1. Se consideran interesados en el procedimiento administrativo:

a) Quienes lo promuevan como titulares de derechos o intereses legítimos individuales o colectivos.

b) Los que, sin haber iniciado el procedimiento, tengan derechos que puedan resultar afectados por la decisión que en el mismo se adopte.

c) Aquellos cuyos intereses legítimos, individuales o colectivos, puedan resultar afectados por la resolución y se personen en el procedimiento en tanto no haya recaído resolución definitiva.

2. Las asociaciones y organizaciones representativas de intereses económicos y sociales serán titulares de intereses legítimos colectivos en los términos que la Ley reconozca.

3. Cuando la condición de interesado derivase de alguna relación jurídica transmisible, el derecho-habiente sucederá en tal condición cualquiera que sea el estado del procedimiento.

Artículo 5. Representación.

1. Los interesados con capacidad de obrar podrán actuar por medio de representante, entendiéndose con éste las actuaciones administrativas, salvo manifestación expresa en contra del interesado.

2. Las personas físicas con capacidad de obrar y las personas jurídicas, siempre que ello esté previsto en sus Estatutos, podrán actuar en representación de otras ante las Administraciones Públicas.

3. Para formular solicitudes, presentar declaraciones responsables o comunicaciones, interponer recursos, desistir de acciones y renunciar a derechos en nombre de otra persona, deberá acreditarse la representación. Para los actos y gestiones de mero trámite se presumirá aquella representación.

4. La representación podrá acreditarse mediante cualquier medio válido en Derecho que deje constancia fidedigna de su existencia.

A estos efectos, se entenderá acreditada la representación realizada mediante apoderamiento apud acta efectuado por comparecencia personal o comparecencia electrónica en la correspondiente sede electrónica, o a través de la acreditación de su inscripción en el registro electrónico de apoderamientos de la Administración Pública competente.

5. El órgano competente para la tramitación del procedimiento deberá incorporar al expediente administrativo acreditación de la condición de representante y de los poderes que tiene reconocidos en dicho momento. El documento electrónico que acredite el resultado de la consulta al registro electrónico de apoderamientos correspondiente tendrá la condición de acreditación a estos efectos.

6. La falta o insuficiente acreditación de la representación no impedirá que se tenga por realizado el acto de que se trate, siempre que se aporte aquélla o se subsane el defecto dentro del plazo de diez días que deberá conceder al efecto el órgano administrativo, o de un plazo superior cuando las circunstancias del caso así lo requieran.

7. Las Administraciones Públicas podrán habilitar con carácter general o específico a personas físicas o jurídicas autorizadas para la realización de determinadas transacciones electrónicas en representación de los interesados. Dicha habilitación deberá especificar las condiciones y obligaciones a las que se comprometen los que así adquieran la condición de representantes, y determinará la presunción de validez de la representación salvo que la normativa de aplicación prevea otra cosa. Las Administraciones Públicas podrán

requerir, en cualquier momento, la acreditación de dicha representación. No obstante, siempre podrá comparecer el interesado por sí mismo en el procedimiento.

Artículo 6. Registros electrónicos de apoderamientos.

1. La Administración General del Estado, las Comunidades Autónomas y las Entidades Locales dispondrán de un registro electrónico general de apoderamientos, en el que deberán inscribirse, al menos, los de carácter general otorgados apud acta, presencial o electrónicamente, por quien ostente la condición de interesado en un procedimiento administrativo a favor de representante, para actuar en su nombre ante las Administraciones Públicas. También deberá constar el bastanteo realizado del poder.

En el ámbito estatal, este registro será el Registro Electrónico de Apoderamientos de la Administración General del Estado.

Los registros generales de apoderamientos no impedirán la existencia de registros particulares en cada Organismo donde se inscriban los poderes otorgados para la realización de trámites específicos en el mismo. Cada Organismo podrá disponer de su propio registro electrónico de apoderamientos.

2. Los registros electrónicos generales y particulares de apoderamientos pertenecientes a todas y cada una de las Administraciones, deberán ser plenamente interoperables entre sí, de modo que se garantice su interconexión, compatibilidad informática, así como la transmisión telemática de las solicitudes, escritos y comunicaciones que se incorporen a los mismos.

Los registros electrónicos generales y particulares de apoderamientos permitirán comprobar válidamente la representación de quienes actúen ante las Administraciones Públicas en nombre de un tercero, mediante la consulta a otros registros administrativos similares, al registro mercantil, de la propiedad, y a los protocolos notariales.

Los registros mercantiles, de la propiedad, y de los protocolos notariales serán interoperables con los registros electrónicos generales y particulares de apoderamientos.

3. Los asientos que se realicen en los registros electrónicos generales y particulares de apoderamientos deberán contener, al menos, la siguiente información:

a) Nombre y apellidos o la denominación o razón social, documento nacional de identidad, número de identificación fiscal o documento equivalente del poderdante.

b) Nombre y apellidos o la denominación o razón social, documento nacional de identidad, número de identificación fiscal o documento equivalente del apoderado.

c) Fecha de inscripción.

d) Período de tiempo por el cual se otorga el poder.

e) Tipo de poder según las facultades que otorgue.

4. Los poderes que se inscriban en los registros electrónicos generales y particulares de apoderamientos deberán corresponder a alguna de las siguientes tipologías:

a) Un poder general para que el apoderado pueda actuar en nombre del poderdante en cualquier actuación administrativa y ante cualquier Administración.

b) Un poder para que el apoderado pueda actuar en nombre del poderdante en cualquier actuación administrativa ante una Administración u Organismo concreto.

c) Un poder para que el apoderado pueda actuar en nombre del poderdante únicamente para la realización de determinados trámites especificados en el poder.

A tales efectos, por Orden del Ministro de Hacienda y Administraciones Públicas se aprobarán, con carácter básico, los modelos de poderes inscribibles en el registro distinguiendo si permiten la actuación ante todas las Administraciones de acuerdo con lo previsto en la letra a) anterior, ante la Administración General del Estado o ante las Entidades Locales.

Cada Comunidad Autónoma aprobará los modelos de poderes inscribibles en el registro cuando se circunscriba a actuaciones ante su respectiva Administración.

5. El apoderamiento «apud acta» se otorgará mediante comparecencia electrónica en la correspondiente sede electrónica haciendo uso de los sistemas de firma electrónica previstos en esta Ley, o bien mediante comparecencia personal en las oficinas de asistencia en materia de registros.

6. Los poderes inscritos en el registro tendrán una validez determinada máxima de cinco años a contar desde la fecha de inscripción. En todo caso, en cualquier momento antes de la finalización de dicho plazo el poderdante podrá revocar o prorrogar el poder. Las prórrogas otorgadas por el poderdante al registro tendrán una validez determinada máxima de cinco años a contar desde la fecha de inscripción.

7. Las solicitudes de inscripción del poder, de revocación, de prórroga o de denuncia del mismo podrán dirigirse a cualquier registro, debiendo quedar inscrita esta circunstancia en el registro de la Administración u Organismo ante la que tenga efectos el poder y surtiendo efectos desde la fecha en la que se produzca dicha

inscripción.

Artículo 7. Pluralidad de interesados.

Cuando en una solicitud, escrito o comunicación figuren varios interesados, las actuaciones a que den lugar se efectuarán con el representante o el interesado que expresamente hayan señalado, y, en su defecto, con el que figure en primer término.

Artículo 8. Nuevos interesados en el procedimiento.

Si durante la instrucción de un procedimiento que no haya tenido publicidad, se advierte la existencia de personas que sean titulares de derechos o intereses legítimos y directos cuya identificación resulte del expediente y que puedan resultar afectados por la resolución que se dicte, se comunicará a dichas personas la tramitación del procedimiento.

CAPÍTULO II

Identificación y firma de los interesados en el procedimiento administrativo

Artículo 9. Sistemas de identificación de los interesados en el procedimiento.

1. Las Administraciones Públicas están obligadas a verificar la identidad de los interesados en el procedimiento administrativo, mediante la comprobación de su nombre y apellidos o denominación o razón social, según corresponda, que consten en el Documento Nacional de Identidad o documento identificativo equivalente.

2. Los interesados podrán identificarse electrónicamente ante las Administraciones Públicas a través de cualquier sistema que cuente con un registro previo como usuario que permita garantizar su identidad. En particular, serán admitidos, los sistemas siguientes:

a) Sistemas basados en certificados electrónicos reconocidos o cualificados de firma electrónica expedidos por prestadores incluidos en la «Lista de confianza de prestadores de servicios de certificación». A estos efectos, se entienden comprendidos entre los citados certificados electrónicos reconocidos o cualificados los de persona jurídica y de entidad sin personalidad jurídica.

b) Sistemas basados en certificados electrónicos reconocidos o cualificados de sello electrónico expedidos por prestadores incluidos en la «Lista de confianza de prestadores de servicios de certificación».

c) Sistemas de clave concertada y cualquier otro sistema que las

Administraciones Públicas consideren válido, en los términos y condiciones que se establezcan.

Cada Administración Pública podrá determinar si sólo admite alguno de estos sistemas para realizar determinados trámites o procedimientos, si bien la admisión de alguno de los sistemas de identificación previstos en la letra c) conllevará la admisión de todos los previstos en las letras a) y b) anteriores para ese trámite o procedimiento.

3. En todo caso, la aceptación de alguno de estos sistemas por la Administración General del Estado servirá para acreditar frente a todas las Administraciones Públicas, salvo prueba en contrario, la identificación electrónica de los interesados en el procedimiento administrativo.

Artículo 10. Sistemas de firma admitidos por las Administraciones Públicas.

1. Los interesados podrán firmar a través de cualquier medio que permita acreditar la autenticidad de la expresión de su voluntad y consentimiento, así como la integridad e inalterabilidad del documento.

2. En el caso de que los interesados optaran por relacionarse con las Administraciones Públicas a través de medios electrónicos, se considerarán válidos a efectos de firma:

a) Sistemas de firma electrónica reconocida o cualificada y avanzada basados en certificados electrónicos reconocidos o cualificados de firma electrónica expedidos por prestadores incluidos en la «Lista de confianza de prestadores de servicios de certificación». A estos efectos, se entienden comprendidos entre los citados certificados electrónicos reconocidos o cualificados los de persona jurídica y de entidad sin personalidad jurídica.

b) Sistemas de sello electrónico reconocido o cualificado y de sello electrónico avanzado basados en certificados electrónicos reconocidos o cualificados de sello electrónico incluidos en la «Lista de confianza de prestadores de servicios de certificación».

c) Cualquier otro sistema que las Administraciones Públicas consideren válido, en los términos y condiciones que se establezcan.

Cada Administración Pública, Organismo o Entidad podrá determinar si sólo admite algunos de estos sistemas para realizar determinados trámites o procedimientos de su ámbito de competencia.

3. Cuando así lo disponga expresamente la normativa reguladora aplicable, las Administraciones Públicas podrán admitir los sistemas de identificación contemplados en esta Ley como sistema de firma

cuando permitan acreditar la autenticidad de la expresión de la voluntad y consentimiento de los interesados.

4. Cuando los interesados utilicen un sistema de firma de los previstos en este artículo, su identidad se entenderá ya acreditada mediante el propio acto de la firma.

Artículo 11. Uso de medios de identificación y firma en el procedimiento administrativo.

1. Con carácter general, para realizar cualquier actuación prevista en el procedimiento administrativo, será suficiente con que los interesados acrediten previamente su identidad a través de cualquiera de los medios de identificación previstos en esta Ley.

2. Las Administraciones Públicas sólo requerirán a los interesados el uso obligatorio de firma para:

a) Formular solicitudes.

b) Presentar declaraciones responsables o comunicaciones.

c) Interponer recursos.

d) Desistir de acciones.

e) Renunciar a derechos.

Artículo 12. Asistencia en el uso de medios electrónicos a los interesados.

1. Las Administraciones Públicas deberán garantizar que los interesados pueden relacionarse con la Administración a través de medios electrónicos, para lo que pondrán a su disposición los canales de acceso que sean necesarios así como los sistemas y aplicaciones que en cada caso se determinen.

2. Las Administraciones Públicas asistirán en el uso de medios electrónicos a los interesados no incluidos en los apartados 2 y 3 del artículo 14 que así lo soliciten, especialmente en lo referente a la identificación y firma electrónica, presentación de solicitudes a través del registro electrónico general y obtención de copias auténticas.

Asimismo, si alguno de estos interesados no dispone de los medios electrónicos necesarios, su identificación o firma electrónica en el procedimiento administrativo podrá ser válidamente realizada por un funcionario público mediante el uso del sistema de firma electrónica del que esté dotado para ello. En este caso, será necesario que el interesado que carezca de los medios electrónicos necesarios se identifique ante el funcionario y preste su consentimiento expreso para esta actuación, de lo que deberá quedar constancia para los casos de discrepancia o litigio.

3. La Administración General del Estado, las Comunidades

Autónomas y las Entidades Locales mantendrán actualizado un registro, u otro sistema equivalente, donde constarán los funcionarios habilitados para la identificación o firma regulada en este artículo. Estos registros o sistemas deberán ser plenamente interoperables y estar interconectados con los de las restantes Administraciones Públicas, a los efectos de comprobar la validez de las citadas habilitaciones.

En este registro o sistema equivalente, al menos, constarán los funcionarios que presten servicios en las oficinas de asistencia en materia de registros.

TÍTULO II

De la actividad de las Administraciones Públicas

CAPÍTULO I

Normas generales de actuación

Artículo 13. Derechos de las personas en sus relaciones con las Administraciones Públicas.

Quienes de conformidad con el artículo 3, tienen capacidad de obrar ante las Administraciones Públicas, son titulares, en sus relaciones con ellas, de los siguientes derechos:

a) A comunicarse con las Administraciones Públicas a través de un Punto de Acceso General electrónico de la Administración.

b) A ser asistidos en el uso de medios electrónicos en sus relaciones con las Administraciones Públicas.

c) A utilizar las lenguas oficiales en el territorio de su Comunidad Autónoma, de acuerdo con lo previsto en esta Ley y en el resto del ordenamiento jurídico.

d) Al acceso a la información pública, archivos y registros, de acuerdo con lo previsto en la Ley 19/2013, de 9 de diciembre, de transparencia, acceso a la información pública y buen gobierno y el resto del Ordenamiento Jurídico.

e) A ser tratados con respeto y deferencia por las autoridades y empleados públicos, que habrán de facilitarles el ejercicio de sus derechos y el cumplimiento de sus obligaciones.

f) A exigir las responsabilidades de las Administraciones Públicas y autoridades, cuando así corresponda legalmente.

g) A la obtención y utilización de los medios de identificación y firma electrónica contemplados en esta Ley.

h) A la protección de datos de carácter personal, y en particular a la seguridad y confidencialidad de los datos que figuren en los ficheros, sistemas y aplicaciones de las Administraciones Públicas.

i) Cualesquiera otros que les reconozcan la Constitución y las leyes.

Estos derechos se entienden sin perjuicio de los reconocidos en el artículo 53 referidos a los interesados en el procedimiento administrativo.

Artículo 14. Derecho y obligación de relacionarse electrónicamente con las Administraciones Públicas.

1. Las personas físicas podrán elegir en todo momento si se comunican con las Administraciones Públicas para el ejercicio de sus derechos y obligaciones a través de medios electrónicos o no, salvo que estén obligadas a relacionarse a través de medios electrónicos con las Administraciones Públicas. El medio elegido por la persona para comunicarse con las Administraciones Públicas podrá ser modificado por aquella en cualquier momento.

2. En todo caso, estarán obligados a relacionarse a través de medios electrónicos con las Administraciones Públicas para la realización de cualquier trámite de un procedimiento administrativo, al menos, los siguientes sujetos:

a) Las personas jurídicas.

b) Las entidades sin personalidad jurídica.

c) Quienes ejerzan una actividad profesional para la que se requiera colegiación obligatoria, para los trámites y actuaciones que realicen con las Administraciones Públicas en ejercicio de dicha actividad profesional. En todo caso, dentro de este colectivo se entenderán incluidos los notarios y registradores de la propiedad y mercantiles.

d) Quienes representen a un interesado que esté obligado a relacionarse electrónicamente con la Administración.

e) Los empleados de las Administraciones Públicas para los trámites y actuaciones que realicen con ellas por razón de su condición de empleado público, en la forma en que se determine reglamentariamente por cada Administración.

3. Reglamentariamente, las Administraciones podrán establecer la obligación de relacionarse con ellas a través de medios electrónicos para determinados procedimientos y para ciertos colectivos de personas físicas que por razón de su capacidad económica, técnica, dedicación profesional u otros motivos quede acreditado que tienen acceso y disponibilidad de los medios electrónicos necesarios.

Artículo 15. Lengua de los procedimientos.

1. La lengua de los procedimientos tramitados por la Administración General del Estado será el castellano. No obstante lo anterior, los interesados que se dirijan a los órganos de la Administración General del Estado con sede en el territorio de una Comunidad Autónoma podrán utilizar también la lengua que sea cooficial en ella.

En este caso, el procedimiento se tramitará en la lengua elegida por el interesado. Si concurrieran varios interesados en el procedimiento, y existiera discrepancia en cuanto a la lengua, el procedimiento se tramitará en castellano, si bien los documentos o testimonios que requieran los interesados se expedirán en la lengua elegida por los mismos.

2. En los procedimientos tramitados por las Administraciones de las Comunidades Autónomas y de las Entidades Locales, el uso de la lengua se ajustará a lo previsto en la legislación autonómica correspondiente.

3. La Administración Pública instructora deberá traducir al castellano los documentos, expedientes o partes de los mismos que deban surtir efecto fuera del territorio de la Comunidad Autónoma y los documentos dirigidos a los interesados que así lo soliciten expresamente. Si debieran surtir efectos en el territorio de una Comunidad Autónoma donde sea cooficial esa misma lengua distinta del castellano, no será precisa su traducción.

Artículo 16. Registros.

1. Cada Administración dispondrá de un Registro Electrónico General, en el que se hará el correspondiente asiento de todo documento que sea presentado o que se reciba en cualquier órgano administrativo, Organismo público o Entidad vinculado o dependiente a éstos. También se podrán anotar en el mismo, la salida de los documentos oficiales dirigidos a otros órganos o particulares.

Los Organismos públicos vinculados o dependientes de cada Administración podrán disponer de su propio registro electrónico plenamente interoperable e interconectado con el Registro Electrónico General de la Administración de la que depende.

El Registro Electrónico General de cada Administración funcionará como un portal que facilitará el acceso a los registros electrónicos de cada Organismo. Tanto el Registro Electrónico General de cada Administración como los registros electrónicos de cada Organismo cumplirán con las garantías y medidas de seguridad previstas en la legislación en materia de protección de datos de carácter personal.

Las disposiciones de creación de los registros electrónicos se publicarán en el diario oficial correspondiente y su texto íntegro deberá estar disponible para consulta en la sede electrónica de acceso al registro. En todo caso, las disposiciones de creación de registros electrónicos especificarán el órgano o unidad responsable de su gestión, así como la fecha y hora oficial y los días declarados como inhábiles.

En la sede electrónica de acceso a cada registro figurará la relación actualizada de trámites que pueden iniciarse en el mismo.

2. Los asientos se anotarán respetando el orden temporal de recepción o salida de los documentos, e indicarán la fecha del día en que se produzcan. Concluido el trámite de registro, los documentos serán cursados sin dilación a sus destinatarios y a las unidades administrativas correspondientes desde el registro en que hubieran sido recibidas.

3. El registro electrónico de cada Administración u Organismo garantizará la constancia, en cada asiento que se practique, de un número, epígrafe expresivo de su naturaleza, fecha y hora de su presentación, identificación del interesado, órgano administrativo remitente, si procede, y persona u órgano administrativo al que se envía, y, en su caso, referencia al contenido del documento que se registra. Para ello, se emitirá automáticamente un recibo consistente en una copia autenticada del documento de que se trate, incluyendo la fecha y hora de presentación y el número de entrada de registro, así como un recibo acreditativo de otros documentos que, en su caso, lo acompañen, que garantice la integridad y el no repudio de los mismos.

4. Los documentos que los interesados dirijan a los órganos de las Administraciones Públicas podrán presentarse:

a) En el registro electrónico de la Administración u Organismo al que se dirijan, así como en los restantes registros electrónicos de cualquiera de los sujetos a los que se refiere el artículo 2.1.

b) En las oficinas de Correos, en la forma que reglamentariamente se establezca.

c) En las representaciones diplomáticas u oficinas consulares de España en el extranjero.

d) En las oficinas de asistencia en materia de registros.

e) En cualquier otro que establezcan las disposiciones vigentes.

Los registros electrónicos de todas y cada una de las Administraciones, deberán ser plenamente interoperables, de modo que se garantice su compatibilidad informática e interconexión, así como la transmisión telemática de los asientos registrales y de los documentos que se presenten en cualquiera de los registros.

5. Los documentos presentados de manera presencial ante las Administraciones Públicas, deberán ser digitalizados, de acuerdo con lo previsto en el artículo 27 y demás normativa aplicable, por la oficina de asistencia en materia de registros en la que hayan sido presentados para su incorporación al expediente administrativo electrónico, devolviéndose los originales al interesado, sin perjuicio de aquellos supuestos en que la norma determine la custodia por la Administración de los documentos presentados o resulte obligatoria la presentación de objetos o de documentos en un soporte específico no susceptibles de digitalización.

Reglamentariamente, las Administraciones podrán establecer la obligación de presentar determinados documentos por medios electrónicos para ciertos procedimientos y colectivos de personas físicas que, por razón de su capacidad económica, técnica, dedicación profesional u otros motivos quede acreditado que tienen acceso y disponibilidad de los medios electrónicos necesarios.

6. Podrán hacerse efectivos mediante transferencia dirigida a la oficina pública correspondiente cualesquiera cantidades que haya que satisfacer en el momento de la presentación de documentos a las Administraciones Públicas, sin perjuicio de la posibilidad de su abono por otros medios.

7. Las Administraciones Públicas deberán hacer pública y mantener actualizada una relación de las oficinas en las que se prestará asistencia para la presentación electrónica de documentos.

8. No se tendrán por presentados en el registro aquellos documentos e información cuyo régimen especial establezca otra forma de presentación.

Artículo 17. Archivo de documentos.

1. Cada Administración deberá mantener un archivo electrónico único de los documentos electrónicos que correspondan a procedimientos finalizados, en los términos establecidos en la normativa reguladora aplicable.

2. Los documentos electrónicos deberán conservarse en un formato que permita garantizar la autenticidad, integridad y conservación del documento, así como su consulta con independencia del tiempo transcurrido desde su emisión. Se asegurará en todo caso la posibilidad de trasladar los datos a otros formatos y soportes que garanticen el acceso desde diferentes aplicaciones. La eliminación de dichos documentos deberá ser autorizada de acuerdo a lo dispuesto en la normativa aplicable.

3. Los medios o soportes en que se almacenen documentos, deberán contar con medidas de seguridad, de acuerdo con lo previsto

en el Esquema Nacional de Seguridad, que garanticen la integridad, autenticidad, confidencialidad, calidad, protección y conservación de los documentos almacenados. En particular, asegurarán la identificación de los usuarios y el control de accesos, así como el cumplimiento de las garantías previstas en la legislación de protección de datos.

Artículo 18. Colaboración de las personas.

1. Las personas colaborarán con la Administración en los términos previstos en la Ley que en cada caso resulte aplicable, y a falta de previsión expresa, facilitarán a la Administración los informes, inspecciones y otros actos de investigación que requieran para el ejercicio de sus competencias, salvo que la revelación de la información solicitada por la Administración atentara contra el honor, la intimidad personal o familiar o supusieran la comunicación de datos confidenciales de terceros de los que tengan conocimiento por la prestación de servicios profesionales de diagnóstico, asesoramiento o defensa, sin perjuicio de lo dispuesto en la legislación en materia de blanqueo de capitales y financiación de actividades terroristas.

2. Los interesados en un procedimiento que conozcan datos que permitan identificar a otros interesados que no hayan comparecido en él tienen el deber de proporcionárselos a la Administración actuante.

3. Cuando las inspecciones requieran la entrada en el domicilio del afectado o en los restantes lugares que requieran autorización del titular, se estará a lo dispuesto en el artículo 100.

Artículo 19. Comparecencia de las personas.

1. La comparecencia de las personas ante las oficinas públicas, ya sea presencialmente o por medios electrónicos, sólo será obligatoria cuando así esté previsto en una norma con rango de ley.

2. En los casos en que proceda la comparecencia, la correspondiente citación hará constar expresamente el lugar, fecha, hora, los medios disponibles y objeto de la comparecencia, así como los efectos de no atenderla.

3. Las Administraciones Públicas entregarán al interesado certificación acreditativa de la comparecencia cuando así lo solicite.

Artículo 20. Responsabilidad de la tramitación.

1. Los titulares de las unidades administrativas y el personal al servicio de las Administraciones Públicas que tuviesen a su cargo la resolución o el despacho de los asuntos, serán responsables directos de su tramitación y adoptarán las medidas oportunas para remover

los obstáculos que impidan, dificulten o retrasen el ejercicio pleno de los derechos de los interesados o el respeto a sus intereses legítimos, disponiendo lo necesario para evitar y eliminar toda anormalidad en la tramitación de procedimientos.

2. Los interesados podrán solicitar la exigencia de esa responsabilidad a la Administración Pública de que dependa el personal afectado.

Artículo 21. Obligación de resolver.

1. La Administración está obligada a dictar resolución expresa y a notificarla en todos los procedimientos cualquiera que sea su forma de iniciación.

En los casos de prescripción, renuncia del derecho, caducidad del procedimiento o desistimiento de la solicitud, así como de desaparición sobrevenida del objeto del procedimiento, la resolución consistirá en la declaración de la circunstancia que concurra en cada caso, con indicación de los hechos producidos y las normas aplicables.

Se exceptúan de la obligación a que se refiere el párrafo primero, los supuestos de terminación del procedimiento por pacto o convenio, así como los procedimientos relativos al ejercicio de derechos sometidos únicamente al deber de declaración responsable o comunicación a la Administración.

2. El plazo máximo en el que debe notificarse la resolución expresa será el fijado por la norma reguladora del correspondiente procedimiento.

Este plazo no podrá exceder de seis meses salvo que una norma con rango de Ley establezca uno mayor o así venga previsto en el Derecho de la Unión Europea.

3. Cuando las normas reguladoras de los procedimientos no fijen el plazo máximo, éste será de tres meses. Este plazo y los previstos en el apartado anterior se contarán:

a) En los procedimientos iniciados de oficio, desde la fecha del acuerdo de iniciación.

b) En los iniciados a solicitud del interesado, desde la fecha en que la solicitud haya tenido entrada en el registro electrónico de la Administración u Organismo competente para su tramitación.

4. Las Administraciones Públicas deben publicar y mantener actualizadas en el portal web, a efectos informativos, las relaciones de procedimientos de su competencia, con indicación de los plazos máximos de duración de los mismos, así como de los efectos que produzca el silencio administrativo.

En todo caso, las Administraciones Públicas informarán a los interesados del plazo máximo establecido para la resolución de los procedimientos y para la notificación de los actos que les pongan término, así como de los efectos que pueda producir el silencio administrativo. Dicha mención se incluirá en la notificación o publicación del acuerdo de iniciación de oficio, o en la comunicación que se dirigirá al efecto al interesado dentro de los diez días siguientes a la recepción de la solicitud iniciadora del procedimiento en el registro electrónico de la Administración u Organismo competente para su tramitación. En este último caso, la comunicación indicará además la fecha en que la solicitud ha sido recibida por el órgano competente.

5. Cuando el número de las solicitudes formuladas o las personas afectadas pudieran suponer un incumplimiento del plazo máximo de resolución, el órgano competente para resolver, a propuesta razonada del órgano instructor, o el superior jerárquico del órgano competente para resolver, a propuesta de éste, podrán habilitar los medios personales y materiales para cumplir con el despacho adecuado y en plazo.

6. El personal al servicio de las Administraciones Públicas que tenga a su cargo el despacho de los asuntos, así como los titulares de los órganos administrativos competentes para instruir y resolver son directamente responsables, en el ámbito de sus competencias del cumplimiento de la obligación legal de dictar resolución expresa en plazo.

El incumplimiento de dicha obligación dará lugar a la exigencia de responsabilidad disciplinaria, sin perjuicio de la que hubiere lugar de acuerdo con la normativa aplicable.

Artículo 22. Suspensión del plazo máximo para resolver.

1. El transcurso del plazo máximo legal para resolver un procedimiento y notificar la resolución se podrá suspender en los siguientes casos:

a) Cuando deba requerirse a cualquier interesado para la subsanación de deficiencias o la aportación de documentos y otros elementos de juicio necesarios, por el tiempo que medie entre la notificación del requerimiento y su efectivo cumplimiento por el destinatario, o, en su defecto, por el del plazo concedido, todo ello sin perjuicio de lo previsto en el artículo 68 de la presente Ley.

b) Cuando deba obtenerse un pronunciamiento previo y preceptivo de un órgano de la Unión Europea, por el tiempo que medie entre la petición, que habrá de comunicarse a los interesados, y la notificación del pronunciamiento a la Administración instructora, que también deberá serles comunicada.

c) Cuando exista un procedimiento no finalizado en el ámbito de la Unión Europea que condicione directamente el contenido de la resolución de que se trate, desde que se tenga constancia de su existencia, lo que deberá ser comunicado a los interesados, hasta que se resuelva, lo que también habrá de ser notificado.

d) Cuando se soliciten informes preceptivos a un órgano de la misma o distinta Administración, por el tiempo que medie entre la petición, que deberá comunicarse a los interesados, y la recepción del informe, que igualmente deberá ser comunicada a los mismos. Este plazo de suspensión no podrá exceder en ningún caso de tres meses. En caso de no recibirse el informe en el plazo indicado, proseguirá el procedimiento.

e) Cuando deban realizarse pruebas técnicas o análisis contradictorios o dirimentes propuestos por los interesados, durante el tiempo necesario para la incorporación de los resultados al expediente.

f) Cuando se inicien negociaciones con vistas a la conclusión de un pacto o convenio en los términos previstos en el artículo 86 de esta Ley, desde la declaración formal al respecto y hasta la conclusión sin efecto, en su caso, de las referidas negociaciones, que se constatará mediante declaración formulada por la Administración o los interesados.

g) Cuando para la resolución del procedimiento sea indispensable la obtención de un previo pronunciamiento por parte de un órgano jurisdiccional, desde el momento en que se solicita, lo que habrá de comunicarse a los interesados, hasta que la Administración tenga constancia del mismo, lo que también deberá serles comunicado.

2. El transcurso del plazo máximo legal para resolver un procedimiento y notificar la resolución se suspenderá en los siguientes casos:

a) Cuando una Administración Pública requiera a otra para que anule o revise un acto que entienda que es ilegal y que constituya la base para el que la primera haya de dictar en el ámbito de sus competencias, en el supuesto al que se refiere el apartado 5 del artículo 39 de esta Ley, desde que se realiza el requerimiento hasta que se atienda o, en su caso, se resuelva el recurso interpuesto ante la jurisdicción contencioso administrativa. Deberá ser comunicado a los interesados tanto la realización del requerimiento, como su cumplimiento o, en su caso, la resolución del correspondiente recurso contencioso-administrativo.

b) Cuando el órgano competente para resolver decida realizar alguna actuación complementaria de las previstas en el artículo 87, desde el momento en que se notifique a los interesados el acuerdo motivado del inicio de las actuaciones hasta que se produzca su terminación.

c) Cuando los interesados promuevan la recusación en cualquier momento de la tramitación de un procedimiento, desde que ésta se plantee hasta que sea resuelta por el superior jerárquico del recusado.

Artículo 23. Ampliación del plazo máximo para resolver y notificar.

1. Excepcionalmente, cuando se hayan agotado los medios personales y materiales disponibles a los que se refiere el apartado 5 del artículo 21, el órgano competente para resolver, a propuesta, en su caso, del órgano instructor o el superior jerárquico del órgano competente para resolver, podrá acordar de manera motivada la ampliación del plazo máximo de resolución y notificación, no pudiendo ser éste superior al establecido para la tramitación del procedimiento.

2. Contra el acuerdo que resuelva sobre la ampliación de plazos, que deberá ser notificado a los interesados, no cabrá recurso alguno.

Artículo 24. Silencio administrativo en procedimientos iniciados a solicitud del interesado.

1. En los procedimientos iniciados a solicitud del interesado, sin perjuicio de la resolución que la Administración debe dictar en la forma prevista en el apartado 3 de este artículo, el vencimiento del plazo máximo sin haberse notificado resolución expresa, legitima al interesado o interesados para entenderla estimada por silencio administrativo, excepto en los supuestos en los que una norma con rango de ley o una norma de Derecho de la Unión Europea o de Derecho internacional aplicable en España establezcan lo contrario. Cuando el procedimiento tenga por objeto el acceso a actividades o su ejercicio, la ley que disponga el carácter desestimatorio del silencio deberá fundarse en la concurrencia de razones imperiosas de interés general.

El silencio tendrá efecto desestimatorio en los procedimientos relativos al ejercicio del derecho de petición, a que se refiere el artículo 29 de la Constitución, aquellos cuya estimación tuviera como consecuencia que se transfirieran al solicitante o a terceros facultades relativas al dominio público o al servicio público, impliquen el ejercicio de actividades que puedan dañar el medio ambiente y en los procedimientos de responsabilidad patrimonial de las Administraciones Públicas.

El sentido del silencio también será desestimatorio en los procedimientos de impugnación de actos y disposiciones y en los de revisión de oficio iniciados a solicitud de los interesados. No obstante, cuando el recurso de alzada se haya interpuesto contra la desestimación por silencio administrativo de una solicitud por el transcurso del plazo, se entenderá estimado el mismo si, llegado el plazo de resolución, el órgano administrativo competente no dictase y notificase resolución expresa, siempre que no se refiera a las materias enumeradas en el párrafo anterior de este apartado.

2. La estimación por silencio administrativo tiene a todos los efectos la consideración de acto administrativo finalizador del procedimiento. La desestimación por silencio administrativo tiene los solos efectos de permitir a los interesados la interposición del recurso administrativo o contencioso-administrativo que resulte procedente.

3. La obligación de dictar resolución expresa a que se refiere el apartado primero del artículo 21 se sujetará al siguiente régimen:

a) En los casos de estimación por silencio administrativo, la resolución expresa posterior a la producción del acto sólo podrá dictarse de ser confirmatoria del mismo.

b) En los casos de desestimación por silencio administrativo, la resolución expresa posterior al vencimiento del plazo se adoptará por la Administración sin vinculación alguna al sentido del silencio.

4. Los actos administrativos producidos por silencio administrativo se podrán hacer valer tanto ante la Administración como ante cualquier persona física o jurídica, pública o privada. Los mismos producen efectos desde el vencimiento del plazo máximo en el que debe dictarse y notificarse la resolución expresa sin que la misma se haya expedido, y su existencia puede ser acreditada por cualquier medio de prueba admitido en Derecho, incluido el certificado acreditativo del silencio producido. Este certificado se expedirá de oficio por el órgano competente para resolver en el plazo de quince días desde que expire el plazo máximo para resolver el procedimiento. Sin perjuicio de lo anterior, el interesado podrá pedirlo en cualquier momento, computándose el plazo indicado anteriormente desde el día siguiente a aquél en que la petición tuviese entrada en el registro electrónico de la Administración u Organismo competente para resolver.

Artículo 25. Falta de resolución expresa en procedimientos iniciados de oficio.

1. En los procedimientos iniciados de oficio, el vencimiento del plazo máximo establecido sin que se haya dictado y notificado resolución expresa no exime a la Administración del cumplimiento de

la obligación legal de resolver, produciendo los siguientes efectos:

a) En el caso de procedimientos de los que pudiera derivarse el reconocimiento o, en su caso, la constitución de derechos u otras situaciones jurídicas favorables, los interesados que hubieren comparecido podrán entender desestimadas sus pretensiones por silencio administrativo.

b) En los procedimientos en que la Administración ejercite potestades sancionadoras o, en general, de intervención, susceptibles de producir efectos desfavorables o de gravamen, se producirá la caducidad. En estos casos, la resolución que declare la caducidad ordenará el archivo de las actuaciones, con los efectos previstos en el artículo 95.

2. En los supuestos en los que el procedimiento se hubiera paralizado por causa imputable al interesado, se interrumpirá el cómputo del plazo para resolver y notificar la resolución.

Artículo 26. Emisión de documentos por las Administraciones Públicas.

1. Se entiende por documentos públicos administrativos los válidamente emitidos por los órganos de las Administraciones Públicas. Las Administraciones Públicas emitirán los documentos administrativos por escrito, a través de medios electrónicos, a menos que su naturaleza exija otra forma más adecuada de expresión y constancia.

2. Para ser considerados válidos, los documentos electrónicos administrativos deberán:

a) Contener información de cualquier naturaleza archivada en un soporte electrónico según un formato determinado susceptible de identificación y tratamiento diferenciado.

b) Disponer de los datos de identificación que permitan su individualización, sin perjuicio de su posible incorporación a un expediente electrónico.

c) Incorporar una referencia temporal del momento en que han sido emitidos.

d) Incorporar los metadatos mínimos exigidos.

e) Incorporar las firmas electrónicas que correspondan de acuerdo con lo previsto en la normativa aplicable.

Se considerarán válidos los documentos electrónicos, que cumpliendo estos requisitos, sean trasladados a un tercero a través de medios electrónicos.

3. No requerirán de firma electrónica, los documentos electrónicos emitidos por las Administraciones Públicas que se

publiquen con carácter meramente informativo, así como aquellos que no formen parte de un expediente administrativo. En todo caso, será necesario identificar el origen de estos documentos.

Artículo 27. Validez y eficacia de las copias realizadas por las Administraciones Públicas.

1. Cada Administración Pública determinará los órganos que tengan atribuidas las competencias de expedición de copias auténticas de los documentos públicos administrativos o privados.

Las copias auténticas de documentos privados surten únicamente efectos administrativos. Las copias auténticas realizadas por una Administración Pública tendrán validez en las restantes Administraciones.

A estos efectos, la Administración General del Estado, las Comunidades Autónomas y las Entidades Locales podrán realizar copias auténticas mediante funcionario habilitado o mediante actuación administrativa automatizada.

Se deberá mantener actualizado un registro, u otro sistema equivalente, donde constarán los funcionarios habilitados para la expedición de copias auténticas que deberán ser plenamente interoperables y estar interconectados con los de las restantes Administraciones Públicas, a los efectos de comprobar la validez de la citada habilitación. En este registro o sistema equivalente constarán, al menos, los funcionarios que presten servicios en las oficinas de asistencia en materia de registros.

2. Tendrán la consideración de copia auténtica de un documento público administrativo o privado las realizadas, cualquiera que sea su soporte, por los órganos competentes de las Administraciones Públicas en las que quede garantizada la identidad del órgano que ha realizado la copia y su contenido.

Las copias auténticas tendrán la misma validez y eficacia que los documentos originales.

3. Para garantizar la identidad y contenido de las copias electrónicas o en papel, y por tanto su carácter de copias auténticas, las Administraciones Públicas deberán ajustarse a lo previsto en el Esquema Nacional de Interoperabilidad, el Esquema Nacional de Seguridad y sus normas técnicas de desarrollo, así como a las siguientes reglas:

a) Las copias electrónicas de un documento electrónico original o de una copia electrónica auténtica, con o sin cambio de formato, deberán incluir los metadatos que acrediten su condición de copia y que se visualicen al consultar el documento.

b) Las copias electrónicas de documentos en soporte papel o en otro soporte no electrónico susceptible de digitalización, requerirán que el documento haya sido digitalizado y deberán incluir los metadatos que acrediten su condición de copia y que se visualicen al consultar el documento.

Se entiende por digitalización, el proceso tecnológico que permite convertir un documento en soporte papel o en otro soporte no electrónico en un fichero electrónico que contiene la imagen codificada, fiel e íntegra del documento.

c) Las copias en soporte papel de documentos electrónicos requerirán que en las mismas figure la condición de copia y contendrán un código generado electrónicamente u otro sistema de verificación, que permitirá contrastar la autenticidad de la copia mediante el acceso a los archivos electrónicos del órgano u Organismo público emisor.

d) Las copias en soporte papel de documentos originales emitidos en dicho soporte se proporcionarán mediante una copia auténtica en papel del documento electrónico que se encuentre en poder de la Administración o bien mediante una puesta de manifiesto electrónica conteniendo copia auténtica del documento original.

A estos efectos, las Administraciones harán públicos, a través de la sede electrónica correspondiente, los códigos seguros de verificación u otro sistema de verificación utilizado.

4. Los interesados podrán solicitar, en cualquier momento, la expedición de copias auténticas de los documentos públicos administrativos que hayan sido válidamente emitidos por las Administraciones Públicas. La solicitud se dirigirá al órgano que emitió el documento original, debiendo expedirse, salvo las excepciones derivadas de la aplicación de la Ley 19/2013, de 9 de diciembre, en el plazo de quince días a contar desde la recepción de la solicitud en el registro electrónico de la Administración u Organismo competente.

Asimismo, las Administraciones Públicas estarán obligadas a expedir copias auténticas electrónicas de cualquier documento en papel que presenten los interesados y que se vaya a incorporar a un expediente administrativo.

5. Cuando las Administraciones Públicas expidan copias auténticas electrónicas, deberá quedar expresamente así indicado en el documento de la copia.

6. La expedición de copias auténticas de documentos públicos notariales, registrales y judiciales, así como de los diarios oficiales, se regirá por su legislación específica.

Artículo 28. Documentos aportados por los interesados al procedimiento administrativo.

1. Los interesados deberán aportar al procedimiento administrativo los datos y documentos exigidos por las Administraciones Públicas de acuerdo con lo dispuesto en la normativa aplicable. Asimismo, los interesados podrán aportar cualquier otro documento que estimen conveniente.

2. Los interesados no estarán obligados a aportar documentos que hayan sido elaborados por cualquier Administración, con independencia de que la presentación de los citados documentos tenga carácter preceptivo o facultativo en el procedimiento de que se trate, siempre que el interesado haya expresado su consentimiento a que sean consultados o recabados dichos documentos. Se presumirá que la consulta u obtención es autorizada por los interesados salvo que conste en el procedimiento su oposición expresa o la ley especial aplicable requiera consentimiento expreso.

En ausencia de oposición del interesado, las Administraciones Públicas deberán recabar los documentos electrónicamente a través de sus redes corporativas o mediante consulta a las plataformas de intermediación de datos u otros sistemas electrónicos habilitados al efecto.

Cuando se trate de informes preceptivos ya elaborados por un órgano administrativo distinto al que tramita el procedimiento, éstos deberán ser remitidos en el plazo de diez días a contar desde su solicitud. Cumplido este plazo, se informará al interesado de que puede aportar este informe o esperar a su remisión por el órgano competente.

3. Las Administraciones no exigirán a los interesados la presentación de documentos originales, salvo que, con carácter excepcional, la normativa reguladora aplicable establezca lo contrario.

Asimismo, las Administraciones Públicas no requerirán a los interesados datos o documentos no exigidos por la normativa reguladora aplicable o que hayan sido aportados anteriormente por el interesado a cualquier Administración. A estos efectos, el interesado deberá indicar en qué momento y ante que órgano administrativo presentó los citados documentos, debiendo las Administraciones Públicas recabarlos electrónicamente a través de sus redes corporativas o de una consulta a las plataformas de intermediación de datos u otros sistemas electrónicos habilitados al efecto. Se presumirá que esta consulta es autorizada por los interesados, salvo que conste en el procedimiento su oposición expresa o la ley especial aplicable requiera consentimiento expreso, debiendo, en ambos casos, ser informados previamente de sus derechos en materia de protección de datos de carácter personal. Excepcionalmente, si las Administraciones Públicas no pudieran recabar los citados documentos, podrán solicitar nuevamente al interesado su aportación.

4. Cuando con carácter excepcional, y de acuerdo con lo previsto en esta Ley, la Administración solicitara al interesado la presentación de un documento original y éste estuviera en formato papel, el interesado deberá obtener una copia auténtica, según los requisitos establecidos en el artículo 27, con carácter previo a su presentación electrónica. La copia electrónica resultante reflejará expresamente esta circunstancia.

5. Excepcionalmente, cuando la relevancia del documento en el procedimiento lo exija o existan dudas derivadas de la calidad de la copia, las Administraciones podrán solicitar de manera motivada el cotejo de las copias aportadas por el interesado, para lo que podrán requerir la exhibición del documento o de la información original.

6. Las copias que aporten los interesados al procedimiento administrativo tendrán eficacia, exclusivamente en el ámbito de la actividad de las Administraciones Públicas.

7. Los interesados se responsabilizarán de la veracidad de los documentos que presenten.

CAPÍTULO II

Términos y plazos

Artículo 29. Obligatoriedad de términos y plazos.

Los términos y plazos establecidos en ésta u otras leyes obligan a las autoridades y personal al servicio de las Administraciones Públicas competentes para la tramitación de los asuntos, así como a los interesados en los mismos.

Artículo 30. Cómputo de plazos.

1. Salvo que por Ley o en el Derecho de la Unión Europea se disponga otro cómputo, cuando los plazos se señalen por horas, se entiende que éstas son hábiles. Son hábiles todas las horas del día que formen parte de un día hábil.

Los plazos expresados por horas se contarán de hora en hora y de minuto en minuto desde la hora y minuto en que tenga lugar la notificación o publicación del acto de que se trate y no podrán tener una duración superior a veinticuatro horas, en cuyo caso se expresarán en días.

2. Siempre que por Ley o en el Derecho de la Unión Europea no se exprese otro cómputo, cuando los plazos se señalen por días, se

entiende que éstos son hábiles, excluyéndose del cómputo los sábados, los domingos y los declarados festivos.

Cuando los plazos se hayan señalado por días naturales por declararlo así una ley o por el Derecho de la Unión Europea, se hará constar esta circunstancia en las correspondientes notificaciones.

3. Los plazos expresados en días se contarán a partir del día siguiente a aquel en que tenga lugar la notificación o publicación del acto de que se trate, o desde el siguiente a aquel en que se produzca la estimación o la desestimación por silencio administrativo.

4. Si el plazo se fija en meses o años, éstos se computarán a partir del día siguiente a aquel en que tenga lugar la notificación o publicación del acto de que se trate, o desde el siguiente a aquel en que se produzca la estimación o desestimación por silencio administrativo.

El plazo concluirá el mismo día en que se produjo la notificación, publicación o silencio administrativo en el mes o el año de vencimiento. Si en el mes de vencimiento no hubiera día equivalente a aquel en que comienza el cómputo, se entenderá que el plazo expira el último día del mes.

5. Cuando el último día del plazo sea inhábil, se entenderá prorrogado al primer día hábil siguiente.

6. Cuando un día fuese hábil en el municipio o Comunidad Autónoma en que residiese el interesado, e inhábil en la sede del órgano administrativo, o a la inversa, se considerará inhábil en todo caso.

7. La Administración General del Estado y las Administraciones de las Comunidades Autónomas, con sujeción al calendario laboral oficial, fijarán, en su respectivo ámbito, el calendario de días inhábiles a efectos de cómputos de plazos. El calendario aprobado por las Comunidades Autónomas comprenderá los días inhábiles de las Entidades Locales correspondientes a su ámbito territorial, a las que será de aplicación.

Dicho calendario deberá publicarse antes del comienzo de cada año en el diario oficial que corresponda, así como en otros medios de difusión que garanticen su conocimiento generalizado.

8. La declaración de un día como hábil o inhábil a efectos de cómputo de plazos no determina por sí sola el funcionamiento de los centros de trabajo de las Administraciones Públicas, la organización del tiempo de trabajo o el régimen de jornada y horarios de las mismas.

Artículo 31. Cómputo de plazos en los registros.

1. Cada Administración Pública publicará los días y el horario en

el que deban permanecer abiertas las oficinas que prestarán asistencia para la presentación electrónica de documentos, garantizando el derecho de los interesados a ser asistidos en el uso de medios electrónicos.

2. El registro electrónico de cada Administración u Organismo se regirá a efectos de cómputo de los plazos, por la fecha y hora oficial de la sede electrónica de acceso, que deberá contar con las medidas de seguridad necesarias para garantizar su integridad y figurar de modo accesible y visible.

El funcionamiento del registro electrónico se regirá por las siguientes reglas:

a) Permitirá la presentación de documentos todos los días del año durante las veinticuatro horas.

b) A los efectos del cómputo de plazo fijado en días hábiles, y en lo que se refiere al cumplimiento de plazos por los interesados, la presentación en un día inhábil se entenderá realizada en la primera hora del primer día hábil siguiente salvo que una norma permita expresamente la recepción en día inhábil.

Los documentos se considerarán presentados por el orden de hora efectiva en el que lo fueron en el día inhábil. Los documentos presentados en el día inhábil se reputarán anteriores, según el mismo orden, a los que lo fueran el primer día hábil posterior.

c) El inicio del cómputo de los plazos que hayan de cumplir las Administraciones Públicas vendrá determinado por la fecha y hora de presentación en el registro electrónico de cada Administración u Organismo. En todo caso, la fecha y hora efectiva de inicio del cómputo de plazos deberá ser comunicada a quien presentó el documento.

3. La sede electrónica del registro de cada Administración Pública u Organismo, determinará, atendiendo al ámbito territorial en el que ejerce sus competencias el titular de aquélla y al calendario previsto en el artículo 30.7, los días que se considerarán inhábiles a los efectos previstos en este artículo. Este será el único calendario de días inhábiles que se aplicará a efectos del cómputo de plazos en los registros electrónicos, sin que resulte de aplicación a los mismos lo dispuesto en el artículo 30.6.

Artículo 32. Ampliación.

1. La Administración, salvo precepto en contrario, podrá conceder de oficio o a petición de los interesados, una ampliación de los plazos establecidos, que no exceda de la mitad de los mismos, si las circunstancias lo aconsejan y con ello no se perjudican derechos de tercero. El acuerdo de ampliación deberá ser notificado a los

interesados.

2. La ampliación de los plazos por el tiempo máximo permitido se aplicará en todo caso a los procedimientos tramitados por las misiones diplomáticas y oficinas consulares, así como a aquellos que, sustanciándose en el interior, exijan cumplimentar algún trámite en el extranjero o en los que intervengan interesados residentes fuera de España.

3. Tanto la petición de los interesados como la decisión sobre la ampliación deberán producirse, en todo caso, antes del vencimiento del plazo de que se trate. En ningún caso podrá ser objeto de ampliación un plazo ya vencido. Los acuerdos sobre ampliación de plazos o sobre su denegación no serán susceptibles de recurso, sin perjuicio del procedente contra la resolución que ponga fin al procedimiento.

4. Cuando una incidencia técnica haya imposibilitado el funcionamiento ordinario del sistema o aplicación que corresponda, y hasta que se solucione el problema, la Administración podrá determinar una ampliación de los plazos no vencidos, debiendo publicar en la sede electrónica tanto la incidencia técnica acontecida como la ampliación concreta del plazo no vencido.

Artículo 33. Tramitación de urgencia.

1. Cuando razones de interés público lo aconsejen, se podrá acordar, de oficio o a petición del interesado, la aplicación al procedimiento de la tramitación de urgencia, por la cual se reducirán a la mitad los plazos establecidos para el procedimiento ordinario, salvo los relativos a la presentación de solicitudes y recursos.

2. No cabrá recurso alguno contra el acuerdo que declare la aplicación de la tramitación de urgencia al procedimiento, sin perjuicio del procedente contra la resolución que ponga fin al procedimiento.

TÍTULO III

De los actos administrativos

CAPÍTULO I

Requisitos de los actos administrativos

Artículo 34. Producción y contenido.

1. Los actos administrativos que dicten las Administraciones Públicas, bien de oficio o a instancia del interesado, se producirán por

el órgano competente ajustándose a los requisitos y al procedimiento establecido.

2. El contenido de los actos se ajustará a lo dispuesto por el ordenamiento jurídico y será determinado y adecuado a los fines de aquéllos.

Artículo 35. Motivación.

1. Serán motivados, con sucinta referencia de hechos y fundamentos de derecho:

a) Los actos que limiten derechos subjetivos o intereses legítimos.

b) Los actos que resuelvan procedimientos de revisión de oficio de disposiciones o actos administrativos, recursos administrativos y procedimientos de arbitraje y los que declaren su inadmisión.

c) Los actos que se separen del criterio seguido en actuaciones precedentes o del dictamen de órganos consultivos.

d) Los acuerdos de suspensión de actos, cualquiera que sea el motivo de ésta, así como la adopción de medidas provisionales previstas en el artículo 56.

e) Los acuerdos de aplicación de la tramitación de urgencia, de ampliación de plazos y de realización de actuaciones complementarias.

f) Los actos que rechacen pruebas propuestas por los interesados.

g) Los actos que acuerden la terminación del procedimiento por la imposibilidad material de continuarlo por causas sobrevenidas, así como los que acuerden el desistimiento por la Administración en procedimientos iniciados de oficio.

h) Las propuestas de resolución en los procedimientos de carácter sancionador, así como los actos que resuelvan procedimientos de carácter sancionador o de responsabilidad patrimonial.

i) Los actos que se dicten en el ejercicio de potestades discrecionales, así como los que deban serlo en virtud de disposición legal o reglamentaria expresa.

2. La motivación de los actos que pongan fin a los procedimientos selectivos y de concurrencia competitiva se realizará de conformidad con lo que dispongan las normas que regulen sus convocatorias, debiendo, en todo caso, quedar acreditados en el procedimiento los fundamentos de la resolución que se adopte.

Artículo 36. Forma.

1. Los actos administrativos se producirán por escrito a través de medios electrónicos, a menos que su naturaleza exija otra forma más adecuada de expresión y constancia.

2. En los casos en que los órganos administrativos ejerzan su competencia de forma verbal, la constancia escrita del acto, cuando sea necesaria, se efectuará y firmará por el titular del órgano inferior o funcionario que la reciba oralmente, expresando en la comunicación del mismo la autoridad de la que procede. Si se tratara de resoluciones, el titular de la competencia deberá autorizar una relación de las que haya dictado de forma verbal, con expresión de su contenido.

3. Cuando deba dictarse una serie de actos administrativos de la misma naturaleza, tales como nombramientos, concesiones o licencias, podrán refundirse en un único acto, acordado por el órgano competente, que especificará las personas u otras circunstancias que individualicen los efectos del acto para cada interesado.

CAPÍTULO II

Eficacia de los actos

Artículo 37. Inderogabilidad singular.

1. Las resoluciones administrativas de carácter particular no podrán vulnerar lo establecido en una disposición de carácter general, aunque aquéllas procedan de un órgano de igual o superior jerarquía al que dictó la disposición general.

2. Son nulas las resoluciones administrativas que vulneren lo establecido en una disposición reglamentaria, así como aquellas que incurran en alguna de las causas recogidas en el artículo 47.

Artículo 38. Ejecutividad.

Los actos de las Administraciones Públicas sujetos al Derecho Administrativo serán ejecutivos con arreglo a lo dispuesto en esta Ley.

Artículo 39. Efectos.

1. Los actos de las Administraciones Públicas sujetos al Derecho Administrativo se presumirán válidos y producirán efectos desde la fecha en que se dicten, salvo que en ellos se disponga otra cosa.

2. La eficacia quedará demorada cuando así lo exija el contenido del acto o esté supeditada a su notificación, publicación o aprobación superior.

3. Excepcionalmente, podrá otorgarse eficacia retroactiva a los actos cuando se dicten en sustitución de actos anulados, así como cuando produzcan efectos favorables al interesado, siempre que los supuestos de hecho necesarios existieran ya en la fecha a que se retrotraiga la eficacia del acto y ésta no lesione derechos o intereses legítimos de otras personas.

4. Las normas y actos dictados por los órganos de las Administraciones Públicas en el ejercicio de su propia competencia deberán ser observadas por el resto de los órganos administrativos, aunque no dependan jerárquicamente entre sí o pertenezcan a otra Administración.

5. Cuando una Administración Pública tenga que dictar, en el ámbito de sus competencias, un acto que necesariamente tenga por base otro dictado por una Administración Pública distinta y aquélla entienda que es ilegal, podrá requerir a ésta previamente para que anule o revise el acto de acuerdo con lo dispuesto en el artículo 44 de la Ley 29/1998, de 13 de julio, reguladora de la Jurisdicción Contencioso- Administrativa, y, de rechazar el requerimiento, podrá interponer recurso contencioso-administrativo. En estos casos, quedará suspendido el procedimiento para dictar resolución.

Artículo 40. Notificación.

1. El órgano que dicte las resoluciones y actos administrativos los notificará a los interesados cuyos derechos e intereses sean afectados por aquéllos, en los términos previstos en los artículos siguientes.

2. Toda notificación deberá ser cursada dentro del plazo de diez días a partir de la fecha en que el acto haya sido dictado, y deberá contener el texto íntegro de la resolución, con indicación de si pone fin o no a la vía administrativa, la expresión de los recursos que procedan, en su caso, en vía administrativa y judicial, el órgano ante el que hubieran de presentarse y el plazo para interponerlos, sin perjuicio de que los interesados puedan ejercitar, en su caso, cualquier otro que estimen procedente.

3. Las notificaciones que, conteniendo el texto íntegro del acto, omitiesen alguno de los demás requisitos previstos en el apartado anterior, surtirán efecto a partir de la fecha en que el interesado realice actuaciones que supongan el conocimiento del contenido y alcance de la resolución o acto objeto de la notificación, o interponga cualquier recurso que proceda.

4. Sin perjuicio de lo establecido en el apartado anterior, y a los solos efectos de entender cumplida la obligación de notificar dentro del plazo máximo de duración de los procedimientos, será suficiente

la notificación que contenga, cuando menos, el texto íntegro de la resolución, así como el intento de notificación debidamente acreditado.

5. Las Administraciones Públicas podrán adoptar las medidas que consideren necesarias para la protección de los datos personales que consten en las resoluciones y actos administrativos, cuando éstos tengan por destinatarios a más de un interesado.

Artículo 41. Condiciones generales para la práctica de las notificaciones.

1. Las notificaciones se practicarán preferentemente por medios electrónicos y, en todo caso, cuando el interesado resulte obligado a recibirlas por esta vía.

No obstante lo anterior, las Administraciones podrán practicar las notificaciones por medios no electrónicos en los siguientes supuestos:

a) Cuando la notificación se realice con ocasión de la comparecencia espontánea del interesado o su representante en las oficinas de asistencia en materia de registro y solicite la comunicación o notificación personal en ese momento.

b) Cuando para asegurar la eficacia de la actuación administrativa resulte necesario practicar la notificación por entrega directa de un empleado público de la Administración notificante.

Con independencia del medio utilizado, las notificaciones serán válidas siempre que permitan tener constancia de su envío o puesta a disposición, de la recepción o acceso por el interesado o su representante, de sus fechas y horas, del contenido íntegro, y de la identidad fidedigna del remitente y destinatario de la misma. La acreditación de la notificación efectuada se incorporará al expediente.

Los interesados que no estén obligados a recibir notificaciones electrónicas, podrán decidir y comunicar en cualquier momento a la Administración Pública, mediante los modelos normalizados que se establezcan al efecto, que las notificaciones sucesivas se practiquen o dejen de practicarse por medios electrónicos.

Reglamentariamente, las Administraciones podrán establecer la obligación de practicar electrónicamente las notificaciones para determinados procedimientos y para ciertos colectivos de personas físicas que por razón de su capacidad económica, técnica, dedicación profesional u otros motivos quede acreditado que tienen acceso y disponibilidad de los medios electrónicos necesarios.

Adicionalmente, el interesado podrá identificar un dispositivo electrónico y/o una dirección de correo electrónico que servirán para el envío de los avisos regulados en este artículo, pero no para la práctica de notificaciones.

2. En ningún caso se efectuarán por medios electrónicos las siguientes notificaciones:

a) Aquellas en las que el acto a notificar vaya acompañado de elementos que no sean susceptibles de conversión en formato electrónico.

b) Las que contengan medios de pago a favor de los obligados, tales como cheques.

3. En los procedimientos iniciados a solicitud del interesado, la notificación se practicará por el medio señalado al efecto por aquel. Esta notificación será electrónica en los casos en los que exista obligación de relacionarse de esta forma con la Administración.

Cuando no fuera posible realizar la notificación de acuerdo con lo señalado en la solicitud, se practicará en cualquier lugar adecuado a tal fin, y por cualquier medio que permita tener constancia de la recepción por el interesado o su representante, así como de la fecha, la identidad y el contenido del acto notificado.

4. En los procedimientos iniciados de oficio, a los solos efectos de su iniciación, las Administraciones Públicas podrán recabar, mediante consulta a las bases de datos del Instituto Nacional de Estadística, los datos sobre el domicilio del interesado recogidos en el Padrón Municipal, remitidos por las Entidades Locales en aplicación de lo previsto en la Ley 7/1985, de 2 de abril, reguladora de las Bases del Régimen Local.

5. Cuando el interesado o su representante rechace la notificación de una actuación administrativa, se hará constar en el expediente, especificándose las circunstancias del intento de notificación y el medio, dando por efectuado el trámite y siguiéndose el procedimiento.

6. Con independencia de que la notificación se realice en papel o por medios electrónicos, las Administraciones Públicas enviarán un aviso al dispositivo electrónico y/o a la dirección de correo electrónico del interesado que éste haya comunicado, informándole de la puesta a disposición de una notificación en la sede electrónica de la Administración u Organismo correspondiente o en la dirección electrónica habilitada única. La falta de práctica de este aviso no impedirá que la notificación sea considerada plenamente válida.

7. Cuando el interesado fuera notificado por distintos cauces, se tomará como fecha de notificación la de aquélla que se hubiera producido en primer lugar.

Artículo 42. Práctica de las notificaciones en papel.

1. Todas las notificaciones que se practiquen en papel deberán

ser puestas a disposición del interesado en la sede electrónica de la Administración u Organismo actuante para que pueda acceder al contenido de las mismas de forma voluntaria.

2. Cuando la notificación se practique en el domicilio del interesado, de no hallarse presente éste en el momento de entregarse la notificación, podrá hacerse cargo de la misma cualquier persona mayor de catorce años que se encuentre en el domicilio y haga constar su identidad. Si nadie se hiciera cargo de la notificación, se hará constar esta circunstancia en el expediente, junto con el día y la hora en que se intentó la notificación, intento que se repetirá por una sola vez y en una hora distinta dentro de los tres días siguientes. En caso de que el primer intento de notificación se haya realizado antes de las quince horas, el segundo intento deberá realizarse después de las quince horas y viceversa, dejando en todo caso al menos un margen de diferencia de tres horas entre ambos intentos de notificación. Si el segundo intento también resultara infructuoso, se procederá en la forma prevista en el artículo 44.

3. Cuando el interesado accediera al contenido de la notificación en sede electrónica, se le ofrecerá la posibilidad de que el resto de notificaciones se puedan realizar a través de medios electrónicos.

Artículo 43. Práctica de las notificaciones a través de medios electrónicos.

1. Las notificaciones por medios electrónicos se practicarán mediante comparecencia en la sede electrónica de la Administración u Organismo actuante, a través de la dirección electrónica habilitada única o mediante ambos sistemas, según disponga cada Administración u Organismo.

A los efectos previstos en este artículo, se entiende por comparecencia en la sede electrónica, el acceso por el interesado o su representante debidamente identificado al contenido de la notificación.

2. Las notificaciones por medios electrónicos se entenderán practicadas en el momento en que se produzca el acceso a su contenido.

Cuando la notificación por medios electrónicos sea de carácter obligatorio, o haya sido expresamente elegida por el interesado, se entenderá rechazada cuando hayan transcurrido diez días naturales desde la puesta a disposición de la notificación sin que se acceda a su contenido.

3. Se entenderá cumplida la obligación a la que se refiere el artículo 40.4 con la puesta a disposición de la notificación en la sede electrónica de la Administración u Organismo actuante o en la

dirección electrónica habilitada única.

4. Los interesados podrán acceder a las notificaciones desde el Punto de Acceso General electrónico de la Administración, que funcionará como un portal de acceso.

Artículo 44. Notificación infructuosa.

Cuando los interesados en un procedimiento sean desconocidos, se ignore el lugar de la notificación o bien, intentada ésta, no se hubiese podido practicar, la notificación se hará por medio de un anuncio publicado en el «Boletín Oficial del Estado».

Asimismo, previamente y con carácter facultativo, las Administraciones podrán publicar un anuncio en el boletín oficial de la Comunidad Autónoma o de la Provincia, en el tablón de edictos del Ayuntamiento del último domicilio del interesado o del Consulado o Sección Consular de la Embajada correspondiente.

Las Administraciones Públicas podrán establecer otras formas de notificación complementarias a través de los restantes medios de difusión, que no excluirán la obligación de publicar el correspondiente anuncio en el «Boletín Oficial del Estado».

Artículo 45. Publicación.

1. Los actos administrativos serán objeto de publicación cuando así lo establezcan las normas reguladoras de cada procedimiento o cuando lo aconsejen razones de interés público apreciadas por el órgano competente.

En todo caso, los actos administrativos serán objeto de publicación, surtiendo ésta los efectos de la notificación, en los siguientes casos:

a) Cuando el acto tenga por destinatario a una pluralidad indeterminada de personas o cuando la Administración estime que la notificación efectuada a un solo interesado es insuficiente para garantizar la notificación a todos, siendo, en este último caso, adicional a la individualmente realizada.

b) Cuando se trate de actos integrantes de un procedimiento selectivo o de concurrencia competitiva de cualquier tipo. En este caso, la convocatoria del procedimiento deberá indicar el medio donde se efectuarán las sucesivas publicaciones, careciendo de validez las que se lleven a cabo en lugares distintos.

2. La publicación de un acto deberá contener los mismos elementos que el artículo 40.2 exige respecto de las notificaciones. Será también aplicable a la publicación lo establecido en el apartado 3 del mismo artículo.

En los supuestos de publicaciones de actos que contengan elementos comunes, podrán publicarse de forma conjunta los aspectos coincidentes, especificándose solamente los aspectos individuales de cada acto.

3. La publicación de los actos se realizará en el diario oficial que corresponda, según cual sea la Administración de la que proceda el acto a notificar.

4. Sin perjuicio de lo dispuesto en el artículo 44, la publicación de actos y comunicaciones que, por disposición legal o reglamentaria deba practicarse en tablón de anuncios o edictos, se entenderá cumplida por su publicación en el Diario oficial correspondiente.

Artículo 46. Indicación de notificaciones y publicaciones.

Si el órgano competente apreciase que la notificación por medio de anuncios o la publicación de un acto lesiona derechos o intereses legítimos, se limitará a publicar en el Diario oficial que corresponda una somera indicación del contenido del acto y del lugar donde los interesados podrán comparecer, en el plazo que se establezca, para conocimiento del contenido íntegro del mencionado acto y constancia de tal conocimiento.

Adicionalmente y de manera facultativa, las Administraciones podrán establecer otras formas de notificación complementarias a través de los restantes medios de difusión que no excluirán la obligación de publicar en el correspondiente Diario oficial.

CAPÍTULO III

Nulidad y anulabilidad

Artículo 47. Nulidad de pleno derecho.

1. Los actos de las Administraciones Públicas son nulos de pleno derecho en los casos siguientes:

a) Los que lesionen los derechos y libertades susceptibles de amparo constitucional.

b) Los dictados por órgano manifiestamente incompetente por razón de la materia o del territorio.

c) Los que tengan un contenido imposible.

d) Los que sean constitutivos de infracción penal o se dicten como consecuencia de ésta.

e) Los dictados prescindiendo total y absolutamente del procedimiento legalmente establecido o de las normas que contienen las reglas esenciales para la formación de la voluntad de los órganos colegiados.

f) Los actos expresos o presuntos contrarios al ordenamiento jurídico por los que se adquieren facultades o derechos cuando se carezca de los requisitos esenciales para su adquisición.

g) Cualquier otro que se establezca expresamente en una disposición con rango de Ley.

2. También serán nulas de pleno derecho las disposiciones administrativas que vulneren la Constitución, las leyes u otras disposiciones administrativas de rango superior, las que regulen materias reservadas a la Ley, y las que establezcan la retroactividad de disposiciones sancionadoras no favorables o restrictivas de derechos individuales.

Artículo 48. Anulabilidad.

1. Son anulables los actos de la Administración que incurran en cualquier infracción del ordenamiento jurídico, incluso la desviación de poder.

2. No obstante, el defecto de forma sólo determinará la anulabilidad cuando el acto carezca de los requisitos formales indispensables para alcanzar su fin o dé lugar a la indefensión de los interesados.

3. La realización de actuaciones administrativas fuera del tiempo establecido para ellas sólo implicará la anulabilidad del acto cuando así lo imponga la naturaleza del término o plazo.

Artículo 49. Límites a la extensión de la nulidad o anulabilidad de los actos.

1. La nulidad o anulabilidad de un acto no implicará la de los sucesivos en el procedimiento que sean independientes del primero.

2. La nulidad o anulabilidad en parte del acto administrativo no implicará la de las partes del mismo independientes de aquélla, salvo que la parte viciada sea de tal importancia que sin ella el acto administrativo no hubiera sido dictado.

Artículo 50. Conversión de actos viciados.

Los actos nulos o anulables que, sin embargo, contengan los elementos constitutivos de otro distinto producirán los efectos de éste.

Artículo 51. Conservación de actos y trámites.

El órgano que declare la nulidad o anule las actuaciones dispondrá siempre la conservación de aquellos actos y trámites cuyo contenido se hubiera mantenido igual de no haberse cometido la infracción.

Artículo 52. Convalidación.

1. La Administración podrá convalidar los actos anulables, subsanando los vicios de que adolezcan.

2. El acto de convalidación producirá efecto desde su fecha, salvo lo dispuesto en el artículo 39.3 para la retroactividad de los actos administrativos.

3. Si el vicio consistiera en incompetencia no determinante de nulidad, la convalidación podrá realizarse por el órgano competente cuando sea superior jerárquico del que dictó el acto viciado.

4. Si el vicio consistiese en la falta de alguna autorización, podrá ser convalidado el acto mediante el otorgamiento de la misma por el órgano competente.

TÍTULO IV

De las disposiciones sobre el procedimiento administrativo común

CAPÍTULO I

Garantías del procedimiento

Artículo 53. Derechos del interesado en el procedimiento administrativo.

1. Además del resto de derechos previstos en esta Ley, los interesados en un procedimiento administrativo, tienen los siguientes derechos:

a) A conocer, en cualquier momento, el estado de la tramitación de los procedimientos en los que tengan la condición de interesados; el sentido del silencio administrativo que corresponda, en caso de que la Administración no dicte ni notifique resolución expresa en plazo; el órgano competente para su instrucción, en su caso, y resolución; y los actos de trámite dictados. Asimismo, también tendrán derecho a acceder y a obtener copia de los documentos contenidos en los citados procedimientos.

Quienes se relacionen con las Administraciones Públicas a través de medios electrónicos, tendrán derecho a consultar la información a la que se refiere el párrafo anterior, en el Punto de Acceso General electrónico de la Administración que funcionará como un portal de acceso. Se entenderá cumplida la obligación de la Administración de facilitar copias de los documentos contenidos en los procedimientos mediante la puesta a disposición de las mismas en el Punto de Acceso General electrónico de la Administración competente o en las sedes electrónicas que correspondan.

b) A identificar a las autoridades y al personal al servicio de las Administraciones Públicas bajo cuya responsabilidad se tramiten los procedimientos.

c) A no presentar documentos originales salvo que, de manera excepcional, la normativa reguladora aplicable establezca lo contrario. En caso de que, excepcionalmente, deban presentar un documento original, tendrán derecho a obtener una copia autenticada de éste.

d) A no presentar datos y documentos no exigidos por las normas aplicables al procedimiento de que se trate, que ya se encuentren en poder de las Administraciones Públicas o que hayan sido elaborados por éstas.

e) A formular alegaciones, utilizar los medios de defensa admitidos por el Ordenamiento Jurídico, y a aportar documentos en cualquier fase del procedimiento anterior al trámite de audiencia, que deberán ser tenidos en cuenta por el órgano competente al redactar la propuesta de resolución.

f) A obtener información y orientación acerca de los requisitos jurídicos o técnicos que las disposiciones vigentes impongan a los proyectos, actuaciones o solicitudes que se propongan realizar.

g) A actuar asistidos de asesor cuando lo consideren conveniente en defensa de sus intereses.

h) A cumplir las obligaciones de pago a través de los medios electrónicos previstos en el artículo 98.2.

i) Cualesquiera otros que les reconozcan la Constitución y las leyes.

2. Además de los derechos previstos en el apartado anterior, en el caso de procedimientos administrativos de naturaleza sancionadora, los presuntos responsables tendrán los siguientes derechos:

a) A ser notificado de los hechos que se le imputen, de las infracciones que tales hechos puedan constituir y de las sanciones que, en su caso, se les pudieran imponer, así como de la identidad del instructor, de la autoridad competente para imponer la sanción y de la norma que atribuya tal competencia.

b) A la presunción de no existencia de responsabilidad administrativa mientras no se demuestre lo contrario.

CAPÍTULO II

Iniciación del procedimiento

Sección 1.ª Disposiciones generales

Artículo 54. Clases de iniciación.

Los procedimientos podrán iniciarse de oficio o a solicitud del interesado.

Artículo 55. Información y actuaciones previas.

1. Con anterioridad al inicio del procedimiento, el órgano competente podrá abrir un período de información o actuaciones previas con el fin de conocer las circunstancias del caso concreto y la conveniencia o no de iniciar el procedimiento.

2. En el caso de procedimientos de naturaleza sancionadora las actuaciones previas se orientarán a determinar, con la mayor precisión posible, los hechos susceptibles de motivar la incoación del procedimiento, la identificación de la persona o personas que pudieran resultar responsables y las circunstancias relevantes que concurran en unos y otros.

Las actuaciones previas serán realizadas por los órganos que tengan atribuidas funciones de investigación, averiguación e inspección en la materia y, en defecto de éstos, por la persona u órgano administrativo que se determine por el órgano competente para la iniciación o resolución del procedimiento.

Artículo 56. Medidas provisionales.

1. Iniciado el procedimiento, el órgano administrativo competente para resolver, podrá adoptar, de oficio o a instancia de parte y de forma motivada, las medidas provisionales que estime oportunas para asegurar la eficacia de la resolución que pudiera recaer, si existiesen elementos de juicio suficientes para ello, de acuerdo con los principios de proporcionalidad, efectividad y menor onerosidad.

2. Antes de la iniciación del procedimiento administrativo, el órgano competente para iniciar o instruir el procedimiento, de oficio o a instancia de parte, en los casos de urgencia inaplazable y para la protección provisional de los intereses implicados, podrá adoptar de forma motivada las medidas provisionales que resulten necesarias y proporcionadas. Las medidas provisionales deberán ser confirmadas, modificadas o levantadas en el acuerdo de iniciación del procedimiento, que deberá efectuarse dentro de los quince días

siguientes a su adopción, el cual podrá ser objeto del recurso que proceda.

En todo caso, dichas medidas quedarán sin efecto si no se inicia el procedimiento en dicho plazo o cuando el acuerdo de iniciación no contenga un pronunciamiento expreso acerca de las mismas.

3. De acuerdo con lo previsto en los dos apartados anteriores, podrán acordarse las siguientes medidas provisionales, en los términos previstos en la Ley 1/2000, de 7 de enero, de Enjuiciamiento Civil:

a) Suspensión temporal de actividades.

b) Prestación de fianzas.

c) Retirada o intervención de bienes productivos o suspensión temporal de servicios por razones de sanidad, higiene o seguridad, el cierre temporal del establecimiento por estas u otras causas previstas en la normativa reguladora aplicable.

d) Embargo preventivo de bienes, rentas y cosas fungibles computables en metálico por aplicación de precios ciertos.

e) El depósito, retención o inmovilización de cosa mueble.

f) La intervención y depósito de ingresos obtenidos mediante una actividad que se considere ilícita y cuya prohibición o cesación se pretenda.

g) Consignación o constitución de depósito de las cantidades que se reclamen.

h) La retención de ingresos a cuenta que deban abonar las Administraciones Públicas.

i) Aquellas otras medidas que, para la protección de los derechos de los interesados, prevean expresamente las leyes, o que se estimen necesarias para asegurar la efectividad de la resolución.

4. No se podrán adoptar medidas provisionales que puedan causar perjuicio de difícil o imposible reparación a los interesados o que impliquen violación de derechos amparados por las leyes.

5. Las medidas provisionales podrán ser alzadas o modificadas durante la tramitación del procedimiento, de oficio o a instancia de parte, en virtud de circunstancias sobrevenidas o que no pudieron ser tenidas en cuenta en el momento de su adopción.

En todo caso, se extinguirán cuando surta efectos la resolución administrativa que ponga fin al procedimiento correspondiente.

Artículo 57. Acumulación.

El órgano administrativo que inicie o tramite un procedimiento, cualquiera que haya sido la forma de su iniciación, podrá disponer, de oficio o a instancia de parte, su acumulación a otros con los que guarde identidad sustancial o íntima conexión, siempre que sea el mismo órgano quien deba tramitar y resolver el procedimiento.

Contra el acuerdo de acumulación no procederá recurso alguno.

Sección 2.ª Iniciación del procedimiento de oficio por la administración

Artículo 58. Iniciación de oficio.

Los procedimientos se iniciarán de oficio por acuerdo del órgano competente, bien por propia iniciativa o como consecuencia de orden superior, a petición razonada de otros órganos o por denuncia.

Artículo 59. Inicio del procedimiento a propia iniciativa.

Se entiende por propia iniciativa, la actuación derivada del conocimiento directo o indirecto de las circunstancias, conductas o hechos objeto del procedimiento por el órgano que tiene atribuida la competencia de iniciación.

Artículo 60. Inicio del procedimiento como consecuencia de orden superior.

1. Se entiende por orden superior, la emitida por un órgano administrativo superior jerárquico del competente para la iniciación del procedimiento.

2. En los procedimientos de naturaleza sancionadora, la orden expresará, en la medida de lo posible, la persona o personas presuntamente responsables; las conductas o hechos que pudieran constituir infracción administrativa y su tipificación; así como el lugar, la fecha, fechas o período de tiempo continuado en que los hechos se produjeron.

Artículo 61. Inicio del procedimiento por petición razonada de otros órganos.

1. Se entiende por petición razonada, la propuesta de iniciación del procedimiento formulada por cualquier órgano administrativo que no tiene competencia para iniciar el mismo y que ha tenido conocimiento de las circunstancias, conductas o hechos objeto del procedimiento, bien ocasionalmente o bien por tener atribuidas funciones de inspección, averiguación o investigación.

2. La petición no vincula al órgano competente para iniciar el procedimiento, si bien deberá comunicar al órgano que la hubiera formulado los motivos por los que, en su caso, no procede la iniciación.

3. En los procedimientos de naturaleza sancionadora, las peticiones deberán especificar, en la medida de lo posible, la persona o personas presuntamente responsables; las conductas o hechos que pudieran constituir infracción administrativa y su tipificación; así como el lugar, la fecha, fechas o período de tiempo continuado en que los hechos se produjeron.

4. En los procedimientos de responsabilidad patrimonial, la petición deberá individualizar la lesión producida en una persona o grupo de personas, su relación de causalidad con el funcionamiento del servicio público, su evaluación económica si fuera posible, y el momento en que la lesión efectivamente se produjo.

Artículo 62. Inicio del procedimiento por denuncia.

1. Se entiende por denuncia, el acto por el que cualquier persona, en cumplimiento o no de una obligación legal, pone en conocimiento de un órgano administrativo la existencia de un determinado hecho que pudiera justificar la iniciación de oficio de un procedimiento administrativo.

2. Las denuncias deberán expresar la identidad de la persona o personas que las presentan y el relato de los hechos que se ponen en conocimiento de la Administración. Cuando dichos hechos pudieran constituir una infracción administrativa, recogerán la fecha de su comisión y, cuando sea posible, la identificación de los presuntos responsables.

3. Cuando la denuncia invocara un perjuicio en el patrimonio de las Administraciones Públicas la no iniciación del procedimiento deberá ser motivada y se notificará a los denunciantes la decisión de si se ha iniciado o no el procedimiento.

4. Cuando el denunciante haya participado en la comisión de una infracción de esta naturaleza y existan otros infractores, el órgano competente para resolver el procedimiento deberá eximir al denunciante del pago de la multa que le correspondería u otro tipo de sanción de carácter no pecuniario, cuando sea el primero en aportar elementos de prueba que permitan iniciar el procedimiento o comprobar la infracción, siempre y cuando en el momento de aportarse aquellos no se disponga de elementos suficientes para ordenar la misma y se repare el perjuicio causado.

Asimismo, el órgano competente para resolver deberá reducir el importe del pago de la multa que le correspondería o, en su caso, la sanción de carácter no pecuniario, cuando no cumpliéndose alguna de las condiciones anteriores, el denunciante facilite elementos de prueba que aporten un valor añadido significativo respecto de aquellos de los que se disponga.

En ambos casos será necesario que el denunciante cese en la participación de la infracción y no haya destruido elementos de prueba relacionados con el objeto de la denuncia.

5. La presentación de una denuncia no confiere, por sí sola, la condición de interesado en el procedimiento.

Artículo 63. Especialidades en el inicio de los procedimientos de naturaleza sancionadora.

1. Los procedimientos de naturaleza sancionadora se iniciarán siempre de oficio por acuerdo del órgano competente y establecerán la debida separación entre la fase instructora y la sancionadora, que se encomendará a órganos distintos.

Se considerará que un órgano es competente para iniciar el procedimiento cuando así lo determinen las normas reguladoras del mismo.

2. En ningún caso se podrá imponer una sanción sin que se haya tramitado el oportuno procedimiento.

3. No se podrán iniciar nuevos procedimientos de carácter sancionador por hechos o conductas tipificadas como infracciones en cuya comisión el infractor persista de forma continuada, en tanto no haya recaído una primera resolución sancionadora, con carácter ejecutivo.

Artículo 64. Acuerdo de iniciación en los procedimientos de naturaleza sancionadora.

1. El acuerdo de iniciación se comunicará al instructor del procedimiento, con traslado de cuantas actuaciones existan al respecto, y se notificará a los interesados, entendiendo en todo caso por tal al inculpado.

Asimismo, la incoación se comunicará al denunciante cuando las normas reguladoras del procedimiento así lo prevean.

2. El acuerdo de iniciación deberá contener al menos:

a) Identificación de la persona o personas presuntamente responsables.

b) Los hechos que motivan la incoación del procedimiento, su posible calificación y las sanciones que pudieran corresponder, sin perjuicio de lo que resulte de la instrucción.

c) Identificación del instructor y, en su caso, Secretario del procedimiento, con expresa indicación del régimen de recusación de los mismos.

d) Órgano competente para la resolución del procedimiento y norma que le atribuya tal competencia, indicando la posibilidad de que el presunto responsable pueda reconocer voluntariamente su responsabilidad, con los efectos previstos en el artículo 85.

e) Medidas de carácter provisional que se hayan acordado por el órgano competente para iniciar el procedimiento sancionador, sin perjuicio de las que se puedan adoptar durante el mismo de conformidad con el artículo 56.

f) Indicación del derecho a formular alegaciones y a la audiencia en el procedimiento y de los plazos para su ejercicio, así como indicación de que, en caso de no efectuar alegaciones en el plazo previsto sobre el contenido del acuerdo de iniciación, éste podrá ser considerado propuesta de resolución cuando contenga un pronunciamiento preciso acerca de la responsabilidad imputada.

3. Excepcionalmente, cuando en el momento de dictar el acuerdo de iniciación no existan elementos suficientes para la calificación inicial de los hechos que motivan la incoación del procedimiento, la citada calificación podrá realizarse en una fase posterior mediante la elaboración de un Pliego de cargos, que deberá ser notificado a los interesados.

Artículo 65. Especialidades en el inicio de oficio de los procedimientos de responsabilidad patrimonial.

1. Cuando las Administraciones Públicas decidan iniciar de oficio un procedimiento de responsabilidad patrimonial será necesario que no haya prescrito el derecho a la reclamación del interesado al que se refiere el artículo 67.

2. El acuerdo de iniciación del procedimiento se notificará a los particulares presuntamente lesionados, concediéndoles un plazo de diez días para que aporten cuantas alegaciones, documentos o información estimen conveniente a su derecho y propongan cuantas pruebas sean pertinentes para el reconocimiento del mismo. El procedimiento iniciado se instruirá aunque los particulares presuntamente lesionados no se personen en el plazo establecido.

Sección 3.ª Inicio del procedimiento a solicitud del interesado

Artículo 66. Solicitudes de iniciación.

1. Las solicitudes que se formulen deberán contener:

a) Nombre y apellidos del interesado y, en su caso, de la persona que lo represente.

b) Identificación del medio electrónico, o en su defecto, lugar físico en que desea que se practique la notificación. Adicionalmente, los interesados podrán aportar su dirección de correo electrónico y/o dispositivo electrónico con el fin de que las Administraciones Públicas les avisen del envío o puesta a disposición de la notificación.

c) Hechos, razones y petición en que se concrete, con toda claridad, la solicitud.

d) Lugar y fecha.

e) Firma del solicitante o acreditación de la autenticidad de su voluntad expresada por cualquier medio.

f) Órgano, centro o unidad administrativa a la que se dirige y su correspondiente código de identificación.

Las oficinas de asistencia en materia de registros estarán obligadas a facilitar a los interesados el código de identificación si el interesado lo desconoce. Asimismo, las Administraciones Públicas deberán mantener y actualizar en la sede electrónica correspondiente un listado con los códigos de identificación vigentes.

2. Cuando las pretensiones correspondientes a una pluralidad de personas tengan un contenido y fundamento idéntico o sustancialmente similar, podrán ser formuladas en una única solicitud, salvo que las normas reguladoras de los procedimientos específicos dispongan otra cosa.

3. De las solicitudes, comunicaciones y escritos que presenten los interesados electrónicamente o en las oficinas de asistencia en materia de registros de la Administración, podrán éstos exigir el correspondiente recibo que acredite la fecha y hora de presentación.

4. Las Administraciones Públicas deberán establecer modelos y sistemas de presentación masiva que permitan a los interesados presentar simultáneamente varias solicitudes. Estos modelos, de uso voluntario, estarán a disposición de los interesados en las correspondientes sedes electrónicas y en las oficinas de asistencia en materia de registros de las Administraciones Públicas.

Los solicitantes podrán acompañar los elementos que estimen convenientes para precisar o completar los datos del modelo, los cuales deberán ser admitidos y tenidos en cuenta por el órgano al que se dirijan.

5. Los sistemas normalizados de solicitud podrán incluir comprobaciones automáticas de la información aportada respecto de datos almacenados en sistemas propios o pertenecientes a otras Administraciones u ofrecer el formulario cumplimentado, en todo o en parte, con objeto de que el interesado verifique la información y, en su caso, la modifique y complete.

6. Cuando la Administración en un procedimiento concreto establezca expresamente modelos específicos de presentación de solicitudes, éstos serán de uso obligatorio por los interesados.

Artículo 67. Solicitudes de iniciación en los procedimientos de responsabilidad patrimonial.

1. Los interesados sólo podrán solicitar el inicio de un procedimiento de responsabilidad patrimonial, cuando no haya prescrito su derecho a reclamar. El derecho a reclamar prescribirá al año de producido el hecho o el acto que motive la indemnización o se manifieste su efecto lesivo. En caso de daños de carácter físico o psíquico a las personas, el plazo empezará a computarse desde la curación o la determinación del alcance de las secuelas.

En los casos en que proceda reconocer derecho a indemnización por anulación en vía administrativa o contencioso-administrativa de un acto o disposición de carácter general, el derecho a reclamar prescribirá al año de haberse notificado la resolución administrativa o la sentencia definitiva.

En los casos de responsabilidad patrimonial a que se refiere el artículo 32, apartados 4 y 5, de la Ley de Régimen Jurídico del Sector Público, el derecho a reclamar prescribirá al año de la publicación en el «Boletín Oficial del Estado» o en el «Diario Oficial de la Unión Europea», según el caso, de la sentencia que declare la inconstitucionalidad de la norma o su carácter contrario al Derecho de la Unión Europea.

2. Además de lo previsto en el artículo 66, en la solicitud que realicen los interesados se deberán especificar las lesiones producidas, la presunta relación de causalidad entre éstas y el funcionamiento del servicio público, la evaluación económica de la responsabilidad patrimonial, si fuera posible, y el momento en que la lesión efectivamente se produjo, e irá acompañada de cuantas alegaciones, documentos e informaciones se estimen oportunos y de la proposición de prueba, concretando los medios de que pretenda valerse el reclamante.

Artículo 68. Subsanación y mejora de la solicitud.

1. Si la solicitud de iniciación no reúne los requisitos que señala el artículo 66, y, en su caso, los que señala el artículo 67 u otros exigidos por la legislación específica aplicable, se requerirá al interesado para que, en un plazo de diez días, subsane la falta o acompañe los documentos preceptivos, con indicación de que, si así no lo hiciera, se le tendrá por desistido de su petición, previa resolución que deberá ser dictada en los términos previstos en el artículo 21.

2. Siempre que no se trate de procedimientos selectivos o de concurrencia competitiva, este plazo podrá ser ampliado prudencialmente, hasta cinco días, a petición del interesado o a

iniciativa del órgano, cuando la aportación de los documentos requeridos presente dificultades especiales.

3. En los procedimientos iniciados a solicitud de los interesados, el órgano competente podrá recabar del solicitante la modificación o mejora voluntarias de los términos de aquélla. De ello se levantará acta sucinta, que se incorporará al procedimiento.

4. Si alguno de los sujetos a los que hace referencia el artículo 14.2 y 14.3 presenta su solicitud presencialmente, las Administraciones Públicas requerirán al interesado para que la subsane a través de su presentación electrónica. A estos efectos, se considerará como fecha de presentación de la solicitud aquella en la que haya sido realizada la subsanación.

Artículo 69. Declaración responsable y comunicación.

1. A los efectos de esta Ley, se entenderá por declaración responsable el documento suscrito por un interesado en el que éste manifiesta, bajo su responsabilidad, que cumple con los requisitos establecidos en la normativa vigente para obtener el reconocimiento de un derecho o facultad o para su ejercicio, que dispone de la documentación que así lo acredita, que la pondrá a disposición de la Administración cuando le sea requerida, y que se compromete a mantener el cumplimiento de las anteriores obligaciones durante el período de tiempo inherente a dicho reconocimiento o ejercicio.

Los requisitos a los que se refiere el párrafo anterior deberán estar recogidos de manera expresa, clara y precisa en la correspondiente declaración responsable. Las Administraciones podrán requerir en cualquier momento que se aporte la documentación que acredite el cumplimiento de los mencionados requisitos y el interesado deberá aportarla.

2. A los efectos de esta Ley, se entenderá por comunicación aquel documento mediante el que los interesados ponen en conocimiento de la Administración Pública competente sus datos identificativos o cualquier otro dato relevante para el inicio de una actividad o el ejercicio de un derecho.

3. Las declaraciones responsables y las comunicaciones permitirán, el reconocimiento o ejercicio de un derecho o bien el inicio de una actividad, desde el día de su presentación, sin perjuicio de las facultades de comprobación, control e inspección que tengan atribuidas las Administraciones Públicas.

No obstante lo dispuesto en el párrafo anterior, la comunicación podrá presentarse dentro de un plazo posterior al inicio de la actividad cuando la legislación correspondiente lo prevea expresamente.

4. La inexactitud, falsedad u omisión, de carácter esencial, de cualquier dato o información que se incorpore a una declaración responsable o a una comunicación, o la no presentación ante la Administración competente de la declaración responsable, la documentación que sea en su caso requerida para acreditar el cumplimiento de lo declarado, o la comunicación, determinará la imposibilidad de continuar con el ejercicio del derecho o actividad afectada desde el momento en que se tenga constancia de tales hechos, sin perjuicio de las responsabilidades penales, civiles o administrativas a que hubiera lugar.

Asimismo, la resolución de la Administración Pública que declare tales circunstancias podrá determinar la obligación del interesado de restituir la situación jurídica al momento previo al reconocimiento o al ejercicio del derecho o al inicio de la actividad correspondiente, así como la imposibilidad de instar un nuevo procedimiento con el mismo objeto durante un período de tiempo determinado por la ley, todo ello conforme a los términos establecidos en las normas sectoriales de aplicación.

5. Las Administraciones Públicas tendrán permanentemente publicados y actualizados modelos de declaración responsable y de comunicación, fácilmente accesibles a los interesados.

6. Únicamente será exigible, bien una declaración responsable, bien una comunicación para iniciar una misma actividad u obtener el reconocimiento de un mismo derecho o facultad para su ejercicio, sin que sea posible la exigencia de ambas acumulativamente.

CAPÍTULO III

Ordenación del procedimiento

Artículo 70. Expediente Administrativo.

1. Se entiende por expediente administrativo el conjunto ordenado de documentos y actuaciones que sirven de antecedente y fundamento a la resolución administrativa, así como las diligencias encaminadas a ejecutarla.

2. Los expedientes tendrán formato electrónico y se formarán mediante la agregación ordenada de cuantos documentos, pruebas, dictámenes, informes, acuerdos, notificaciones y demás diligencias deban integrarlos, así como un índice numerado de todos los documentos que contenga cuando se remita. Asimismo, deberá constar en el expediente copia electrónica certificada de la resolución adoptada.

3. Cuando en virtud de una norma sea preciso remitir el

expediente electrónico, se hará de acuerdo con lo previsto en el Esquema Nacional de Interoperabilidad y en las correspondientes Normas Técnicas de Interoperabilidad, y se enviará completo, foliado, autentificado y acompañado de un índice, asimismo autentificado, de los documentos que contenga. La autenticación del citado índice garantizará la integridad e inmutabilidad del expediente electrónico generado desde el momento de su firma y permitirá su recuperación siempre que sea preciso, siendo admisible que un mismo documento forme parte de distintos expedientes electrónicos.

4. No formará parte del expediente administrativo la información que tenga carácter auxiliar o de apoyo, como la contenida en aplicaciones, ficheros y bases de datos informáticas, notas, borradores, opiniones, resúmenes, comunicaciones e informes internos o entre órganos o entidades administrativas, así como los juicios de valor emitidos por las Administraciones Públicas, salvo que se trate de informes, preceptivos y facultativos, solicitados antes de la resolución administrativa que ponga fin al procedimiento.

Artículo 71. Impulso.

1. El procedimiento, sometido al principio de celeridad, se impulsará de oficio en todos sus trámites y a través de medios electrónicos, respetando los principios de transparencia y publicidad.

2. En el despacho de los expedientes se guardará el orden riguroso de incoación en asuntos de homogénea naturaleza, salvo que por el titular de la unidad administrativa se dé orden motivada en contrario, de la que quede constancia.

El incumplimiento de lo dispuesto en el párrafo anterior dará lugar a la exigencia de responsabilidad disciplinaria del infractor y, en su caso, será causa de remoción del puesto de trabajo.

3. Las personas designadas como órgano instructor o, en su caso, los titulares de las unidades administrativas que tengan atribuida tal función serán responsables directos de la tramitación del procedimiento y, en especial, del cumplimiento de los plazos establecidos.

Artículo 72. Concentración de trámites.

1. De acuerdo con el principio de simplificación administrativa, se acordarán en un solo acto todos los trámites que, por su naturaleza, admitan un impulso simultáneo y no sea obligado su cumplimiento sucesivo.

2. Al solicitar los trámites que deban ser cumplidos por otros órganos, deberá consignarse en la comunicación cursada el plazo legal establecido al efecto.

Artículo 73. Cumplimiento de trámites.

1. Los trámites que deban ser cumplimentados por los interesados deberán realizarse en el plazo de diez días a partir del siguiente al de la notificación del correspondiente acto, salvo en el caso de que en la norma correspondiente se fije plazo distinto.

2. En cualquier momento del procedimiento, cuando la Administración considere que alguno de los actos de los interesados no reúne los requisitos necesarios, lo pondrá en conocimiento de su autor, concediéndole un plazo de diez días para cumplimentarlo.

3. A los interesados que no cumplan lo dispuesto en los apartados anteriores, se les podrá declarar decaídos en su derecho al trámite correspondiente. No obstante, se admitirá la actuación del interesado y producirá sus efectos legales, si se produjera antes o dentro del día que se notifique la resolución en la que se tenga por transcurrido el plazo.

Artículo 74. Cuestiones incidentales.

Las cuestiones incidentales que se susciten en el procedimiento, incluso las que se refieran a la nulidad de actuaciones, no suspenderán la tramitación del mismo, salvo la recusación.

CAPÍTULO IV

Instrucción del procedimiento

Sección 1.ª Disposiciones generales

Artículo 75. Actos de instrucción.

1. Los actos de instrucción necesarios para la determinación, conocimiento y comprobación de los hechos en virtud de los cuales deba pronunciarse la resolución, se realizarán de oficio y a través de medios electrónicos, por el órgano que tramite el procedimiento, sin perjuicio del derecho de los interesados a proponer aquellas actuaciones que requieran su intervención o constituyan trámites legal o reglamentariamente establecidos.

2. Las aplicaciones y sistemas de información utilizados para la instrucción de los procedimientos deberán garantizar el control de los tiempos y plazos, la identificación de los órganos responsables y la tramitación ordenada de los expedientes, así como facilitar la simplificación y la publicidad de los procedimientos.

3. Los actos de instrucción que requieran la intervención de los interesados habrán de practicarse en la forma que resulte más

conveniente para ellos y sea compatible, en la medida de lo posible, con sus obligaciones laborales o profesionales.

4. En cualquier caso, el órgano instructor adoptará las medidas necesarias para lograr el pleno respeto a los principios de contradicción y de igualdad de los interesados en el procedimiento.

Artículo 76. Alegaciones.

1. Los interesados podrán, en cualquier momento del procedimiento anterior al trámite de audiencia, aducir alegaciones y aportar documentos u otros elementos de juicio.

Unos y otros serán tenidos en cuenta por el órgano competente al redactar la correspondiente propuesta de resolución.

2. En todo momento podrán los interesados alegar los defectos de tramitación y, en especial, los que supongan paralización, infracción de los plazos preceptivamente señalados o la omisión de trámites que pueden ser subsanados antes de la resolución definitiva del asunto. Dichas alegaciones podrán dar lugar, si hubiere razones para ello, a la exigencia de la correspondiente responsabilidad disciplinaria.

Sección 2.ª Prueba

Artículo 77. Medios y período de prueba.

1. Los hechos relevantes para la decisión de un procedimiento podrán acreditarse por cualquier medio de prueba admisible en Derecho, cuya valoración se realizará de acuerdo con los criterios establecidos en la Ley 1/2000, de 7 de enero, de Enjuiciamiento Civil.

2. Cuando la Administración no tenga por ciertos los hechos alegados por los interesados o la naturaleza del procedimiento lo exija, el instructor del mismo acordará la apertura de un período de prueba por un plazo no superior a treinta días ni inferior a diez, a fin de que puedan practicarse cuantas juzgue pertinentes. Asimismo, cuando lo considere necesario, el instructor, a petición de los interesados, podrá decidir la apertura de un período extraordinario de prueba por un plazo no superior a diez días.

3. El instructor del procedimiento sólo podrá rechazar las pruebas propuestas por los interesados cuando sean manifiestamente improcedentes o innecesarias, mediante resolución motivada.

4. En los procedimientos de carácter sancionador, los hechos declarados probados por resoluciones judiciales penales firmes vincularán a las Administraciones Públicas respecto de los procedimientos sancionadores que substancien.

5. Los documentos formalizados por los funcionarios a los que se reconoce la condición de autoridad y en los que, observándose los requisitos legales correspondientes se recojan los hechos constatados por aquéllos harán prueba de éstos salvo que se acredite lo contrario.

6. Cuando la prueba consista en la emisión de un informe de un órgano administrativo, organismo público o Entidad de derecho público, se entenderá que éste tiene carácter preceptivo.

7. Cuando la valoración de las pruebas practicadas pueda constituir el fundamento básico de la decisión que se adopte en el procedimiento, por ser pieza imprescindible para la correcta evaluación de los hechos, deberá incluirse en la propuesta de resolución.

Artículo 78. Práctica de prueba.

1. La Administración comunicará a los interesados, con antelación suficiente, el inicio de las actuaciones necesarias para la realización de las pruebas que hayan sido admitidas.

2. En la notificación se consignará el lugar, fecha y hora en que se practicará la prueba, con la advertencia, en su caso, de que el interesado puede nombrar técnicos para que le asistan.

3. En los casos en que, a petición del interesado, deban efectuarse pruebas cuya realización implique gastos que no deba soportar la Administración, ésta podrá exigir el anticipo de los mismos, a reserva de la liquidación definitiva, una vez practicada la prueba. La liquidación de los gastos se practicará uniendo los comprobantes que acrediten la realidad y cuantía de los mismos.

Sección 3.ª Informes

Artículo 79. Petición.

1. A efectos de la resolución del procedimiento, se solicitarán aquellos informes que sean preceptivos por las disposiciones legales, y los que se juzguen necesarios para resolver, citándose el precepto que los exija o fundamentando, en su caso, la conveniencia de reclamarlos.

2. En la petición de informe se concretará el extremo o extremos acerca de los que se solicita.

Artículo 80. Emisión de informes.

1. Salvo disposición expresa en contrario, los informes serán facultativos y no vinculantes.

2. Los informes serán emitidos a través de medios electrónicos y

de acuerdo con los requisitos que señala el artículo 26 en el plazo de diez días, salvo que una disposición o el cumplimiento del resto de los plazos del procedimiento permita o exija otro plazo mayor o menor.

3. De no emitirse el informe en el plazo señalado, y sin perjuicio de la responsabilidad en que incurra el responsable de la demora, se podrán proseguir las actuaciones salvo cuando se trate de un informe preceptivo, en cuyo caso se podrá suspender el transcurso del plazo máximo legal para resolver el procedimiento en los términos establecidos en la letra d) del apartado 1 del artículo 22.

4. Si el informe debiera ser emitido por una Administración Pública distinta de la que tramita el procedimiento en orden a expresar el punto de vista correspondiente a sus competencias respectivas, y transcurriera el plazo sin que aquél se hubiera emitido, se podrán proseguir las actuaciones.

El informe emitido fuera de plazo podrá no ser tenido en cuenta al adoptar la correspondiente resolución.

Artículo 81. Solicitud de informes y dictámenes en los procedimientos de responsabilidad patrimonial.

1. En el caso de los procedimientos de responsabilidad patrimonial será preceptivo solicitar informe al servicio cuyo funcionamiento haya ocasionado la presunta lesión indemnizable, no pudiendo exceder de diez días el plazo de su emisión.

2. Cuando las indemnizaciones reclamadas sean de cuantía igual o superior a 50.000 euros o a la que se establezca en la correspondiente legislación autonómica, así como en aquellos casos que disponga la Ley Orgánica 3/1980, de 22 de abril, del Consejo de Estado, será preceptivo solicitar dictamen del Consejo de Estado o, en su caso, del órgano consultivo de la Comunidad Autónoma.

A estos efectos, el órgano instructor, en el plazo de diez días a contar desde la finalización del trámite de audiencia, remitirá al órgano competente para solicitar el dictamen una propuesta de resolución, que se ajustará a lo previsto en el artículo 91, o, en su caso, la propuesta de acuerdo por el que se podría terminar convencionalmente el procedimiento.

El dictamen se emitirá en el plazo de dos meses y deberá pronunciarse sobre la existencia o no de relación de causalidad entre el funcionamiento del servicio público y la lesión producida y, en su caso, sobre la valoración del daño causado y la cuantía y modo de la indemnización de acuerdo con los criterios establecidos en esta Ley.

3. En el caso de reclamaciones en materia de responsabilidad patrimonial del Estado por el funcionamiento anormal de la

Administración de Justicia, será preceptivo el informe del Consejo General del Poder Judicial que será evacuado en el plazo máximo de dos meses. El plazo para dictar resolución quedará suspendido por el tiempo que medie entre la solicitud, del informe y su recepción, no pudiendo exceder dicho plazo de los citados dos meses.

Sección 4.ª Participación de los interesados

Artículo 82. Trámite de audiencia.

1. Instruidos los procedimientos, e inmediatamente antes de redactar la propuesta de resolución, se pondrán de manifiesto a los interesados o, en su caso, a sus representantes, para lo que se tendrán en cuenta las limitaciones previstas en su caso en la Ley 19/2013, de 9 de diciembre.

La audiencia a los interesados será anterior a la solicitud del informe del órgano competente para el asesoramiento jurídico o a la solicitud del Dictamen del Consejo de Estado u órgano consultivo equivalente de la Comunidad Autónoma, en el caso que éstos formaran parte del procedimiento.

2. Los interesados, en un plazo no inferior a diez días ni superior a quince, podrán alegar y presentar los documentos y justificaciones que estimen pertinentes.

3. Si antes del vencimiento del plazo los interesados manifiestan su decisión de no efectuar alegaciones ni aportar nuevos documentos o justificaciones, se tendrá por realizado el trámite.

4. Se podrá prescindir del trámite de audiencia cuando no figuren en el procedimiento ni sean tenidos en cuenta en la resolución otros hechos ni otras alegaciones y pruebas que las aducidas por el interesado.

5. En los procedimientos de responsabilidad patrimonial a los que se refiere el artículo 32.9 de la Ley de Régimen Jurídico del Sector Público, será necesario en todo caso dar audiencia al contratista, notificándole cuantas actuaciones se realicen en el procedimiento, al efecto de que se persone en el mismo, exponga lo que a su derecho convenga y proponga cuantos medios de prueba estime necesarios.

Artículo 83. Información pública.

1. El órgano al que corresponda la resolución del procedimiento, cuando la naturaleza de éste lo requiera, podrá acordar un período de información pública.

2. A tal efecto, se publicará un anuncio en el Diario oficial correspondiente a fin de que cualquier persona física o jurídica pueda examinar el expediente, o la parte del mismo que se acuerde.

El anuncio señalará el lugar de exhibición, debiendo estar en todo caso a disposición de las personas que lo soliciten a través de medios electrónicos en la sede electrónica correspondiente, y determinará el plazo para formular alegaciones, que en ningún caso podrá ser inferior a veinte días.

3. La incomparecencia en este trámite no impedirá a los interesados interponer los recursos procedentes contra la resolución definitiva del procedimiento.

La comparecencia en el trámite de información pública no otorga, por sí misma, la condición de interesado. No obstante, quienes presenten alegaciones u observaciones en este trámite tienen derecho a obtener de la Administración una respuesta razonada, que podrá ser común para todas aquellas alegaciones que planteen cuestiones sustancialmente iguales.

4. Conforme a lo dispuesto en las leyes, las Administraciones Públicas podrán establecer otras formas, medios y cauces de participación de las personas, directamente o a través de las organizaciones y asociaciones reconocidas por la ley en el procedimiento en el que se dictan los actos administrativos.

CAPÍTULO V
Finalización del procedimiento

Sección 1.ª Disposiciones generales

Artículo 84. Terminación.

1. Pondrán fin al procedimiento la resolución, el desistimiento, la renuncia al derecho en que se funde la solicitud, cuando tal renuncia no esté prohibida por el ordenamiento jurídico, y la declaración de caducidad.

2. También producirá la terminación del procedimiento la imposibilidad material de continuarlo por causas sobrevenidas. La resolución que se dicte deberá ser motivada en todo caso.

Artículo 85. Terminación en los procedimientos sancionadores.

1. Iniciado un procedimiento sancionador, si el infractor reconoce su responsabilidad, se podrá resolver el procedimiento con la imposición de la sanción que proceda.

2. Cuando la sanción tenga únicamente carácter pecuniario o bien quepa imponer una sanción pecuniaria y otra de carácter no pecuniario pero se ha justificado la improcedencia de la segunda, el pago voluntario por el presunto responsable, en cualquier momento

anterior a la resolución, implicará la terminación del procedimiento, salvo en lo relativo a la reposición de la situación alterada o a la determinación de la indemnización por los daños y perjuicios causados por la comisión de la infracción.

3. En ambos casos, cuando la sanción tenga únicamente carácter pecuniario, el órgano competente para resolver el procedimiento aplicará reducciones de, al menos, el 20 % sobre el importe de la sanción propuesta, siendo éstos acumulables entre sí. Las citadas reducciones, deberán estar determinadas en la notificación de iniciación del procedimiento y su efectividad estará condicionada al desistimiento o renuncia de cualquier acción o recurso en vía administrativa contra la sanción.

El porcentaje de reducción previsto en este apartado podrá ser incrementado reglamentariamente.

Artículo 86. Terminación convencional.

1. Las Administraciones Públicas podrán celebrar acuerdos, pactos, convenios o contratos con personas tanto de Derecho público como privado, siempre que no sean contrarios al ordenamiento jurídico ni versen sobre materias no susceptibles de transacción y tengan por objeto satisfacer el interés público que tienen encomendado, con el alcance, efectos y régimen jurídico específico que, en su caso, prevea la disposición que lo regule, pudiendo tales actos tener la consideración de finalizadores de los procedimientos administrativos o insertarse en los mismos con carácter previo, vinculante o no, a la resolución que les ponga fin.

2. Los citados instrumentos deberán establecer como contenido mínimo la identificación de las partes intervinientes, el ámbito personal, funcional y territorial, y el plazo de vigencia, debiendo publicarse o no según su naturaleza y las personas a las que estuvieran destinados.

3. Requerirán en todo caso la aprobación expresa del Consejo de Ministros u órgano equivalente de las Comunidades Autónomas, los acuerdos que versen sobre materias de la competencia directa de dicho órgano.

4. Los acuerdos que se suscriban no supondrán alteración de las competencias atribuidas a los órganos administrativos, ni de las responsabilidades que correspondan a las autoridades y funcionarios, relativas al funcionamiento de los servicios públicos.

5. En los casos de procedimientos de responsabilidad patrimonial, el acuerdo alcanzado entre las partes deberá fijar la cuantía y modo de indemnización de acuerdo con los criterios que para calcularla y abonarla establece el artículo 34 de la Ley de

Régimen Jurídico del Sector Público.

Sección 2.ª Resolución

Artículo 87. Actuaciones complementarias.

Antes de dictar resolución, el órgano competente para resolver podrá decidir, mediante acuerdo motivado, la realización de las actuaciones complementarias indispensables para resolver el procedimiento. No tendrán la consideración de actuaciones complementarias los informes que preceden inmediatamente a la resolución final del procedimiento.

El acuerdo de realización de actuaciones complementarias se notificará a los interesados, concediéndoseles un plazo de siete días para formular las alegaciones que tengan por pertinentes tras la finalización de las mismas. Las actuaciones complementarias deberán practicarse en un plazo no superior a quince días. El plazo para resolver el procedimiento quedará suspendido hasta la terminación de las actuaciones complementarias.

Artículo 88. Contenido.

1. La resolución que ponga fin al procedimiento decidirá todas las cuestiones planteadas por los interesados y aquellas otras derivadas del mismo.

Cuando se trate de cuestiones conexas que no hubieran sido planteadas por los interesados, el órgano competente podrá pronunciarse sobre las mismas, poniéndolo antes de manifiesto a aquéllos por un plazo no superior a quince días, para que formulen las alegaciones que estimen pertinentes y aporten, en su caso, los medios de prueba.

2. En los procedimientos tramitados a solicitud del interesado, la resolución será congruente con las peticiones formuladas por éste, sin que en ningún caso pueda agravar su situación inicial y sin perjuicio de la potestad de la Administración de incoar de oficio un nuevo procedimiento, si procede.

3. Las resoluciones contendrán la decisión, que será motivada en los casos a que se refiere el artículo 35. Expresarán, además, los recursos que contra la misma procedan, órgano administrativo o judicial ante el que hubieran de presentarse y plazo para interponerlos, sin perjuicio de que los interesados puedan ejercitar cualquier otro que estimen oportuno.

4. Sin perjuicio de la forma y lugar señalados por el interesado para la práctica de las notificaciones, la resolución del procedimiento se dictará electrónicamente y garantizará la identidad del órgano

competente, así como la autenticidad e integridad del documento que se formalice mediante el empleo de alguno de los instrumentos previstos en esta Ley.

5. En ningún caso podrá la Administración abstenerse de resolver so pretexto de silencio, oscuridad o insuficiencia de los preceptos legales aplicables al caso, aunque podrá acordarse la inadmisión de las solicitudes de reconocimiento de derechos no previstos en el ordenamiento jurídico o manifiestamente carentes de fundamento, sin perjuicio del derecho de petición previsto por el artículo 29 de la Constitución.

6. La aceptación de informes o dictámenes servirá de motivación a la resolución cuando se incorporen al texto de la misma.

7. Cuando la competencia para instruir y resolver un procedimiento no recaiga en un mismo órgano, será necesario que el instructor eleve al órgano competente para resolver un propuesta de resolución.

En los procedimientos de carácter sancionador, la propuesta de resolución deberá ser notificada a los interesados en los términos previstos en el artículo siguiente.

Artículo 89. Propuesta de resolución en los procedimientos de carácter sancionador.

1. El órgano instructor resolverá la finalización del procedimiento, con archivo de las actuaciones, sin que sea necesaria la formulación de la propuesta de resolución, cuando en la instrucción procedimiento se ponga de manifiesto que concurre alguna de las siguientes circunstancias:

a) La inexistencia de los hechos que pudieran constituir la infracción.

b) Cuando lo hechos no resulten acreditados.

c) Cuando los hechos probados no constituyan, de modo manifiesto, infracción administrativa.

d) Cuando no exista o no se haya podido identificar a la persona o personas responsables o bien aparezcan exentos de responsabilidad.

e) Cuando se concluyera, en cualquier momento, que ha prescrito la infracción.

2. En el caso de procedimientos de carácter sancionador, una vez concluida la instrucción del procedimiento, el órgano instructor formulará una propuesta de resolución que deberá ser notificada a los interesados. La propuesta de resolución deberá indicar la puesta de manifiesto del procedimiento y el plazo para formular alegaciones y presentar los documentos e informaciones que se estimen

pertinentes.

3. En la propuesta de resolución se fijarán de forma motivada los hechos que se consideren probados y su exacta calificación jurídica, se determinará la infracción que, en su caso, aquéllos constituyan, la persona o personas responsables y la sanción que se proponga, la valoración de las pruebas practicadas, en especial aquellas que constituyan los fundamentos básicos de la decisión, así como las medidas provisionales que, en su caso, se hubieran adoptado. Cuando la instrucción concluya la inexistencia de infracción o responsabilidad y no se haga uso de la facultad prevista en el apartado primero, la propuesta declarará esa circunstancia.

Artículo 90. Especialidades de la resolución en los procedimientos sancionadores.

1. En el caso de procedimientos de carácter sancionador, además del contenido previsto en los dos artículos anteriores, la resolución incluirá la valoración de las pruebas practicadas, en especial aquellas que constituyan los fundamentos básicos de la decisión, fijarán los hechos y, en su caso, la persona o personas responsables, la infracción o infracciones cometidas y la sanción o sanciones que se imponen, o bien la declaración de no existencia de infracción o responsabilidad.

2. En la resolución no se podrán aceptar hechos distintos de los determinados en el curso del procedimiento, con independencia de su diferente valoración jurídica. No obstante, cuando el órgano competente para resolver considere que la infracción o la sanción revisten mayor gravedad que la determinada en la propuesta de resolución, se notificará al inculpado para que aporte cuantas alegaciones estime convenientes en el plazo de quince días.

3. La resolución que ponga fin al procedimiento será ejecutiva cuando no quepa contra ella ningún recurso ordinario en vía administrativa, pudiendo adoptarse en la misma las disposiciones cautelares precisas para garantizar su eficacia en tanto no sea ejecutiva y que podrán consistir en el mantenimiento de las medidas provisionales que en su caso se hubieran adoptado.

Cuando la resolución sea ejecutiva, se podrá suspender cautelarmente, si el interesado manifiesta a la Administración su intención de interponer recurso contencioso-administrativo contra la resolución firme en vía administrativa. Dicha suspensión cautelar finalizará cuando:

a) Haya transcurrido el plazo legalmente previsto sin que el interesado haya interpuesto recurso contencioso administrativo.

b) Habiendo el interesado interpuesto recurso contencioso-administrativo:

1.º No se haya solicitado en el mismo trámite la suspensión cautelar de la resolución impugnada.

2.º El órgano judicial se pronuncie sobre la suspensión cautelar solicitada, en los términos previstos en ella.

4. Cuando las conductas sancionadas hubieran causado daños o perjuicios a las Administraciones y la cuantía destinada a indemnizar estos daños no hubiera quedado determinada en el expediente, se fijará mediante un procedimiento complementario, cuya resolución será inmediatamente ejecutiva. Este procedimiento será susceptible de terminación convencional, pero ni ésta ni la aceptación por el infractor de la resolución que pudiera recaer implicarán el reconocimiento voluntario de su responsabilidad. La resolución del procedimiento pondrá fin a la vía administrativa.

Artículo 91. Especialidades de la resolución en los procedimientos en materia de responsabilidad patrimonial.

1. Una vez recibido, en su caso, el dictamen al que se refiere el artículo 81.2 o, cuando éste no sea preceptivo, una vez finalizado el trámite de audiencia, el órgano competente resolverá o someterá la propuesta de acuerdo para su formalización por el interesado y por el órgano administrativo competente para suscribirlo. Cuando no se estimase procedente formalizar la propuesta de terminación convencional, el órgano competente resolverá en los términos previstos en el apartado siguiente.

2. Además de lo previsto en el artículo 88, en los casos de procedimientos de responsabilidad patrimonial, será necesario que la resolución se pronuncie sobre la existencia o no de la relación de causalidad entre el funcionamiento del servicio público y la lesión producida y, en su caso, sobre la valoración del daño causado, la cuantía y el modo de la indemnización, cuando proceda, de acuerdo con los criterios que para calcularla y abonarla se establecen en el artículo 34 de la Ley de Régimen Jurídico del Sector Público.

3. Transcurridos seis meses desde que se inició el procedimiento sin que haya recaído y se notifique resolución expresa o, en su caso, se haya formalizado el acuerdo, podrá entenderse que la resolución es contraria a la indemnización del particular.

Artículo 92. Competencia para la resolución de los procedimientos de responsabilidad patrimonial.

En el ámbito de la Administración General del Estado, los procedimientos de responsabilidad patrimonial se resolverán por el Ministro respectivo o por el Consejo de Ministros en los casos del artículo 32.3 de la Ley de Régimen Jurídico del Sector Público o cuando una ley así lo disponga.

En el ámbito autonómico y local, los procedimientos de responsabilidad patrimonial se resolverán por los órganos correspondientes de las Comunidades Autónomas o de las Entidades que integran la Administración Local.

En el caso de las Entidades de Derecho Público, las normas que determinen su régimen jurídico podrán establecer los órganos a quien corresponde la resolución de los procedimientos de responsabilidad patrimonial. En su defecto, se aplicarán las normas previstas en este artículo.

Sección 3.ª Desistimiento y renuncia

Artículo 93. Desistimiento por la Administración.

En los procedimientos iniciados de oficio, la Administración podrá desistir, motivadamente, en los supuestos y con los requisitos previstos en las Leyes.

Artículo 94. Desistimiento y renuncia por los interesados.

1. Todo interesado podrá desistir de su solicitud o, cuando ello no esté prohibido por el ordenamiento jurídico, renunciar a sus derechos.

2. Si el escrito de iniciación se hubiera formulado por dos o más interesados, el desistimiento o la renuncia sólo afectará a aquellos que la hubiesen formulado.

3. Tanto el desistimiento como la renuncia podrán hacerse por cualquier medio que permita su constancia, siempre que incorpore las firmas que correspondan de acuerdo con lo previsto en la normativa aplicable.

4. La Administración aceptará de plano el desistimiento o la renuncia, y declarará concluso el procedimiento salvo que, habiéndose personado en el mismo terceros interesados, instasen éstos su continuación en el plazo de diez días desde que fueron notificados del desistimiento o renuncia.

5. Si la cuestión suscitada por la incoación del procedimiento entrañase interés general o fuera conveniente sustanciarla para su definición y esclarecimiento, la Administración podrá limitar los efectos del desistimiento o la renuncia al interesado y seguirá el procedimiento.

Sección 4.ª Caducidad

Artículo 95. Requisitos y efectos.

1. En los procedimientos iniciados a solicitud del interesado, cuando se produzca su paralización por causa imputable al mismo, la Administración le advertirá que, transcurridos tres meses, se producirá la caducidad del procedimiento. Consumido este plazo sin que el particular requerido realice las actividades necesarias para reanudar la tramitación, la Administración acordará el archivo de las actuaciones, notificándoselo al interesado. Contra la resolución que declare la caducidad procederán los recursos pertinentes.

2. No podrá acordarse la caducidad por la simple inactividad del interesado en la cumplimentación de trámites, siempre que no sean indispensables para dictar resolución. Dicha inactividad no tendrá otro efecto que la pérdida de su derecho al referido trámite.

3. La caducidad no producirá por sí sola la prescripción de las acciones del particular o de la Administración, pero los procedimientos caducados no interrumpirán el plazo de prescripción.

En los casos en los que sea posible la iniciación de un nuevo procedimiento por no haberse producido la prescripción, podrán incorporarse a éste los actos y trámites cuyo contenido se hubiera mantenido igual de no haberse producido la caducidad. En todo caso, en el nuevo procedimiento deberán cumplimentarse los trámites de alegaciones, proposición de prueba y audiencia al interesado.

4. Podrá no ser aplicable la caducidad en el supuesto de que la cuestión suscitada afecte al interés general, o fuera conveniente sustanciarla para su definición y esclarecimiento.

CAPÍTULO VI

De la tramitación simplificada del procedimiento administrativo común

Artículo 96. Tramitación simplificada del procedimiento administrativo común.

1. Cuando razones de interés público o la falta de complejidad del procedimiento así lo aconsejen, las Administraciones Públicas podrán acordar, de oficio o a solicitud del interesado, la tramitación simplificada del procedimiento.

En cualquier momento del procedimiento anterior a su resolución, el órgano competente para su tramitación podrá acordar continuar con arreglo a la tramitación ordinaria.

2. Cuando la Administración acuerde de oficio la tramitación simplificada del procedimiento deberá notificarlo a los interesados. Si

alguno de ellos manifestara su oposición expresa, la Administración deberá seguir la tramitación ordinaria.

3. Los interesados podrán solicitar la tramitación simplificada del procedimiento. Si el órgano competente para la tramitación aprecia que no concurre alguna de las razones previstas en el apartado 1, podrá desestimar dicha solicitud, en el plazo de cinco días desde su presentación, sin que exista posibilidad de recurso por parte del interesado. Transcurrido el mencionado plazo de cinco días se entenderá desestimada la solicitud.

4. En el caso de procedimientos en materia de responsabilidad patrimonial de las Administraciones Públicas, si una vez iniciado el procedimiento administrativo el órgano competente para su tramitación considera inequívoca la relación de causalidad entre el funcionamiento del servicio público y la lesión, así como la valoración del daño y el cálculo de la cuantía de la indemnización, podrá acordar de oficio la suspensión del procedimiento general y la iniciación de un procedimiento simplificado.

5. En el caso de procedimientos de naturaleza sancionadora, se podrá adoptar la tramitación simplificada del procedimiento cuando el órgano competente para iniciar el procedimiento considere que, de acuerdo con lo previsto en su normativa reguladora, existen elementos de juicio suficientes para calificar la infracción como leve, sin que quepa la oposición expresa por parte del interesado prevista en el apartado 2.

6. Salvo que reste menos para su tramitación ordinaria, los procedimientos administrativos tramitados de manera simplificada deberán ser resueltos en treinta días, a contar desde el siguiente al que se notifique al interesado el acuerdo de tramitación simplificada del procedimiento, y constarán únicamente de los siguientes trámites:

a) Inicio del procedimiento de oficio o a solicitud del interesado.

b) Subsanación de la solicitud presentada, en su caso.

c) Alegaciones formuladas al inicio del procedimiento durante el plazo de cinco días.

d) Trámite de audiencia, únicamente cuando la resolución vaya a ser desfavorable para el interesado.

e) Informe del servicio jurídico, cuando éste sea preceptivo.

f) Informe del Consejo General del Poder Judicial, cuando éste sea preceptivo.

g) Dictamen del Consejo de Estado u órgano consultivo equivalente de la Comunidad Autónoma en los casos en que sea preceptivo. Desde que se solicite el Dictamen al Consejo de Estado, u órgano equivalente, hasta que éste sea emitido, se producirá la suspensión automática del plazo para resolver.

El órgano competente solicitará la emisión del Dictamen en un plazo tal que permita cumplir el plazo de resolución del procedimiento. El Dictamen podrá ser emitido en el plazo de quince días si así lo solicita el órgano competente.

En todo caso, en el expediente que se remita al Consejo de Estado u órgano consultivo equivalente, se incluirá una propuesta de resolución. Cuando el Dictamen sea contrario al fondo de la propuesta de resolución, con independencia de que se atienda o no este criterio, el órgano competente para resolver acordará continuar el procedimiento con arreglo a la tramitación ordinaria, lo que se notificará a los interesados. En este caso, se entenderán convalidadas todas las actuaciones que se hubieran realizado durante la tramitación simplificada del procedimiento, a excepción del Dictamen del Consejo de Estado u órgano consultivo equivalente.

h) Resolución.

7. En el caso que un procedimiento exigiera la realización de un trámite no previsto en el apartado anterior, deberá ser tramitado de manera ordinaria.

CAPÍTULO VII

Ejecución

Artículo 97. Título.

1. Las Administraciones Públicas no iniciarán ninguna actuación material de ejecución de resoluciones que limite derechos de los particulares sin que previamente haya sido adoptada la resolución que le sirva de fundamento jurídico.

2. El órgano que ordene un acto de ejecución material de resoluciones estará obligado a notificar al particular interesado la resolución que autorice la actuación administrativa.

Artículo 98. Ejecutoriedad.

1. Los actos de las Administraciones Públicas sujetos al Derecho Administrativo serán inmediatamente ejecutivos, salvo que:

a) Se produzca la suspensión de la ejecución del acto.

b) Se trate de una resolución de un procedimiento de naturaleza sancionadora contra la que quepa algún recurso en vía administrativa, incluido el potestativo de reposición.

c) Una disposición establezca lo contrario.

d) Se necesite aprobación o autorización superior.

2. Cuando de una resolución administrativa, o de cualquier otra

forma de finalización del procedimiento administrativo prevista en esta ley, nazca una obligación de pago derivada de una sanción pecuniaria, multa o cualquier otro derecho que haya de abonarse a la Hacienda pública, éste se efectuará preferentemente, salvo que se justifique la imposibilidad de hacerlo, utilizando alguno de los medios electrónicos siguientes:

a) Tarjeta de crédito y débito.

b) Transferencia bancaria.

c) Domiciliación bancaria.

d) Cualesquiera otros que se autoricen por el órgano competente en materia de Hacienda Pública.

Artículo 99. Ejecución forzosa.

Las Administraciones Públicas, a través de sus órganos competentes en cada caso, podrán proceder, previo apercibimiento, a la ejecución forzosa de los actos administrativos, salvo en los supuestos en que se suspenda la ejecución de acuerdo con la Ley, o cuando la Constitución o la Ley exijan la intervención de un órgano judicial.

Artículo 100. Medios de ejecución forzosa.

1. La ejecución forzosa por las Administraciones Públicas se efectuará, respetando siempre el principio de proporcionalidad, por los siguientes medios:

a) Apremio sobre el patrimonio.

b) Ejecución subsidiaria.

c) Multa coercitiva.

d) Compulsión sobre las personas.

2. Si fueran varios los medios de ejecución admisibles se elegirá el menos restrictivo de la libertad individual.

3. Si fuese necesario entrar en el domicilio del afectado o en los restantes lugares que requieran la autorización de su titular, las Administraciones Públicas deberán obtener el consentimiento del mismo o, en su defecto, la oportuna autorización judicial.

Artículo 101. Apremio sobre el patrimonio.

1. Si en virtud de acto administrativo hubiera de satisfacerse cantidad líquida se seguirá el procedimiento previsto en las normas reguladoras del procedimiento de apremio.

2. En cualquier caso no podrá imponerse a los administrados una obligación pecuniaria que no estuviese establecida con arreglo a una norma de rango legal.

Artículo 102. Ejecución subsidiaria.

1. Habrá lugar a la ejecución subsidiaria cuando se trate de actos que por no ser personalísimos puedan ser realizados por sujeto distinto del obligado.

2. En este caso, las Administraciones Públicas realizarán el acto, por sí o a través de las personas que determinen, a costa del obligado.

3. El importe de los gastos, daños y perjuicios se exigirá conforme a lo dispuesto en el artículo anterior.

4. Dicho importe podrá liquidarse de forma provisional y realizarse antes de la ejecución, a reserva de la liquidación definitiva.

Artículo 103. Multa coercitiva.

1. Cuando así lo autoricen las Leyes, y en la forma y cuantía que éstas determinen, las Administraciones Públicas pueden, para la ejecución de determinados actos, imponer multas coercitivas, reiteradas por lapsos de tiempo que sean suficientes para cumplir lo ordenado, en los siguientes supuestos:

a) Actos personalísimos en que no proceda la compulsión directa sobre la persona del obligado.

b) Actos en que, procediendo la compulsión, la Administración no la estimara conveniente.

c) Actos cuya ejecución pueda el obligado encargar a otra persona.

2. La multa coercitiva es independiente de las sanciones que puedan imponerse con tal carácter y compatible con ellas.

Artículo 104. Compulsión sobre las personas.

1. Los actos administrativos que impongan una obligación personalísima de no hacer o soportar podrán ser ejecutados por compulsión directa sobre las personas en los casos en que la ley expresamente lo autorice, y dentro siempre del respeto debido a su dignidad y a los derechos reconocidos en la Constitución.

2. Si, tratándose de obligaciones personalísimas de hacer, no se realizase la prestación, el obligado deberá resarcir los daños y perjuicios, a cuya liquidación y cobro se procederá en vía administrativa.

Artículo 105. Prohibición de acciones posesorias.

No se admitirán a trámite acciones posesorias contra las actuaciones de los órganos administrativos realizadas en materia de su competencia y de acuerdo con el procedimiento legalmente establecido.

TÍTULO V

De la revisión de los actos en vía administrativa

CAPÍTULO I

Revisión de oficio

Artículo 106. Revisión de disposiciones y actos nulos.

1. Las Administraciones Públicas, en cualquier momento, por iniciativa propia o a solicitud de interesado, y previo dictamen favorable del Consejo de Estado u órgano consultivo equivalente de la Comunidad Autónoma, si lo hubiere, declararán de oficio la nulidad de los actos administrativos que hayan puesto fin a la vía administrativa o que no hayan sido recurridos en plazo, en los supuestos previstos en el artículo 47.1.

2. Asimismo, en cualquier momento, las Administraciones Públicas de oficio, y previo dictamen favorable del Consejo de Estado u órgano consultivo equivalente de la Comunidad Autónoma si lo hubiere, podrán declarar la nulidad de las disposiciones administrativas en los supuestos previstos en el artículo 47.2.

3. El órgano competente para la revisión de oficio podrá acordar motivadamente la inadmisión a trámite de las solicitudes formuladas por los interesados, sin necesidad de recabar Dictamen del Consejo de Estado u órgano consultivo de la Comunidad Autónoma, cuando las mismas no se basen en alguna de las causas de nulidad del artículo 47.1 o carezcan manifiestamente de fundamento, así como en el supuesto de que se hubieran desestimado en cuanto al fondo otras solicitudes sustancialmente iguales.

4. Las Administraciones Públicas, al declarar la nulidad de una disposición o acto, podrán establecer, en la misma resolución, las indemnizaciones que proceda reconocer a los interesados, si se dan las circunstancias previstas en los artículos 32.2 y 34.1 de la Ley de Régimen Jurídico del Sector Público sin perjuicio de que, tratándose de una disposición, subsistan los actos firmes dictados en aplicación de la misma.

5. Cuando el procedimiento se hubiera iniciado de oficio, el transcurso del plazo de seis meses desde su inicio sin dictarse resolución producirá la caducidad del mismo. Si el procedimiento se hubiera iniciado a solicitud de interesado, se podrá entender la misma desestimada por silencio administrativo.

Artículo 107. Declaración de lesividad de actos anulables.

1. Las Administraciones Públicas podrán impugnar ante el orden jurisdiccional contencioso-administrativo los actos favorables para los interesados que sean anulables conforme a lo dispuesto en el artículo 48, previa su declaración de lesividad para el interés público.

2. La declaración de lesividad no podrá adoptarse una vez transcurridos cuatro años desde que se dictó el acto administrativo y exigirá la previa audiencia de cuantos aparezcan como interesados en el mismo, en los términos establecidos por el artículo 82.

Sin perjuicio de su examen como presupuesto procesal de admisibilidad de la acción en el proceso judicial correspondiente, la declaración de lesividad no será susceptible de recurso, si bien podrá notificarse a los interesados a los meros efectos informativos.

3. Transcurrido el plazo de seis meses desde la iniciación del procedimiento sin que se hubiera declarado la lesividad, se producirá la caducidad del mismo.

4. Si el acto proviniera de la Administración General del Estado o de las Comunidades Autónomas, la declaración de lesividad se adoptará por el órgano de cada Administración competente en la materia.

5. Si el acto proviniera de las entidades que integran la Administración Local, la declaración de lesividad se adoptará por el Pleno de la Corporación o, en defecto de éste, por el órgano colegiado superior de la entidad.

Artículo 108. Suspensión.

Iniciado el procedimiento de revisión de oficio al que se refieren los artículos 106 y 107, el órgano competente para declarar la nulidad o lesividad, podrá suspender la ejecución del acto, cuando ésta pudiera causar perjuicios de imposible o difícil reparación.

Artículo 109. Revocación de actos y rectificación de errores.

1. Las Administraciones Públicas podrán revocar, mientras no haya transcurrido el plazo de prescripción, sus actos de gravamen o desfavorables, siempre que tal revocación no constituya dispensa o exención no permitida por las leyes, ni sea contraria al principio de igualdad, al interés público o al ordenamiento jurídico.

2. Las Administraciones Públicas podrán, asimismo, rectificar en cualquier momento, de oficio o a instancia de los interesados, los errores materiales, de hecho o aritméticos existentes en sus actos.

Artículo 110. Límites de la revisión.

Las facultades de revisión establecidas en este Capítulo, no podrán ser ejercidas cuando por prescripción de acciones, por el tiempo transcurrido o por otras circunstancias, su ejercicio resulte contrario a la equidad, a la buena fe, al derecho de los particulares o a las leyes.

Artículo 111. Competencia para la revisión de oficio de las disposiciones y de actos nulos y anulables en la Administración General del Estado.

En el ámbito estatal, serán competentes para la revisión de oficio de las disposiciones y los actos administrativos nulos y anulables:

a) El Consejo de Ministros, respecto de sus propios actos y disposiciones y de los actos y disposiciones dictados por los Ministros.

b) En la Administración General del Estado:

1.º Los Ministros, respecto de los actos y disposiciones de los Secretarios de Estado y de los dictados por órganos directivos de su Departamento no dependientes de una Secretaría de Estado.

2.º Los Secretarios de Estado, respecto de los actos y disposiciones dictados por los órganos directivos de ellos dependientes.

c) En los Organismos públicos y entidades derecho público vinculados o dependientes de la Administración General del Estado:

1.º Los órganos a los que estén adscritos los Organismos públicos y entidades de derecho público, respecto de los actos y disposiciones dictados por el máximo órgano rector de éstos.

2.º Los máximos órganos rectores de los Organismos públicos y entidades de derecho público, respecto de los actos y disposiciones dictados por los órganos de ellos dependientes.

CAPÍTULO II

Recursos administrativos

Sección 1.ª Principios generales

Artículo 112. Objeto y clases.

1. Contra las resoluciones y los actos de trámite, si estos últimos deciden directa o indirectamente el fondo del asunto, determinan la imposibilidad de continuar el procedimiento, producen indefensión o perjuicio irreparable a derechos e intereses legítimos, podrán interponerse por los interesados los recursos de alzada y potestativo de reposición, que cabrá fundar en cualquiera de los motivos de nulidad o anulabilidad previstos en los artículos 47 y 48 de esta Ley.

La oposición a los restantes actos de trámite podrá alegarse por los interesados para su consideración en la resolución que ponga fin al procedimiento.

2. Las leyes podrán sustituir el recurso de alzada, en supuestos o ámbitos sectoriales determinados, y cuando la especificidad de la materia así lo justifique, por otros procedimientos de impugnación, reclamación, conciliación, mediación y arbitraje, ante órganos colegiados o Comisiones específicas no sometidas a instrucciones jerárquicas, con respeto a los principios, garantías y plazos que la presente Ley reconoce a las personas y a los interesados en todo procedimiento administrativo.

En las mismas condiciones, el recurso de reposición podrá ser sustituido por los procedimientos a que se refiere el párrafo anterior, respetando su carácter potestativo para el interesado.

La aplicación de estos procedimientos en el ámbito de la Administración Local no podrá suponer el desconocimiento de las facultades resolutorias reconocidas a los órganos representativos electos establecidos por la Ley.

3. Contra las disposiciones administrativas de carácter general no cabrá recurso en vía administrativa.

Los recursos contra un acto administrativo que se funden únicamente en la nulidad de alguna disposición administrativa de carácter general podrán interponerse directamente ante el órgano que dictó dicha disposición.

4. Las reclamaciones económico-administrativas se ajustarán a los procedimientos establecidos por su legislación específica.

Artículo 113. Recurso extraordinario de revisión.

Contra los actos firmes en vía administrativa, sólo procederá el recurso extraordinario de revisión cuando concurra alguna de las circunstancias previstas en el artículo 125.1.

Artículo 114. Fin de la vía administrativa.

1. Ponen fin a la vía administrativa:

a) Las resoluciones de los recursos de alzada.

b) Las resoluciones de los procedimientos a que se refiere el artículo 112.2.

c) Las resoluciones de los órganos administrativos que carezcan de superior jerárquico, salvo que una Ley establezca lo contrario.

d) Los acuerdos, pactos, convenios o contratos que tengan la consideración de finalizadores del procedimiento.

e) La resolución administrativa de los procedimientos de

responsabilidad patrimonial, cualquiera que fuese el tipo de relación, pública o privada, de que derive.

f) La resolución de los procedimientos complementarios en materia sancionadora a los que se refiere el artículo 90.4.

g) Las demás resoluciones de órganos administrativos cuando una disposición legal o reglamentaria así lo establezca.

2. Además de lo previsto en el apartado anterior, en el ámbito estatal ponen fin a la vía administrativa los actos y resoluciones siguientes:

a) Los actos administrativos de los miembros y órganos del Gobierno.

b) Los emanados de los Ministros y los Secretarios de Estado en el ejercicio de las competencias que tienen atribuidas los órganos de los que son titulares.

c) Los emanados de los órganos directivos con nivel de Director general o superior, en relación con las competencias que tengan atribuidas en materia de personal.

d) En los Organismos públicos y entidades derecho público vinculados o dependientes de la Administración General del Estado, los emanados de los máximos órganos de dirección unipersonales o colegiados, de acuerdo con lo que establezcan sus estatutos, salvo que por ley se establezca otra cosa.

Artículo 115. Interposición de recurso.

1. La interposición del recurso deberá expresar:

a) El nombre y apellidos del recurrente, así como la identificación personal del mismo.

b) El acto que se recurre y la razón de su impugnación.

c) Lugar, fecha, firma del recurrente, identificación del medio y, en su caso, del lugar que se señale a efectos de notificaciones.

d) Órgano, centro o unidad administrativa al que se dirige y su correspondiente código de identificación.

e) Las demás particularidades exigidas, en su caso, por las disposiciones específicas.

2. El error o la ausencia de la calificación del recurso por parte del recurrente no será obstáculo para su tramitación, siempre que se deduzca su verdadero carácter.

3. Los vicios y defectos que hagan anulable un acto no podrán ser alegados por quienes los hubieren causado.

Artículo 116. Causas de inadmisión.

Serán causas de inadmisión las siguientes:

a) Ser incompetente el órgano administrativo, cuando el competente perteneciera a otra Administración Pública. El recurso deberá remitirse al órgano competente, de acuerdo con lo establecido en el artículo 14.1 de la Ley de Régimen Jurídico del Sector Público.

b) Carecer de legitimación el recurrente.

c) Tratarse de un acto no susceptible de recurso.

d) Haber transcurrido el plazo para la interposición del recurso.

e) Carecer el recurso manifiestamente de fundamento.

Artículo 117. Suspensión de la ejecución.

1. La interposición de cualquier recurso, excepto en los casos en que una disposición establezca lo contrario, no suspenderá la ejecución del acto impugnado.

2. No obstante lo dispuesto en el apartado anterior, el órgano a quien competa resolver el recurso, previa ponderación, suficientemente razonada, entre el perjuicio que causaría al interés público o a terceros la suspensión y el ocasionado al recurrente como consecuencia de la eficacia inmediata del acto recurrido, podrá suspender, de oficio o a solicitud del recurrente, la ejecución del acto impugnado cuando concurran alguna de las siguientes circunstancias:

a) Que la ejecución pudiera causar perjuicios de imposible o difícil reparación.

b) Que la impugnación se fundamente en alguna de las causas de nulidad de pleno derecho previstas en el artículo 47.1 de esta Ley.

3. La ejecución del acto impugnado se entenderá suspendida si transcurrido un mes desde que la solicitud de suspensión haya tenido entrada en el registro electrónico de la Administración u Organismo competente para decidir sobre la misma, el órgano a quien competa resolver el recurso no ha dictado y notificado resolución expresa al respecto. En estos casos, no será de aplicación lo establecido en el artículo 21.4 segundo párrafo, de esta Ley.

4. Al dictar el acuerdo de suspensión podrán adoptarse las medidas cautelares que sean necesarias para asegurar la protección del interés público o de terceros y la eficacia de la resolución o el acto impugnado.

Cuando de la suspensión puedan derivarse perjuicios de cualquier naturaleza, aquélla sólo producirá efectos previa prestación de caución o garantía suficiente para responder de ellos, en los términos establecidos reglamentariamente.

La suspensión se prolongará después de agotada la vía administrativa cuando, habiéndolo solicitado previamente el interesado, exista medida cautelar y los efectos de ésta se extiendan a la vía contencioso-administrativa. Si el interesado interpusiera recurso contencioso-administrativo, solicitando la suspensión del acto objeto del proceso, se mantendrá la suspensión hasta que se produzca el correspondiente pronunciamiento judicial sobre la solicitud.

5. Cuando el recurso tenga por objeto la impugnación de un acto administrativo que afecte a una pluralidad indeterminada de personas, la suspensión de su eficacia habrá de ser publicada en el periódico oficial en que aquél se insertó.

Artículo 118. Audiencia de los interesados.

1. Cuando hayan de tenerse en cuenta nuevos hechos o documentos no recogidos en el expediente originario, se pondrán de manifiesto a los interesados para que, en un plazo no inferior a diez días ni superior a quince, formulen las alegaciones y presenten los documentos y justificantes que estimen procedentes.

No se tendrán en cuenta en la resolución de los recursos, hechos, documentos o alegaciones del recurrente, cuando habiendo podido aportarlos en el trámite de alegaciones no lo haya hecho. Tampoco podrá solicitarse la práctica de pruebas cuando su falta de realización en el procedimiento en el que se dictó la resolución recurrida fuera imputable al interesado.

2. Si hubiera otros interesados se les dará, en todo caso, traslado del recurso para que en el plazo antes citado, aleguen cuanto estimen procedente.

3. El recurso, los informes y las propuestas no tienen el carácter de documentos nuevos a los efectos de este artículo. Tampoco lo tendrán los que los interesados hayan aportado al expediente antes de recaer la resolución impugnada.

Artículo 119. Resolución.

1. La resolución del recurso estimará en todo o en parte o desestimará las pretensiones formuladas en el mismo o declarará su inadmisión.

2. Cuando existiendo vicio de forma no se estime procedente resolver sobre el fondo se ordenará la retroacción del procedimiento al momento en el que el vicio fue cometido, sin perjuicio de que eventualmente pueda acordarse la convalidación de actuaciones por el órgano competente para ello, de acuerdo con lo dispuesto en el artículo 52.

3. El órgano que resuelva el recurso decidirá cuantas cuestiones, tanto de forma como de fondo, plantee el procedimiento, hayan sido o no alegadas por los interesados. En este último caso se les oirá

previamente. No obstante, la resolución será congruente con las peticiones formuladas por el recurrente, sin que en ningún caso pueda agravarse su situación inicial.

Artículo 120. Pluralidad de recursos administrativos.

1. Cuando deban resolverse una pluralidad de recursos administrativos que traigan causa de un mismo acto administrativo y se hubiera interpuesto un recurso judicial contra una resolución administrativa o bien contra el correspondiente acto presunto desestimatorio, el órgano administrativo podrá acordar la suspensión del plazo para resolver hasta que recaiga pronunciamiento judicial.

2. El acuerdo de suspensión deberá ser notificado a los interesados, quienes podrán recurrirlo.

La interposición del correspondiente recurso por un interesado, no afectará a los restantes procedimientos de recurso que se encuentren suspendidos por traer causa del mismo acto administrativo.

3. Recaído el pronunciamiento judicial, será comunicado a los interesados y el órgano administrativo competente para resolver podrá dictar resolución sin necesidad de realizar ningún trámite adicional, salvo el de audiencia, cuando proceda.

Sección 2.ª Recurso de alzada

Artículo 121. Objeto.

1. Las resoluciones y actos a que se refiere el artículo 112.1, cuando no pongan fin a la vía administrativa, podrán ser recurridos en alzada ante el órgano superior jerárquico del que los dictó. A estos efectos, los Tribunales y órganos de selección del personal al servicio de las Administraciones Públicas y cualesquiera otros que, en el seno de éstas, actúen con autonomía funcional, se considerarán dependientes del órgano al que estén adscritos o, en su defecto, del que haya nombrado al presidente de los mismos.

2. El recurso podrá interponerse ante el órgano que dictó el acto que se impugna o ante el competente para resolverlo.

Si el recurso se hubiera interpuesto ante el órgano que dictó el acto impugnado, éste deberá remitirlo al competente en el plazo de diez días, con su informe y con una copia completa y ordenada del expediente.

El titular del órgano que dictó el acto recurrido será responsable directo del cumplimiento de lo previsto en el párrafo anterior.

Artículo 122. Plazos.

1. El plazo para la interposición del recurso de alzada será de un mes, si el acto fuera expreso. Transcurrido dicho plazo sin haberse interpuesto el recurso, la resolución será firme a todos los efectos.

Si el acto no fuera expreso el solicitante y otros posibles interesados podrán interponer recurso de alzada en cualquier momento a partir del día siguiente a aquel en que, de acuerdo con su normativa específica, se produzcan los efectos del silencio administrativo.

2. El plazo máximo para dictar y notificar la resolución será de tres meses. Transcurrido este plazo sin que recaiga resolución, se podrá entender desestimado el recurso, salvo en el supuesto previsto en el artículo 24.1, tercer párrafo.

3. Contra la resolución de un recurso de alzada no cabrá ningún otro recurso administrativo, salvo el recurso extraordinario de revisión, en los casos establecidos en el artículo 125.1.

Sección 3.ª Recurso potestativo de reposición

Artículo 123. Objeto y naturaleza.

1. Los actos administrativos que pongan fin a la vía administrativa podrán ser recurridos potestativamente en reposición ante el mismo órgano que los hubiera dictado o ser impugnados directamente ante el orden jurisdiccional contencioso-administrativo.

2. No se podrá interponer recurso contencioso-administrativo hasta que sea resuelto expresamente o se haya producido la desestimación presunta del recurso de reposición interpuesto.

Artículo 124. Plazos.

1. El plazo para la interposición del recurso de reposición será de un mes, si el acto fuera expreso. Transcurrido dicho plazo, únicamente podrá interponerse recurso contencioso-administrativo, sin perjuicio, en su caso, de la procedencia del recurso extraordinario de revisión.

Si el acto no fuera expreso, el solicitante y otros posibles interesados podrán interponer recurso de reposición en cualquier momento a partir del día siguiente a aquel en que, de acuerdo con su normativa específica, se produzca el acto presunto.

2. El plazo máximo para dictar y notificar la resolución del recurso será de un mes.

3. Contra la resolución de un recurso de reposición no podrá interponerse de nuevo dicho recurso.

Sección 4.ª Recurso extraordinario de revisión

Artículo 125. Objeto y plazos.

1. Contra los actos firmes en vía administrativa podrá interponerse el recurso extraordinario de revisión ante el órgano administrativo que los dictó, que también será el competente para su resolución, cuando concurra alguna de las circunstancias siguientes:

a) Que al dictarlos se hubiera incurrido en error de hecho, que resulte de los propios documentos incorporados al expediente.

b) Que aparezcan documentos de valor esencial para la resolución del asunto que, aunque sean posteriores, evidencien el error de la resolución recurrida.

c) Que en la resolución hayan influido esencialmente documentos o testimonios declarados falsos por sentencia judicial firme, anterior o posterior a aquella resolución.

d) Que la resolución se hubiese dictado como consecuencia de prevaricación, cohecho, violencia, maquinación fraudulenta u otra conducta punible y se haya declarado así en virtud de sentencia judicial firme.

2. El recurso extraordinario de revisión se interpondrá, cuando se trate de la causa a) del apartado anterior, dentro del plazo de cuatro años siguientes a la fecha de la notificación de la resolución impugnada. En los demás casos, el plazo será de tres meses a contar desde el conocimiento de los documentos o desde que la sentencia judicial quedó firme.

3. Lo establecido en el presente artículo no perjudica el derecho de los interesados a formular la solicitud y la instancia a que se refieren los artículos 106 y 109.2 de la presente Ley ni su derecho a que las mismas se sustancien y resuelvan.

Artículo 126. Resolución.

1. El órgano competente para la resolución del recurso podrá acordar motivadamente la inadmisión a trámite, sin necesidad de recabar dictamen del Consejo de Estado u órgano consultivo de la Comunidad Autónoma, cuando el mismo no se funde en alguna de las causas previstas en el apartado 1 del artículo anterior o en el supuesto de que se hubiesen desestimado en cuanto al fondo otros recursos sustancialmente iguales.

2. El órgano al que corresponde conocer del recurso extraordinario de revisión debe pronunciarse no sólo sobre la procedencia del recurso, sino también, en su caso, sobre el fondo de la cuestión resuelta por el acto recurrido.

3. Transcurrido el plazo de tres meses desde la interposición del recurso extraordinario de revisión sin haberse dictado y notificado la resolución, se entenderá desestimado, quedando expedita la vía jurisdiccional contencioso-administrativa.

TÍTULO VI

De la iniciativa legislativa y de la potestad para dictar reglamentos y otras disposiciones

Artículo 127. Iniciativa legislativa y potestad para dictar normas con rango de ley.

El Gobierno de la Nación ejercerá la iniciativa legislativa prevista en la Constitución mediante la elaboración y aprobación de los anteproyectos de Ley y la ulterior remisión de los proyectos de ley a las Cortes Generales.

La iniciativa legislativa se ejercerá por los órganos de gobierno de las Comunidades Autónomas en los términos establecidos por la Constitución y sus respectivos Estatutos de Autonomía.

Asimismo, el Gobierno de la Nación podrá aprobar reales decretos-leyes y reales decretos legislativos en los términos previstos en la Constitución. Los respectivos órganos de gobierno de las Comunidades Autónomas podrán aprobar normas equivalentes a aquéllas en su ámbito territorial, de conformidad con lo establecido en la Constitución y en sus respectivos Estatutos de Autonomía.

Artículo 128. Potestad reglamentaria.

1. El ejercicio de la potestad reglamentaria corresponde al Gobierno de la Nación, a los órganos de Gobierno de las Comunidades Autónomas, de conformidad con lo establecido en sus respectivos Estatutos, y a los órganos de gobierno locales, de acuerdo con lo previsto en la Constitución, los Estatutos de Autonomía y la Ley 7/1985, de 2 de abril, reguladora de las Bases del Régimen Local.

2. Los reglamentos y disposiciones administrativas no podrán vulnerar la Constitución o las leyes ni regular aquellas materias que la Constitución o los Estatutos de Autonomía reconocen de la competencia de las Cortes Generales o de las Asambleas Legislativas de las Comunidades Autónomas. Sin perjuicio de su función de desarrollo o colaboración con respecto a la ley, no podrán tipificar delitos, faltas o infracciones administrativas, establecer penas o sanciones, así como tributos, exacciones parafiscales u otras cargas o prestaciones personales o patrimoniales de carácter público.

3. Las disposiciones administrativas se ajustarán al orden de

jerarquía que establezcan las leyes. Ninguna disposición administrativa podrá vulnerar los preceptos de otra de rango superior.

Artículo 129. Principios de buena regulación.

1. En el ejercicio de la iniciativa legislativa y la potestad reglamentaria, las Administraciones Públicas actuarán de acuerdo con los principios de necesidad, eficacia, proporcionalidad, seguridad jurídica, transparencia, y eficiencia. En la exposición de motivos o en el preámbulo, según se trate, respectivamente, de anteproyectos de ley o de proyectos de reglamento, quedará suficientemente justificada su adecuación a dichos principios.

2. En virtud de los principios de necesidad y eficacia, la iniciativa normativa debe estar justificada por una razón de interés general, basarse en una identificación clara de los fines perseguidos y ser el instrumento más adecuado para garantizar su consecución.

3. En virtud del principio de proporcionalidad, la iniciativa que se proponga deberá contener la regulación imprescindible para atender la necesidad a cubrir con la norma, tras constatar que no existen otras medidas menos restrictivas de derechos, o que impongan menos obligaciones a los destinatarios.

4. A fin de garantizar el principio de seguridad jurídica, la iniciativa normativa se ejercerá de manera coherente con el resto del ordenamiento jurídico, nacional y de la Unión Europea, para generar un marco normativo estable, predecible, integrado, claro y de certidumbre, que facilite su conocimiento y comprensión y, en consecuencia, la actuación y toma de decisiones de las personas y empresas.

Cuando en materia de procedimiento administrativo la iniciativa normativa establezca trámites adicionales o distintos a los contemplados en esta Ley, éstos deberán ser justificados atendiendo a la singularidad de la materia o a los fines perseguidos por la propuesta.

Las habilitaciones para el desarrollo reglamentario de una ley serán conferidas, con carácter general, al Gobierno o Consejo de Gobierno respectivo. La atribución directa a los titulares de los departamentos ministeriales o de las consejerías del Gobierno, o a otros órganos dependientes o subordinados de ellos, tendrá carácter excepcional y deberá justificarse en la ley habilitante.

Las leyes podrán habilitar directamente a Autoridades Independientes u otros organismos que tengan atribuida esta potestad para aprobar normas en desarrollo o aplicación de las mismas, cuando la naturaleza de la materia así lo exija.

5. En aplicación del principio de transparencia, las

Administraciones Públicas posibilitarán el acceso sencillo, universal y actualizado a la normativa en vigor y los documentos propios de su proceso de elaboración, en los términos establecidos en el artículo 7 de la Ley 19/2013, de 9 de diciembre, de transparencia, acceso a la información pública y buen gobierno; definirán claramente los objetivos de las iniciativas normativas y su justificación en el preámbulo o exposición de motivos; y posibilitarán que los potenciales destinatarios tengan una participación activa en la elaboración de las normas.

6. En aplicación del principio de eficiencia, la iniciativa normativa debe evitar cargas administrativas innecesarias o accesorias y racionalizar, en su aplicación, la gestión de los recursos públicos.

7. Cuando la iniciativa normativa afecte a los gastos o ingresos públicos presentes o futuros, se deberán cuantificar y valorar sus repercusiones y efectos, y supeditarse al cumplimiento de los principios de estabilidad presupuestaria y sostenibilidad financiera.

Artículo 130. Evaluación normativa y adaptación de la normativa vigente a los principios de buena regulación.

1. Las Administraciones Públicas revisarán periódicamente su normativa vigente para adaptarla a los principios de buena regulación y para comprobar la medida en que las normas en vigor han conseguido los objetivos previstos y si estaba justificado y correctamente cuantificado el coste y las cargas impuestas en ellas.

El resultado de la evaluación se plasmará en un informe que se hará público, con el detalle, periodicidad y por el órgano que determine la normativa reguladora de la Administración correspondiente.

2. Las Administraciones Públicas promoverán la aplicación de los principios de buena regulación y cooperarán para promocionar el análisis económico en la elaboración de las normas y, en particular, para evitar la introducción de restricciones injustificadas o desproporcionadas a la actividad económica.

Artículo 131. Publicidad de las normas.

Las normas con rango de ley, los reglamentos y disposiciones administrativas habrán de publicarse en el diario oficial correspondiente para que entren en vigor y produzcan efectos jurídicos. Adicionalmente, y de manera facultativa, las Administraciones Públicas podrán establecer otros medios de publicidad complementarios.

La publicación de los diarios o boletines oficiales en las sedes electrónicas de la Administración, Órgano, Organismo público o

Entidad competente tendrá, en las condiciones y con las garantías que cada Administración Pública determine, los mismos efectos que los atribuidos a su edición impresa.

La publicación del «Boletín Oficial del Estado» en la sede electrónica del Organismo competente tendrá carácter oficial y auténtico en las condiciones y con las garantías que se determinen reglamentariamente, derivándose de dicha publicación los efectos previstos en el título preliminar del Código Civil y en las restantes normas aplicables.

Artículo 132. Planificación normativa.

1. Anualmente, las Administraciones Públicas harán público un Plan Normativo que contendrá las iniciativas legales o reglamentarias que vayan a ser elevadas para su aprobación en el año siguiente.

2. Una vez aprobado, el Plan Anual Normativo se publicará en el Portal de la Transparencia de la Administración Pública correspondiente.

Artículo 133. Participación de los ciudadanos en el procedimiento de elaboración de normas con rango de Ley y reglamentos.

1. Con carácter previo a la elaboración del proyecto o anteproyecto de ley o de reglamento, se sustanciará una consulta pública, a través del portal web de la Administración competente en la que se recabará la opinión de los sujetos y de las organizaciones más representativas potencialmente afectados por la futura norma acerca de:

a) Los problemas que se pretenden solucionar con la iniciativa.

b) La necesidad y oportunidad de su aprobación.

c) Los objetivos de la norma.

d) Las posibles soluciones alternativas regulatorias y no regulatorias.

2. Sin perjuicio de la consulta previa a la redacción del texto de la iniciativa, cuando la norma afecte a los derechos e intereses legítimos de las personas, el centro directivo competente publicará el texto en el portal web correspondiente, con el objeto de dar audiencia a los ciudadanos afectados y recabar cuantas aportaciones adicionales puedan hacerse por otras personas o entidades. Asimismo, podrá también recabarse directamente la opinión de las organizaciones o asociaciones reconocidas por ley que agrupen o representen a las personas cuyos derechos o intereses legítimos se vieren afectados por la norma y cuyos fines guarden relación directa con su objeto.

3. La consulta, audiencia e información públicas reguladas en este artículo deberán realizarse de forma tal que los potenciales destinatarios de la norma y quienes realicen aportaciones sobre ella tengan la posibilidad de emitir su opinión, para lo cual deberán ponerse a su disposición los documentos necesarios, que serán claros, concisos y reunir toda la información precisa para poder pronunciarse sobre la materia.

4. Podrá prescindirse de los trámites de consulta, audiencia e información públicas previstos en este artículo en el caso de normas presupuestarias u organizativas de la Administración General del Estado, la Administración autonómica, la Administración local o de las organizaciones dependientes o vinculadas a éstas, o cuando concurran razones graves de interés público que lo justifiquen.

Cuando la propuesta normativa no tenga un impacto significativo en la actividad económica, no imponga obligaciones relevantes a los destinatarios o regule aspectos parciales de una materia, podrá omitirse la consulta pública regulada en el apartado primero. Si la normativa reguladora del ejercicio de la iniciativa legislativa o de la potestad reglamentaria por una Administración prevé la tramitación urgente de estos procedimientos, la eventual excepción del trámite por esta circunstancia se ajustará a lo previsto en aquella.

Disposición adicional primera. Especialidades por razón de materia.

1. Los procedimientos administrativos regulados en leyes especiales por razón de la materia que no exijan alguno de los trámites previstos en esta Ley o regulen trámites adicionales o distintos se regirán, respecto a éstos, por lo dispuesto en dichas leyes especiales.

2. Las siguientes actuaciones y procedimientos se regirán por su normativa específica y supletoriamente por lo dispuesto en esta Ley:

a) Las actuaciones y procedimientos de aplicación de los tributos en materia tributaria y aduanera, así como su revisión en vía administrativa.

b) Las actuaciones y procedimientos de gestión, inspección, liquidación, recaudación, impugnación y revisión en materia de Seguridad Social y Desempleo.

c) Las actuaciones y procedimientos sancionadores en materia tributaria y aduanera, en el orden social, en materia de tráfico y seguridad vial y en materia de extranjería.

d) Las actuaciones y procedimientos en materia de extranjería y asilo.

Disposición adicional segunda. Adhesión de las Comunidades Autónomas y Entidades Locales a las plataformas y registros de la Administración General del Estado.

Para cumplir con lo previsto en materia de registro electrónico de apoderamientos, registro electrónico, archivo electrónico único, plataforma de intermediación de datos y punto de acceso general electrónico de la Administración, las Comunidades Autónomas y las Entidades Locales podrán adherirse voluntariamente y a través de medios electrónicos a las plataformas y registros establecidos al efecto por la Administración General del Estado. Su no adhesión, deberá justificarse en términos de eficiencia conforme al artículo 7 de la Ley Orgánica 2/2012, de 27 de abril, de Estabilidad Presupuestaria y Sostenibilidad Financiera.

En el caso que una Comunidad Autónoma o una Entidad Local justifique ante el Ministerio de Hacienda y Administraciones Públicas que puede prestar el servicio de un modo más eficiente, de acuerdo con los criterios previstos en el párrafo anterior, y opte por mantener su propio registro o plataforma, las citadas Administraciones deberán garantizar que éste cumple con los requisitos del Esquema Nacional de Interoperabilidad, el Esquema Nacional de Seguridad, y sus normas técnicas de desarrollo, de modo que se garantice su compatibilidad informática e interconexión, así como la transmisión telemática de las solicitudes, escritos y comunicaciones que se realicen en sus correspondientes registros y plataformas.

Disposición adicional tercera. Notificación por medio de anuncio publicado en el «Boletín Oficial del Estado».

1. El «Boletín Oficial del Estado» pondrá a disposición de las diversas Administraciones Públicas, un sistema automatizado de remisión y gestión telemática para la publicación de los anuncios de notificación en el mismo previstos en el artículo 44 de esta Ley y en esta disposición adicional. Dicho sistema, que cumplirá con lo establecido en esta Ley, y su normativa de desarrollo, garantizará la celeridad de la publicación, su correcta y fiel inserción, así como la identificación del órgano remitente.

2. En aquellos procedimientos administrativos que cuenten con normativa específica, de concurrir los supuestos previstos en el artículo 44 de esta Ley, la práctica de la notificación se hará, en todo caso, mediante un anuncio publicado en el «Boletín Oficial del Estado», sin perjuicio de que previamente y con carácter facultativo pueda realizarse en la forma prevista por dicha normativa específica.

3. La publicación en el «Boletín Oficial del Estado» de los anuncios a que se refieren los dos párrafos anteriores se efectuará sin

contraprestación económica alguna por parte de quienes la hayan solicitado.

Disposición adicional cuarta. Oficinas de asistencia en materia de registros.

Las Administraciones Públicas deberán mantener permanentemente actualizado en la correspondiente sede electrónica un directorio geográfico que permita al interesado identificar la oficina de asistencia en materia de registros más próxima a su domicilio.

Disposición adicional quinta. Actuación administrativa de los órganos constitucionales del Estado y de los órganos legislativos y de control autonómicos.

La actuación administrativa de los órganos competentes del Congreso de los Diputados, del Senado, del Consejo General del Poder Judicial, del Tribunal Constitucional, del Tribunal de Cuentas, del Defensor del Pueblo, de las Asambleas Legislativas de las Comunidades Autónomas y de las instituciones autonómicas análogas al Tribunal de Cuentas y al Defensor del Pueblo, se regirá por lo previsto en su normativa específica, en el marco de los principios que inspiran la actuación administrativa de acuerdo con esta Ley.

Disposición transitoria primera. Archivo de documentos.

1. El archivo de los documentos correspondientes a procedimientos administrativos ya iniciados antes de la entrada en vigor de la presente Ley, se regirán por lo dispuesto en la normativa anterior.

2. Siempre que sea posible, los documentos en papel asociados a procedimientos administrativos finalizados antes de la entrada en vigor de esta Ley, deberán digitalizarse de acuerdo con los requisitos establecidos en la normativa reguladora aplicable.

Disposición transitoria segunda. Registro electrónico y archivo electrónico único.

Mientras no entren en vigor las previsiones relativas al registro electrónico y el archivo electrónico único, en el ámbito de la Administración General del Estado se aplicarán las siguientes reglas:

a) Durante el primer año, tras la entrada en vigor de la Ley, podrán mantenerse los registros y archivos existentes en el momento de la entrada en vigor de esta ley.

b) Durante el segundo año, tras la entrada en vigor de la Ley, se dispondrá como máximo, de un registro electrónico y un archivo electrónico por cada Ministerio, así como de un registro electrónico por cada Organismo público.

Disposición transitoria tercera. Régimen transitorio de los procedimientos.

a) A los procedimientos ya iniciados antes de la entrada en vigor de la Ley no les será de aplicación la misma, rigiéndose por la normativa anterior.

b) Los procedimientos de revisión de oficio iniciados después de la entrada en vigor de la presente Ley se sustanciarán por las normas establecidas en ésta.

c) Los actos y resoluciones dictados con posterioridad a la entrada en vigor de esta Ley se regirán, en cuanto al régimen de recursos, por las disposiciones de la misma.

d) Los actos y resoluciones pendientes de ejecución a la entrada en vigor de esta Ley se regirán para su ejecución por la normativa vigente cuando se dictaron.

e) A falta de previsiones expresas establecidas en las correspondientes disposiciones legales y reglamentarias, las cuestiones de Derecho transitorio que se susciten en materia de procedimiento administrativo se resolverán de acuerdo con los principios establecidos en los apartados anteriores.

Disposición transitoria cuarta. Régimen transitorio de los archivos, registros y punto de acceso general.

Mientras no entren en vigor las previsiones relativas al registro electrónico de apoderamientos, registro electrónico, punto de acceso general electrónico de la Administración y archivo único electrónico, las Administraciones Públicas mantendrán los mismos canales, medios o sistemas electrónicos vigentes relativos a dichas materias, que permitan garantizar el derecho de las personas a relacionarse electrónicamente con las Administraciones.

Disposición transitoria quinta. Procedimientos de responsabilidad patrimonial derivados de la declaración de inconstitucionalidad de una norma o su carácter contrario al Derecho de la Unión Europea.

Los procedimientos administrativos de responsabilidad patrimonial derivados de la declaración de inconstitucionalidad de una norma o su carácter contrario al Derecho de la Unión Europea iniciados con anterioridad a la entrada en vigor de esta Ley, se resolverán de acuerdo con la normativa vigente en el momento de su iniciación.

Disposición derogatoria única. Derogación normativa.

1. Quedan derogadas todas las normas de igual o inferior rango en lo que contradigan o se opongan a lo dispuesto en la presente Ley.

2. Quedan derogadas expresamente las siguientes disposiciones:

a) Ley 30/1992, de 26 de noviembre, de Régimen Jurídico de las Administraciones Públicas y del Procedimiento Administrativo Común.

b) Ley 11/2007, de 22 de junio, de acceso electrónico de los ciudadanos a los Servicios Públicos.

c) Los artículos 4 a 7 de la Ley 2/2011, de 4 de marzo, de Economía Sostenible.

d) Real Decreto 429/1993, de 26 de marzo, por el que se aprueba el Reglamento de los procedimientos de las Administraciones Públicas en materia de responsabilidad patrimonial.

e) Real Decreto 1398/1993, de 4 de agosto, por el que se aprueba el Reglamento del Procedimiento para el Ejercicio de la Potestad Sancionadora.

f) Real Decreto 772/1999, de 7 de mayo, por el que se regula la presentación de solicitudes, escritos y comunicaciones ante la Administración General del Estado, la expedición de copias de documentos y devolución de originales y el régimen de las oficinas de registro.

g) Los artículos 2.3, 10, 13, 14, 15, 16, 26, 27, 28, 29.1.a), 29.1.d), 31, 32, 33, 35, 36, 39, 48, 50, los apartados 1, 2 y 4 de la disposición adicional primera, la disposición adicional tercera, la disposición transitoria primera, la disposición transitoria segunda, la disposición transitoria tercera y la disposición transitoria cuarta del Real Decreto 1671/2009, de 6 de noviembre, por el que se desarrolla parcialmente la Ley 11/2007, de 22 de junio, de acceso electrónico de los ciudadanos a los Servicios Públicos.

Hasta que, de acuerdo con lo dispuesto en la disposición final séptima, produzcan efectos las previsiones relativas al registro electrónico de apoderamientos, registro electrónico, punto de acceso general electrónico de la Administración y archivo único electrónico, se mantendrán en vigor los artículos de las normas previstas en las letras a), b) y g) relativos a las materias mencionadas.

3. Las referencias contenidas en normas vigentes a las disposiciones que se derogan expresamente deberán entenderse efectuadas a las disposiciones de esta Ley que regulan la misma

materia que aquéllas.

Disposición final primera. Título competencial.

1. Esta Ley se aprueba al amparo de lo dispuesto en el artículo 149.1.18.ª de la Constitución Española, que atribuye al Estado la competencia para dictar las bases del régimen jurídico de las Administraciones Públicas y competencia en materia de procedimiento administrativo común y sistema de responsabilidad de todas las Administraciones Públicas.

2. El título VI de iniciativa legislativa y de la potestad para dictar reglamentos y otras disposiciones y la disposición adicional segunda de adhesión de las Comunidades Autónomas y Entidades Locales a las plataformas y registros de la Administración General del Estado, se aprueban también al amparo de lo dispuesto en el artículo 149.1.14.ª, relativo a la Hacienda general, así como el artículo 149.1.13.ª que atribuye al Estado la competencia en materia de bases y coordinación de la planificación general de la actividad económica.

3. Lo previsto en los artículos 92 primer párrafo, 111, 114.2 y disposición transitoria segunda, serán de aplicación únicamente a la Administración General del Estado, así como el resto de apartados de los distintos preceptos que prevén su aplicación exclusiva en el ámbito de la Administración General del Estado.

Disposición final segunda. Modificación de la Ley 59/2003, de 19 de diciembre, de firma electrónica.

En la Ley 59/2003, de 19 de diciembre, de firma electrónica, se incluye un nuevo apartado 11 en el artículo 3 con la siguiente redacción:

> «11. Todos los sistemas de identificación y firma electrónica previstos en la Ley de Procedimiento Administrativo Común de las Administraciones Públicas y en la Ley de Régimen Jurídico del Sector Público tendrán plenos efectos jurídicos.»

Disposición final tercera. Modificación de la Ley 36/2011, de 10 de octubre, reguladora de la jurisdicción social.

La Ley 36/2011, de 10 de octubre, reguladora de la jurisdicción social, queda redactada en los siguientes términos:

Uno. El artículo 64 queda redactado como sigue:

> **«Artículo 64. Excepciones a la conciliación o mediación previas.**

1. Se exceptúan del requisito del intento de conciliación o, en su caso, de mediación los procesos que exijan el agotamiento de la vía administrativa, en su caso, los que versen sobre Seguridad Social, los relativos a la impugnación del despido colectivo por los representantes de los trabajadores, disfrute de vacaciones y a materia electoral, movilidad geográfica, modificación sustancial de las condiciones de trabajo, suspensión del contrato y reducción de jornada por causas económicas, técnicas, organizativas o de producción o derivadas de fuerza mayor, derechos de conciliación de la vida personal, familiar y laboral a los que se refiere el artículo 139, los iniciados de oficio, los de impugnación de convenios colectivos, los de impugnación de los estatutos de los sindicatos o de su modificación, los de tutela de los derechos fundamentales y libertades públicas, los procesos de anulación de laudos arbitrales, los de impugnación de acuerdos de conciliaciones, de mediaciones y de transacciones, así como aquellos en que se ejerciten acciones laborales de protección contra la violencia de género.

2. Igualmente, quedan exceptuados:

a) Aquellos procesos en los que siendo parte demandada el Estado u otro ente público también lo fueren personas privadas, siempre que la pretensión hubiera de someterse al agotamiento de la vía administrativa y en ésta pudiera decidirse el asunto litigioso.

b) Los supuestos en que, en cualquier momento del proceso, después de haber dirigido la papeleta o la demanda contra personas determinadas, fuera necesario dirigir o ampliar la misma frente a personas distintas de las inicialmente demandadas.

3. Cuando por la naturaleza de la pretensión ejercitada pudiera tener eficacia jurídica el acuerdo de conciliación o de mediación que pudiera alcanzarse, aun estando exceptuado el proceso del referido requisito del intento previo, si las partes acuden en tiempo oportuno voluntariamente y de común acuerdo a tales vías previas, se suspenderán los plazos de caducidad o se interrumpirán los de prescripción en la forma establecida en el artículo siguiente.»

Dos. El artículo 69 queda redactado como sigue:

«Artículo 69. Agotamiento de la vía administrativa previa a la vía judicial social.

1. Para poder demandar al Estado, Comunidades Autónomas, entidades locales o entidades de Derecho

público con personalidad jurídica propia vinculadas o dependientes de los mismos será requisito necesario haber agotado la vía administrativa, cuando así proceda, de acuerdo con lo establecido en la normativa de procedimiento administrativo aplicable.

En todo caso, la Administración pública deberá notificar a los interesados las resoluciones y actos administrativos que afecten a sus derechos e intereses, conteniendo la notificación el texto íntegro de la resolución, con indicación de si es o no definitivo en la vía administrativa, la expresión de los recursos que procedan, órgano ante el que hubieran de presentarse y plazo para interponerlos, sin perjuicio de que los interesados puedan ejercitar, en su caso, cualquier otro que estimen procedente.

Las notificaciones que conteniendo el texto íntegro del acto omitiesen alguno de los demás requisitos previstos en el párrafo anterior mantendrán suspendidos los plazos de caducidad e interrumpidos los de prescripción y únicamente surtirán efecto a partir de la fecha en que el interesado realice actuaciones que supongan el conocimiento del contenido y alcance de la resolución o acto objeto de la notificación o resolución, o interponga cualquier recurso que proceda.

2. Desde que se deba entender agotada la vía administrativa el interesado podrá formalizar la demanda en el plazo de dos meses ante el juzgado o la Sala competente. A la demanda se acompañará copia de la resolución denegatoria o documento acreditativo de la interposición o resolución del recurso administrativo, según proceda, uniendo copia de todo ello para la entidad demandada.

3. En las acciones derivadas de despido y demás acciones sujetas a plazo de caducidad, el plazo de interposición de la demanda será de veinte días hábiles o el especial que sea aplicable, contados a partir del día siguiente a aquél en que se hubiera producido el acto o la notificación de la resolución impugnada, o desde que se deba entender agotada la vía administrativa en los demás casos.»

Tres. El artículo 70 queda redactado como sigue:

«Artículo 70. Excepciones al agotamiento de la vía administrativa.

No será necesario agotar la vía administrativa para interponer demanda de tutela de derechos fundamentales y libertades públicas frente a actos de las Administraciones públicas en el ejercicio de sus potestades en materia laboral y sindical, si bien el plazo para la interposición de la demanda será de veinte días desde el día siguiente a la notificación del acto o al transcurso del plazo fijado para la resolución, sin más trámites; cuando la lesión del derecho fundamental tuviera su origen en la inactividad administrativa o en actuación en vías de hecho, o se hubiera interpuesto potestativamente un recurso administrativo, el plazo de veinte días se iniciará transcurridos veinte días desde la reclamación contra la inactividad o vía de hecho, o desde la presentación del recurso, respectivamente.»

Cuatro. El artículo 72 queda redactado como sigue:

«Artículo 72. Vinculación respecto a la reclamación administrativa previa en materia de prestaciones de Seguridad Social o vía administrativa previa.

En el proceso no podrán introducir las partes variaciones sustanciales de tiempo, cantidades o conceptos respecto de los que fueran objeto del procedimiento administrativo y de las actuaciones de los interesados o de la Administración, bien en fase de reclamación previa en materia de prestaciones de Seguridad Social o de recurso que agote la vía administrativa, salvo en cuanto a los hechos nuevos o que no hubieran podido conocerse con anterioridad.»

Cinco. El artículo 73 queda redactado como sigue:

«Artículo 73. Efectos de la reclamación administrativa previa en materia de prestaciones de Seguridad Social.

La reclamación previa en materia de prestaciones de Seguridad Social interrumpirá los plazos de prescripción y suspenderá los de caducidad, reanudándose estos últimos al día siguiente al de la notificación de la resolución o del transcurso del plazo en que deba entenderse desestimada.»

Seis. El artículo 85 queda redactado como sigue:

«Artículo 85. Celebración del juicio.

1. Si no hubiera avenencia en conciliación, se pasará seguidamente a juicio y se dará cuenta de lo actuado.

Con carácter previo se resolverá, motivadamente, en forma oral y oídas las partes, sobre las cuestiones previas que se puedan formular en ese acto, así como sobre los recursos u otras incidencias pendientes de resolución, sin perjuicio de la ulterior sucinta fundamentación en la sentencia, cuando proceda. Igualmente serán oídas las partes y, en su caso, se resolverá, motivadamente y en forma oral, lo procedente sobre las cuestiones que el juez o tribunal pueda plantear en ese momento sobre su competencia, los presupuestos de la demanda o el alcance y límites de la pretensión formulada, respetando las garantías procesales de las partes y sin prejuzgar el fondo del asunto.

A continuación, el demandante ratificará o ampliará su demanda, aunque en ningún caso podrá hacer en ella variación sustancial.

2. El demandado contestará afirmando o negando concretamente los hechos de la demanda, y alegando cuantas excepciones estime procedentes.

3. Únicamente podrá formular reconvención cuando la hubiese anunciado en la conciliación previa al proceso o en la contestación a la reclamación previa en materia de prestaciones de Seguridad Social o resolución que agote la vía administrativa, y hubiese expresado en esencia los hechos en que se funda y la petición en que se concreta. No se admitirá la reconvención, si el órgano judicial no es competente, si la acción que se ejercita ha de ventilarse en modalidad procesal distinta y la acción no fuera acumulable, y cuando no exista conexión entre sus pretensiones y las que sean objeto de la demanda principal.

No será necesaria reconvención para alegar compensación de deudas, siempre que sean vencidas y exigibles y no se formule pretensión de condena reconvencional, y en general cuando el demandado esgrima una pretensión que tienda exclusivamente a ser absuelto de la pretensión o pretensiones objeto de la demanda principal, siendo suficiente que se alegue en la contestación a la demanda. Si la obligación precisa de determinación judicial por no ser líquida con antelación al juicio, será necesario expresar concretamente los hechos que fundamenten la excepción y la forma de liquidación de la deuda, así como haber anunciado la misma en la conciliación o mediación previas, o en la reclamación en materia de prestaciones de Seguridad Social o resolución que agoten la vía administrativa. Formulada la reconvención, se dará traslado a las demás partes para su contestación en los términos establecidos para la demanda. El mismo trámite de traslado se acordará para dar respuesta a las excepciones procesales, caso de ser alegadas.

4. Las partes harán uso de la palabra cuantas veces el juez o tribunal lo estime necesario.

5. Asimismo, en este acto, las partes podrán alegar cuanto estimen conveniente a efectos de lo dispuesto en la letra b) del apartado 3 del artículo 191, ofreciendo, para el momento procesal oportuno, los elementos de juicio necesarios para fundamentar sus alegaciones. No será preciso aportar prueba sobre esta concreta cuestión cuando el hecho de que el proceso afecta a muchos trabajadores o beneficiarios sea notorio por su propia naturaleza.

6. Si no se suscitasen cuestiones procesales o si, suscitadas, se hubieran contestado, las partes o sus defensores con el tribunal fijarán los hechos sobre los que exista conformidad o disconformidad de los litigantes, consignándose en caso necesario en el acta o, en su caso, por diligencia, sucinta referencia a aquellos extremos esenciales conformes, a efectos de ulterior recurso. Igualmente podrán facilitar las partes unas notas breves de cálculo o resumen de datos numéricos.

7. En caso de allanamiento total o parcial será aprobado por el órgano jurisdiccional, oídas las demás partes, de no incurrir en renuncia prohibida de derechos, fraude de ley o perjuicio a terceros, o ser contrario al interés público, mediante resolución que podrá dictarse en forma oral. Si el allanamiento fuese total se dictará sentencia condenatoria de acuerdo con las pretensiones del actor. Cuando el allanamiento sea parcial, podrá dictarse auto aprobatorio, que podrá llevarse a efecto por los trámites de la ejecución definitiva parcial, siempre que por la naturaleza de las pretensiones objeto de allanamiento, sea posible un pronunciamiento separado que no prejuzgue las restantes cuestiones no allanadas, respecto de las cuales continuará el acto de juicio.

8. El juez o tribunal, una vez practicada la prueba y antes de las conclusiones, salvo que exista oposición de alguna de las partes, podrá suscitar la posibilidad de llegar a un acuerdo y de no alcanzarse el mismo en ese momento proseguirá la celebración del juicio.»

Siete. El artículo 103 queda redactado como sigue:

«Artículo 103. Presentación de la demanda por despido.

1. El trabajador podrá reclamar contra el despido, dentro de los veinte días hábiles siguientes a aquél en que se hubiera producido. Dicho plazo será de caducidad a todos los efectos y no se computarán los sábados, domingos y los festivos en la sede del órgano jurisdiccional.

2. Si se promoviese papeleta de conciliación o solicitud de mediación o demanda por despido contra una persona a la que erróneamente se hubiere atribuido la cualidad de empresario, y se acreditase con posterioridad, sea en el juicio o en otro momento anterior del proceso, que lo era un tercero, el trabajador podrá promover nueva demanda contra éste, o ampliar la demanda si no se hubiera celebrado el juicio, sin que comience el cómputo del plazo de caducidad hasta el momento en que conste quién sea el empresario.

3. Las normas del presente capítulo serán de aplicación a la impugnación de las decisiones empresariales de extinción de contrato con las especialidades necesarias, sin perjuicio de lo previsto en el artículo 120 y de las consecuencias sustantivas de cada tipo de extinción contractual.»

Ocho. El artículo 117 queda redactado como sigue:

«Artículo 117. Requisito del agotamiento de la vía administrativa previa a la vía judicial.

1. Para demandar al Estado por los salarios de tramitación, será requisito previo haber reclamado en vía administrativa en la forma y plazos establecidos, contra cuya denegación el empresario o, en su caso, el trabajador, podrá promover la oportuna acción ante el juzgado que conoció en la instancia del proceso de despido.

2. A la demanda habrá de acompañarse copia de la resolución administrativa denegatoria o de la instancia de solicitud de pago.

3. El plazo de prescripción de esta acción es el previsto en el apartado 2 del artículo 59 del texto refundido de la Ley del Estatuto de los Trabajadores, iniciándose el cómputo del mismo, en caso de reclamación efectuada por el empresario, desde el momento en que éste sufre la disminución patrimonial ocasionada por el abono de los salarios de tramitación y, en caso de reclamación por el trabajador, desde la fecha de notificación al mismo del auto judicial que haya declarado la insolvencia del empresario.»

Disposición final cuarta. Referencias normativas.

Las referencias hechas a la Ley 30/1992, de 26 de noviembre, de Régimen Jurídico de las Administraciones Públicas y del Procedimiento Administrativo Común, se entenderán hechas a la Ley del Procedimiento Administrativo Común de las Administraciones Públicas o a la Ley de Régimen Jurídico del Sector Público, según corresponda.

Disposición final quinta. Adaptación normativa.

En el plazo de un año a partir de la entrada en vigor de la Ley, se deberán adecuar a la misma las normas reguladoras estatales, autonómicas y locales de los distintos procedimientos normativos que sean incompatibles con lo previsto en esta Ley.

Disposición final sexta. Desarrollo normativo de la Ley.

Se faculta al Consejo de Ministros y al Ministro de Hacienda y Administraciones Públicas, en el ámbito de sus competencias, para dictar cuantas disposiciones reglamentarias sean necesarias para el desarrollo de la presente Ley, así como para acordar las medidas necesarias para garantizar la efectiva ejecución e implantación de las previsiones de esta Ley.

Disposición final séptima. Entrada en vigor.

La presente Ley entrará en vigor al año de su publicación en el «Boletín Oficial del Estado».

No obstante, las previsiones relativas al registro electrónico de apoderamientos, registro electrónico, registro de empleados públicos habilitados, punto de acceso general electrónico de la Administración y archivo único electrónico producirán efectos a los dos años de la entrada en vigor de la Ley.

Por tanto,

Mando a todos los españoles, particulares y autoridades, que guarden y hagan guardar esta ley.

Madrid, 1 de octubre de 2015.

FELIPE R.

El Presidente del Gobierno,
MARIANO RAJOY BREY

Ley 40/2015, de 1 de octubre, de Régimen Jurídico del Sector Público

Índice Articular

Subsección 1.ª Funcionamiento

- Artículo 15. Régimen.
- Artículo 16. Secretario.
- Artículo 17. Convocatorias y sesiones.
- Artículo 18. Actas.

Subsección 2.ª De los órganos colegiados en la Administración General del Estado

- Artículo 19. Régimen de los órganos colegiados de la Administración General del Estado y de las Entidades de Derecho Público vinculadas o dependientes de ella.
- Artículo 20. Requisitos para constituir órganos colegiados.
- Artículo 21. Clasificación y composición de los órganos colegiados.
- Artículo 22. Creación, modificación y supresión de órganos colegiados.

Sección 4.ª Abstención y recusación

- Artículo 23. Abstención.
- Artículo 24. Recusación.

CAPÍTULO III. Principios de la potestad sancionadora

- Artículo 25. Principio de legalidad.
- Artículo 26. Irretroactividad.
- Artículo 27. Principio de tipicidad.
- Artículo 28. Responsabilidad.
- Artículo 29. Principio de proporcionalidad.
- Artículo 30. Prescripción.
- Artículo 31. Concurrencia de sanciones.

CAPÍTULO IV. De la responsabilidad patrimonial de las Administraciones Públicas

Sección 1.ª Responsabilidad patrimonial de las Administraciones Públicas

- Artículo 32. Principios de la responsabilidad.
- Artículo 33. Responsabilidad concurrente de las Administraciones Públicas.

- Artículo 34. Indemnización.
- Artículo 35. Responsabilidad de Derecho Privado.

Sección 2.ª Responsabilidad de las autoridades y personal al servicio de las Administraciones Públicas

- Artículo 36. Exigencia de la responsabilidad patrimonial de las autoridades y personal al servicio de las Administraciones Públicas.
- Artículo 37. Responsabilidad penal.

CAPÍTULO V. Funcionamiento electrónico del sector público

- Artículo 38. La sede electrónica.
- Artículo 39. Portal de internet.
- Artículo 40. Sistemas de identificación de las Administraciones Públicas.
- Artículo 41. Actuación administrativa automatizada.
- Artículo 42. Sistemas de firma para la actuación administrativa automatizada.
- Artículo 43. Firma electrónica del personal al servicio de las Administraciones Públicas.
- Artículo 44. Intercambio electrónico de datos en entornos cerrados de comunicación.
- Artículo 45. Aseguramiento e interoperabilidad de la firma electrónica.
- Artículo 46. Archivo electrónico de documentos.

CAPÍTULO VI. De los convenios

- Artículo 47. Definición y tipos de convenios.
- Artículo 48. Requisitos de validez y eficacia de los convenios.
- Artículo 49. Contenido de los convenios.
- Artículo 50. Trámites preceptivos para la suscripción de convenios y sus efectos.
- Artículo 51. Extinción de los convenios.
- Artículo 52. Efectos de la resolución de los convenios.
- Artículo 53. Remisión de convenios al Tribunal de Cuentas.

TÍTULO I. Administración General del Estado

CAPÍTULO I. Organización administrativa

- Artículo 54. Principios y competencias de organización y funcionamiento de la Administración General del Estado.
- Artículo 55. Estructura de la Administración General del Estado.
- Artículo 56. Elementos organizativos básicos.

CAPÍTULO II. Los Ministerios y su estructura interna

- Artículo 57. Los Ministerios.
- Artículo 58. Organización interna de los Ministerios.
- Artículo 59. Creación, modificación y supresión de órganos y unidades administrativas.
- Artículo 60. Ordenación jerárquica de los órganos ministeriales.
- Artículo 61. Los Ministros.
- Artículo 62. Los Secretarios de Estado.
- Artículo 63. Los Subsecretarios.
- Artículo 64. Los Secretarios generales.
- Artículo 65. Los Secretarios generales técnicos.
- Artículo 66. Los Directores generales.
- Artículo 67. Los Subdirectores generales.
- Artículo 68. Reglas generales sobre los servicios comunes de los Ministerios.

CAPÍTULO III. Órganos territoriales

Sección 1.ª La organización territorial de la Administración General del Estado

- Artículo 69. Las Delegaciones y las Subdelegaciones del Gobierno.
- Artículo 70. Los Directores Insulares de la Administración General del Estado.
- Artículo 71. Los servicios territoriales.

Sección 2.ª Los Delegados del Gobierno en las Comunidades Autónomas

- Artículo 72. Los Delegados del Gobierno en las Comunidades Autónomas.
- Artículo 73. Competencias de los Delegados del Gobierno en las Comunidades Autónomas.

Sección 3.ª Los Subdelegados del Gobierno en las provincias

- Artículo 74. Los Subdelegados del Gobierno en las provincias.
- Artículo 75. Competencias de los Subdelegados del Gobierno en las provincias.

Sección 4.ª La estructura de las delegaciones del gobierno

- Artículo 76. Estructura de las Delegaciones y Subdelegaciones del Gobierno.
- Artículo 77. Asistencia jurídica y control económico financiero de las Delegaciones y Subdelegaciones del Gobierno.

Sección 5.ª Órganos colegiados

- Artículo 78. La Comisión interministerial de coordinación de la Administración periférica del Estado.
- Artículo 79. Los órganos colegiados de asistencia al Delegado y al Subdelegado del Gobierno.

CAPÍTULO IV. De la Administración General del Estado en el exterior

- Artículo 80. El Servicio Exterior del Estado.

TÍTULO II. Organización y funcionamiento del sector público institucional

CAPÍTULO I. Del sector público institucional

- Artículo 81. Principios generales de actuación.
- Artículo 82. El Inventario de Entidades del Sector Público Estatal, Autonómico y Local.
- Artículo 83. Inscripción en el Inventario de Entidades del Sector Público Estatal, Autonómico y Local.

CAPÍTULO II. Organización y funcionamiento del sector público institucional estatal

- Artículo 84. Composición y clasificación del sector público institucional estatal.
- Artículo 85. Control de eficacia y supervisión continua.
- Artículo 86. Medio propio y servicio técnico.

- Artículo 87. Transformaciones de las entidades integrantes del sector público institucional estatal.

CAPÍTULO III. De los organismos públicos estatales

Sección 1.ª Disposiciones generales

- Artículo 88. Definición y actividades propias.
- Artículo 89. Personalidad jurídica y potestades.
- Artículo 90. Estructura organizativa en el sector público estatal.
- Artículo 91. Creación de organismos públicos estatales.
- Artículo 92. Contenido y efectos del plan de actuación.
- Artículo 93. Contenido de los estatutos.
- Artículo 94. Fusión de organismos públicos estatales.
- Artículo 95. Gestión compartida de servicios comunes.
- Artículo 96. Disolución de organismos públicos estatales.
- Artículo 97. Liquidación y extinción de organismos públicos estatales.

Sección 2.ª Organismos autónomos estatales

- Artículo 98. Definición.
- Artículo 99. Régimen jurídico.
- Artículo 100. Régimen jurídico del personal y de contratación.
- Artículo 101. Régimen económico-financiero y patrimonial.
- Artículo 102. Régimen presupuestario, de contabilidad y control económico-financiero.

Sección 3.ª Las entidades públicas empresariales de ámbito estatal

- Artículo 103. Definición.
- Artículo 104. Régimen jurídico.
- Artículo 105. Ejercicio de potestades administrativas.
- Artículo 106. Régimen jurídico del personal y de contratación.
- Artículo 107. Régimen económico-financiero y patrimonial.
- Artículo 108. Régimen presupuestario, de contabilidad y control económico-financiero.

CAPÍTULO IV. Las autoridades administrativas independientes de ámbito estatal

CAPÍTULO V. De las sociedades mercantiles estatales

CAPÍTULO VI. De los consorcios

CAPÍTULO VII. De las fundaciones del sector público estatal

- Artículo 135. Estructura organizativa.
- Artículo 136. Fusión, disolución, liquidación y extinción.

CAPÍTULO VIII. De los fondos carentes de personalidad jurídica del sector público estatal

- Artículo 137. Creación y extinción.
- Artículo 138. Régimen jurídico.
- Artículo 139. Régimen presupuestario, de contabilidad y de control económico-financiero.

TÍTULO III. Relaciones interadministrativas

CAPÍTULO I. Principios generales de las relaciones interadministrativas

- Artículo 140. Principios de las relaciones interadministrativas.

CAPÍTULO II. Deber de colaboración

- Artículo 141. Deber de colaboración entre las Administraciones Públicas.
- Artículo 142. Técnicas de colaboración.

CAPÍTULO III. Relaciones de cooperación

Sección 1.ª Técnicas de cooperación

- Artículo 143. Cooperación entre Administraciones Públicas.
- Artículo 144. Técnicas de Cooperación.

Sección 2.ª Técnicas orgánicas de cooperación

- Artículo 145. Órganos de cooperación.
- Artículo 146. Conferencia de Presidentes.
- Artículo 147. Conferencias Sectoriales.
- Artículo 148. Funciones de las Conferencias Sectoriales.
- Artículo 149. Convocatoria de las reuniones de las Conferencias Sectoriales.
- Artículo 150. Secretaría de las Conferencias Sectoriales.
- Artículo 151. Clases de decisiones de la Conferencia Sectorial.

CAPÍTULO IV. Relaciones electrónicas entre las Administraciones

[Disposiciones adicionales]

- Disposición adicional decimotercera. Régimen jurídico de las Entidades gestoras y servicios comunes de la Seguridad Social.
- Disposición adicional decimocuarta. La organización militar y las Delegaciones de Defensa.
- Disposición adicional decimoquinta. Personal militar de las Fuerzas Armadas y del Centro Nacional de Inteligencia.
- Disposición adicional decimosexta. Servicios territoriales integrados en las Delegaciones del Gobierno.
- Disposición adicional decimoséptima. Régimen jurídico de la Agencia Estatal de Administración Tributaria.
- Disposición adicional decimoctava. Régimen jurídico del Centro Nacional de Inteligencia.
- Disposición adicional decimonovena. Régimen jurídico del Banco de España.
- Disposición adicional vigésima. Régimen jurídico del Fondo de Reestructuración Ordenada Bancaria.
- Disposición adicional vigesimoprimera. Órganos Colegiados de Gobierno.
- Disposición adicional vigesimosegunda. Actuación administrativa de los órganos constitucionales del Estado y de los órganos legislativos y de control autonómicos.

[Disposiciones transitorias]

- Disposición transitoria primera. Composición y clasificación del sector público institucional.
- Disposición transitoria segunda. Entidades y organismos públicos existentes.
- Disposición transitoria tercera. Procedimientos de elaboración de normas en la Administración General del Estado.
- Disposición transitoria cuarta. Régimen transitorio de las modificaciones introducidas en la disposición final novena.

[Disposiciones derogatorias]

- Disposición derogatoria única. Derogación normativa.

[Disposiciones finales]

- Disposición final primera. Modificación de la Ley 23/1982, de 16 de junio, reguladora del Patrimonio Nacional.

- Disposición final segunda. Modificación del Real Decreto-Ley 12/1995, de 28 de diciembre, sobre medidas urgentes en materia presupuestaria, tributaria y financiera.
- Disposición final tercera. Modificación de la Ley 50/1997, de 27 de noviembre, del Gobierno.
- Disposición final cuarta. Modificación de la Ley 50/2002, de 26 de diciembre, de Fundaciones.
- Disposición final quinta. Modificación de la Ley 22/2003, de 9 de julio, Concursal.
- Disposición final sexta. Modificación de la Ley 33/2003, de 3 de noviembre, del Patrimonio de las Administraciones Públicas.
- Disposición final séptima. Modificación de la Ley 38/2003, de 17 de noviembre, General de Subvenciones.
- Disposición final octava. Modificación de la Ley 47/2003, de 26 de noviembre, General Presupuestaria.
- Disposición final novena. Modificación del Texto Refundido de la Ley de Contratos del Sector Público, aprobado por Real Decreto Legislativo 3/2011, de 14 de noviembre.
- Disposición final décima. Modificación de la Ley 17/2012, de 27 de diciembre, de Presupuestos Generales del Estado para el año 2013.
- Disposición final undécima. Modificación de la Ley 20/2015, de 14 de julio, de ordenación, supervisión y solvencia de las entidades aseguradoras y reaseguradoras.
- Disposición final duodécima. Restitución o compensación a los partidos políticos de bienes y derechos incautados en aplicación de la normativa sobre responsabilidades políticas.
- Disposición final decimotercera. Referencias normativas.
- Disposición final decimocuarta. Título competencial.
- Disposición final decimoquinta. Desarrollo normativo de la Ley.
- Disposición final decimosexta. Precedencias en actos oficiales.
- Disposición final decimoséptima. Adaptación normativa.
- Disposición final decimoctava. Entrada en vigor.

TÍTULO PRELIMINAR

Disposiciones generales, principios de actuación y funcionamiento del sector público

CAPÍTULO I

Disposiciones generales

Artículo 1. Objeto.

La presente Ley establece y regula las bases del régimen jurídico de las Administraciones Públicas, los principios del sistema de responsabilidad de las Administraciones Públicas y de la potestad sancionadora, así como la organización y funcionamiento de la Administración General del Estado y de su sector público institucional para el desarrollo de sus actividades.

Artículo 2. Ámbito Subjetivo.

1. La presente Ley se aplica al sector público que comprende:

a) La Administración General del Estado.

b) Las Administraciones de las Comunidades Autónomas.

c) Las Entidades que integran la Administración Local.

d) El sector público institucional.

2. El sector público institucional se integra por:

a) Cualesquiera organismos públicos y entidades de derecho público vinculados o dependientes de las Administraciones Públicas.

b) Las entidades de derecho privado vinculadas o dependientes de las Administraciones Públicas que quedarán sujetas a lo dispuesto en las normas de esta Ley que específicamente se refieran a las mismas, en particular a los principios previstos en el artículo 3, y en todo caso, cuando ejerzan potestades administrativas.

c) Las Universidades públicas que se regirán por su normativa específica y supletoriamente por las previsiones de la presente Ley.

3. Tienen la consideración de Administraciones Públicas la Administración General del Estado, las Administraciones de las Comunidades Autónomas, las Entidades que integran la Administración Local, así como los organismos públicos y entidades de derecho público previstos en la letra a) del apartado 2.

Artículo 3. Principios generales.

1. Las Administraciones Públicas sirven con objetividad los intereses generales y actúan de acuerdo con los principios de eficacia, jerarquía, descentralización, desconcentración y coordinación, con sometimiento pleno a la Constitución, a la Ley y al Derecho.

Deberán respetar en su actuación y relaciones los siguientes principios:

a) Servicio efectivo a los ciudadanos.

b) Simplicidad, claridad y proximidad a los ciudadanos.

c) Participación, objetividad y transparencia de la actuación administrativa.

d) Racionalización y agilidad de los procedimientos administrativos y de las actividades materiales de gestión.

e) Buena fe, confianza legítima y lealtad institucional.

f) Responsabilidad por la gestión pública.

g) Planificación y dirección por objetivos y control de la gestión y evaluación de los resultados de las políticas públicas.

h) Eficacia en el cumplimiento de los objetivos fijados.

i) Economía, suficiencia y adecuación estricta de los medios a los fines institucionales.

j) Eficiencia en la asignación y utilización de los recursos públicos.

k) Cooperación, colaboración y coordinación entre las Administraciones Públicas.

2. Las Administraciones Públicas se relacionarán entre sí y con sus órganos, organismos públicos y entidades vinculados o dependientes a través de medios electrónicos, que aseguren la interoperabilidad y seguridad de los sistemas y soluciones adoptadas por cada una de ellas, garantizarán la protección de los datos de carácter personal, y facilitarán preferentemente la prestación conjunta de servicios a los interesados.

3. Bajo la dirección del Gobierno de la Nación, de los órganos de gobierno de las Comunidades Autónomas y de los correspondientes de las Entidades Locales, la actuación de la Administración Pública respectiva se desarrolla para alcanzar los objetivos que establecen las leyes y el resto del ordenamiento jurídico.

4. Cada una de las Administraciones Públicas del artículo 2 actúa para el cumplimiento de sus fines con personalidad jurídica única.

Artículo 4. Principios de intervención de las Administraciones Públicas para el desarrollo de una actividad.

1. Las Administraciones Públicas que, en el ejercicio de sus

respectivas competencias, establezcan medidas que limiten el ejercicio de derechos individuales o colectivos o exijan el cumplimiento de requisitos para el desarrollo de una actividad, deberán aplicar el principio de proporcionalidad y elegir la medida menos restrictiva, motivar su necesidad para la protección del interés público así como justificar su adecuación para lograr los fines que se persiguen, sin que en ningún caso se produzcan diferencias de trato discriminatorias. Asimismo deberán evaluar periódicamente los efectos y resultados obtenidos.

2. Las Administraciones Públicas velarán por el cumplimiento de los requisitos previstos en la legislación que resulte aplicable, para lo cual podrán, en el ámbito de sus respectivas competencias y con los límites establecidos en la legislación de protección de datos de carácter personal, comprobar, verificar, investigar e inspeccionar los hechos, actos, elementos, actividades, estimaciones y demás circunstancias que fueran necesarias.

CAPÍTULO II

De los órganos de las Administraciones Públicas

Sección 1.ª De los órganos administrativos

Artículo 5. Órganos administrativos.

1. Tendrán la consideración de órganos administrativos las unidades administrativas a las que se les atribuyan funciones que tengan efectos jurídicos frente a terceros, o cuya actuación tenga carácter preceptivo.

2. Corresponde a cada Administración Pública delimitar, en su respectivo ámbito competencial, las unidades administrativas que configuran los órganos administrativos propios de las especialidades derivadas de su organización.

3. La creación de cualquier órgano administrativo exigirá, al menos, el cumplimiento de los siguientes requisitos:

a) Determinación de su forma de integración en la Administración Pública de que se trate y su dependencia jerárquica.

b) Delimitación de sus funciones y competencias.

c) Dotación de los créditos necesarios para su puesta en marcha y funcionamiento.

4. No podrán crearse nuevos órganos que supongan duplicación de otros ya existentes si al mismo tiempo no se suprime o restringe debidamente la competencia de estos. A este objeto, la creación de un

nuevo órgano sólo tendrá lugar previa comprobación de que no existe otro en la misma Administración Pública que desarrolle igual función sobre el mismo territorio y población.

Artículo 6. Instrucciones y órdenes de servicio.

1. Los órganos administrativos podrán dirigir las actividades de sus órganos jerárquicamente dependientes mediante instrucciones y órdenes de servicio.

Cuando una disposición específica así lo establezca, o se estime conveniente por razón de los destinatarios o de los efectos que puedan producirse, las instrucciones y órdenes de servicio se publicarán en el boletín oficial que corresponda, sin perjuicio de su difusión de acuerdo con lo previsto en la Ley 19/2013, de 9 de diciembre, de transparencia, acceso a la información pública y buen gobierno.

2. El incumplimiento de las instrucciones u órdenes de servicio no afecta por sí solo a la validez de los actos dictados por los órganos administrativos, sin perjuicio de la responsabilidad disciplinaria en que se pueda incurrir.

Artículo 7. Órganos consultivos.

La Administración consultiva podrá articularse mediante órganos específicos dotados de autonomía orgánica y funcional con respecto a la Administración activa, o a través de los servicios de esta última que prestan asistencia jurídica.

En tal caso, dichos servicios no podrán estar sujetos a dependencia jerárquica, ya sea orgánica o funcional, ni recibir instrucciones, directrices o cualquier clase de indicación de los órganos que hayan elaborado las disposiciones o producido los actos objeto de consulta, actuando para cumplir con tales garantías de forma colegiada.

Sección 2.ª Competencia

Artículo 8. Competencia.

1. La competencia es irrenunciable y se ejercerá por los órganos administrativos que la tengan atribuida como propia, salvo los casos de delegación o avocación, cuando se efectúen en los términos previstos en ésta u otras leyes.

La delegación de competencias, las encomiendas de gestión, la delegación de firma y la suplencia no suponen alteración de la titularidad de la competencia, aunque sí de los elementos determinantes de su ejercicio que en cada caso se prevén.

2. La titularidad y el ejercicio de las competencias atribuidas a los órganos administrativos podrán ser desconcentradas en otros jerárquicamente dependientes de aquéllos en los términos y con los requisitos que prevean las propias normas de atribución de competencias.

3. Si alguna disposición atribuye la competencia a una Administración, sin especificar el órgano que debe ejercerla, se entenderá que la facultad de instruir y resolver los expedientes corresponde a los órganos inferiores competentes por razón de la materia y del territorio. Si existiera más de un órgano inferior competente por razón de materia y territorio, la facultad para instruir y resolver los expedientes corresponderá al superior jerárquico común de estos.

Artículo 9. Delegación de competencias.

1. Los órganos de las diferentes Administraciones Públicas podrán delegar el ejercicio de las competencias que tengan atribuidas en otros órganos de la misma Administración, aun cuando no sean jerárquicamente dependientes, o en los Organismos públicos o Entidades de Derecho Público vinculados o dependientes de aquéllas.

En el ámbito de la Administración General del Estado, la delegación de competencias deberá ser aprobada previamente por el órgano ministerial de quien dependa el órgano delegante y en el caso de los Organismos públicos o Entidades vinculados o dependientes, por el órgano máximo de dirección, de acuerdo con sus normas de creación. Cuando se trate de órganos no relacionados jerárquicamente será necesaria la aprobación previa del superior común si ambos pertenecen al mismo Ministerio, o del órgano superior de quien dependa el órgano delegado, si el delegante y el delegado pertenecen a diferentes Ministerios.

Asimismo, los órganos de la Administración General del Estado podrán delegar el ejercicio de sus competencias propias en sus Organismos públicos y Entidades vinculados o dependientes, cuando resulte conveniente para alcanzar los fines que tengan asignados y mejorar la eficacia de su gestión. La delegación deberá ser previamente aprobada por los órganos de los que dependan el órgano delegante y el órgano delegado, o aceptada por este último cuando sea el órgano máximo de dirección del Organismo público o Entidad vinculado o dependiente.

2. En ningún caso podrán ser objeto de delegación las competencias relativas a:

a) Los asuntos que se refieran a relaciones con la Jefatura del Estado, la Presidencia del Gobierno de la Nación, las Cortes

Generales, las Presidencias de los Consejos de Gobierno de las Comunidades Autónomas y las Asambleas Legislativas de las Comunidades Autónomas.

b) La adopción de disposiciones de carácter general.

c) La resolución de recursos en los órganos administrativos que hayan dictado los actos objeto de recurso.

d) Las materias en que así se determine por norma con rango de Ley.

3. Las delegaciones de competencias y su revocación deberán publicarse en el «Boletín Oficial del Estado», en el de la Comunidad Autónoma o en el de la Provincia, según la Administración a que pertenezca el órgano delegante, y el ámbito territorial de competencia de éste.

4. Las resoluciones administrativas que se adopten por delegación indicarán expresamente esta circunstancia y se considerarán dictadas por el órgano delegante.

5. Salvo autorización expresa de una Ley, no podrán delegarse las competencias que se ejerzan por delegación.

No constituye impedimento para que pueda delegarse la competencia para resolver un procedimiento la circunstancia de que la norma reguladora del mismo prevea, como trámite preceptivo, la emisión de un dictamen o informe; no obstante, no podrá delegarse la competencia para resolver un procedimiento una vez que en el correspondiente procedimiento se haya emitido un dictamen o informe preceptivo acerca del mismo.

6. La delegación será revocable en cualquier momento por el órgano que la haya conferido.

7. El acuerdo de delegación de aquellas competencias atribuidas a órganos colegiados, para cuyo ejercicio se requiera un quórum o mayoría especial, deberá adoptarse observando, en todo caso, dicho quórum o mayoría.

Artículo 10. Avocación.

1. Los órganos superiores podrán avocar para sí el conocimiento de uno o varios asuntos cuya resolución corresponda ordinariamente o por delegación a sus órganos administrativos dependientes, cuando circunstancias de índole técnica, económica, social, jurídica o territorial lo hagan conveniente.

En los supuestos de delegación de competencias en órganos no dependientes jerárquicamente, el conocimiento de un asunto podrá ser avocado únicamente por el órgano delegante.

2. En todo caso, la avocación se realizará mediante acuerdo

motivado que deberá ser notificado a los interesados en el procedimiento, si los hubiere, con anterioridad o simultáneamente a la resolución final que se dicte.

Contra el acuerdo de avocación no cabrá recurso, aunque podrá impugnarse en el que, en su caso, se interponga contra la resolución del procedimiento.

Artículo 11. Encomiendas de gestión.

1. La realización de actividades de carácter material o técnico de la competencia de los órganos administrativos o de las Entidades de Derecho Público podrá ser encomendada a otros órganos o Entidades de Derecho Público de la misma o de distinta Administración, siempre que entre sus competencias estén esas actividades, por razones de eficacia o cuando no se posean los medios técnicos idóneos para su desempeño.

Las encomiendas de gestión no podrán tener por objeto prestaciones propias de los contratos regulados en la legislación de contratos del sector público. En tal caso, su naturaleza y régimen jurídico se ajustará a lo previsto en ésta.

2. La encomienda de gestión no supone cesión de la titularidad de la competencia ni de los elementos sustantivos de su ejercicio, siendo responsabilidad del órgano o Entidad encomendante dictar cuantos actos o resoluciones de carácter jurídico den soporte o en los que se integre la concreta actividad material objeto de encomienda.

En todo caso, la Entidad u órgano encomendado tendrá la condición de encargado del tratamiento de los datos de carácter personal a los que pudiera tener acceso en ejecución de la encomienda de gestión, siéndole de aplicación lo dispuesto en la normativa de protección de datos de carácter personal.

3. La formalización de las encomiendas de gestión se ajustará a las siguientes reglas:

a) Cuando la encomienda de gestión se realice entre órganos administrativos o Entidades de Derecho Público pertenecientes a la misma Administración deberá formalizarse en los términos que establezca su normativa propia y, en su defecto, por acuerdo expreso de los órganos o Entidades de Derecho Público intervinientes. En todo caso, el instrumento de formalización de la encomienda de gestión y su resolución deberá ser publicada, para su eficacia, en el Boletín Oficial del Estado, en el Boletín oficial de la Comunidad Autónoma o en el de la Provincia, según la Administración a que pertenezca el órgano encomendante.

Cada Administración podrá regular los requisitos necesarios para la validez de tales acuerdos que incluirán, al menos, expresa mención de la actividad o actividades a las que afecten, el plazo de vigencia y la naturaleza y alcance de la gestión encomendada.

b) Cuando la encomienda de gestión se realice entre órganos y Entidades de Derecho Público de distintas Administraciones se formalizará mediante firma del correspondiente convenio entre ellas, que deberá ser publicado en el «Boletín Oficial del Estado», en el Boletín oficial de la Comunidad Autónoma o en el de la Provincia, según la Administración a que pertenezca el órgano encomendante, salvo en el supuesto de la gestión ordinaria de los servicios de las Comunidades Autónomas por las Diputaciones Provinciales o en su caso Cabildos o Consejos insulares, que se regirá por la legislación de Régimen Local.

Artículo 12. Delegación de firma.

1. Los titulares de los órganos administrativos podrán, en materias de su competencia, que ostenten, bien por atribución, bien por delegación de competencias, delegar la firma de sus resoluciones y actos administrativos en los titulares de los órganos o unidades administrativas que de ellos dependan, dentro de los límites señalados en el artículo 9.

2. La delegación de firma no alterará la competencia del órgano delegante y para su validez no será necesaria su publicación.

3. En las resoluciones y actos que se firmen por delegación se hará constar esta circunstancia y la autoridad de procedencia.

Artículo 13. Suplencia.

1. En la forma que disponga cada Administración Pública, los titulares de los órganos administrativos podrán ser suplidos temporalmente en los supuestos de vacante, ausencia o enfermedad, así como en los casos en que haya sido declarada su abstención o recusación.

Si no se designa suplente, la competencia del órgano administrativo se ejercerá por quien designe el órgano administrativo inmediato superior de quien dependa.

2. La suplencia no implicará alteración de la competencia y para su validez no será necesaria su publicación.

3. En el ámbito de la Administración General del Estado, la designación de suplente podrá efectuarse:

a) En los reales decretos de estructura orgánica básica de los Departamentos Ministeriales o en los estatutos de sus Organismos públicos y Entidades vinculados o dependientes según corresponda.

b) Por el órgano competente para el nombramiento del titular, bien en el propio acto de nombramiento bien en otro posterior cuando se produzca el supuesto que dé lugar a la suplencia.

4. En las resoluciones y actos que se dicten mediante suplencia, se hará constar esta circunstancia y se especificará el titular del órgano en cuya suplencia se adoptan y quien efectivamente está ejerciendo esta suplencia.

Artículo 14. Decisiones sobre competencia.

1. El órgano administrativo que se estime incompetente para la resolución de un asunto remitirá directamente las actuaciones al órgano que considere competente, debiendo notificar esta circunstancia a los interesados.

2. Los interesados que sean parte en el procedimiento podrán dirigirse al órgano que se encuentre conociendo de un asunto para que decline su competencia y remita las actuaciones al órgano competente.

Asimismo, podrán dirigirse al órgano que estimen competente para que requiera de inhibición al que esté conociendo del asunto.

3. Los conflictos de atribuciones sólo podrán suscitarse entre órganos de una misma Administración no relacionados jerárquicamente, y respecto a asuntos sobre los que no haya finalizado el procedimiento administrativo.

Sección 3.ª Órganos colegiados de las distintas administraciones públicas

Subsección 1.ª Funcionamiento

Artículo 15. Régimen.

1. El régimen jurídico de los órganos colegiados se ajustará a las normas contenidas en la presente sección, sin perjuicio de las peculiaridades organizativas de las Administraciones Públicas en que se integran.

2. Los órganos colegiados de las distintas Administraciones Públicas en que participen organizaciones representativas de intereses sociales, así como aquellos compuestos por representaciones de distintas Administraciones Públicas, cuenten o no con participación de organizaciones representativas de intereses sociales, podrán establecer o completar sus propias normas de funcionamiento.

Los órganos colegiados a que se refiere este apartado quedarán integrados en la Administración Pública que corresponda, aunque sin participar en la estructura jerárquica de ésta, salvo que así lo establezcan sus normas de creación, se desprenda de sus funciones o de la propia naturaleza del órgano colegiado.

3. El acuerdo de creación y las normas de funcionamiento de los órganos colegiados que dicten resoluciones que tengan efectos jurídicos frente a terceros deberán ser publicados en el Boletín o Diario Oficial de la Administración Pública en que se integran. Adicionalmente, las Administraciones podrán publicarlos en otros medios de difusión que garanticen su conocimiento.

Cuando se trate de un órgano colegiado a los que se refiere el apartado 2 de este artículo la citada publicidad se realizará por la Administración a quien corresponda la Presidencia.

Artículo 16. Secretario.

1. Los órganos colegiados tendrán un Secretario que podrá ser un miembro del propio órgano o una persona al servicio de la Administración Pública correspondiente.

2. Corresponderá al Secretario velar por la legalidad formal y material de las actuaciones del órgano colegiado, certificar las actuaciones del mismo y garantizar que los procedimientos y reglas de constitución y adopción de acuerdos son respetadas.

3. En caso de que el Secretario no miembro sea suplido por un miembro del órgano colegiado, éste conservará todos sus derechos como tal.

Artículo 17. Convocatorias y sesiones.

1. Todos los órganos colegiados se podrán constituir, convocar, celebrar sus sesiones, adoptar acuerdos y remitir actas tanto de forma presencial como a distancia, salvo que su reglamento interno recoja expresa y excepcionalmente lo contrario.

En las sesiones que celebren los órganos colegiados a distancia, sus miembros podrán encontrarse en distintos lugares siempre y cuando se asegure por medios electrónicos, considerándose también tales los telefónicos, y audiovisuales, la identidad de los miembros o personas que los suplan, el contenido de sus manifestaciones, el momento en que éstas se producen, así como la interactividad e intercomunicación entre ellos en tiempo real y la disponibilidad de los medios durante la sesión. Entre otros, se considerarán incluidos entre los medios electrónicos válidos, el correo electrónico, las audioconferencias y las videoconferencias.

2. Para la válida constitución del órgano, a efectos de la celebración de sesiones, deliberaciones y toma de acuerdos, se requerirá la asistencia, presencial o a distancia, del Presidente y Secretario o en su caso, de quienes les suplan, y la de la mitad, al

menos, de sus miembros.

Cuando se trate de los órganos colegiados a que se refiere el artículo 15.2, el Presidente podrá considerar válidamente constituido el órgano, a efectos de celebración de sesión, si asisten los representantes de las Administraciones Públicas y de las organizaciones representativas de intereses sociales miembros del órgano a los que se haya atribuido la condición de portavoces.

Cuando estuvieran reunidos, de manera presencial o a distancia, el Secretario y todos los miembros del órgano colegiado, o en su caso las personas que les suplan, éstos podrán constituirse válidamente como órgano colegiado para la celebración de sesiones, deliberaciones y adopción de acuerdos sin necesidad de convocatoria previa cuando así lo decidan todos sus miembros.

3. Los órganos colegiados podrán establecer el régimen propio de convocatorias, si éste no está previsto por sus normas de funcionamiento. Tal régimen podrá prever una segunda convocatoria y especificar para ésta el número de miembros necesarios para constituir válidamente el órgano.

Salvo que no resulte posible, las convocatorias serán remitidas a los miembros del órgano colegiado a través de medios electrónicos, haciendo constar en la misma el orden del día junto con la documentación necesaria para su deliberación cuando sea posible, las condiciones en las que se va a celebrar la sesión, el sistema de conexión y, en su caso, los lugares en que estén disponibles los medios técnicos necesarios para asistir y participar en la reunión.

4. No podrá ser objeto de deliberación o acuerdo ningún asunto que no figure incluido en el orden del día, salvo que asistan todos los miembros del órgano colegiado y sea declarada la urgencia del asunto por el voto favorable de la mayoría.

5. Los acuerdos serán adoptados por mayoría de votos. Cuando se asista a distancia, los acuerdos se entenderán adoptados en el lugar donde tenga la sede el órgano colegiado y, en su defecto, donde esté ubicada la presidencia.

6. Cuando los miembros del órgano voten en contra o se abstengan, quedarán exentos de la responsabilidad que, en su caso, pueda derivarse de los acuerdos.

7. Quienes acrediten la titularidad de un interés legítimo podrán dirigirse al Secretario de un órgano colegiado para que les sea expedida certificación de sus acuerdos. La certificación será expedida por medios electrónicos, salvo que el interesado manifieste expresamente lo contrario y no tenga obligación de relacionarse con las Administraciones por esta vía.

Artículo 18. Actas.

1. De cada sesión que celebre el órgano colegiado se levantará acta por el Secretario, que especificará necesariamente los asistentes, el orden del día de la reunión, las circunstancias del lugar y tiempo en que se ha celebrado, los puntos principales de las deliberaciones, así como el contenido de los acuerdos adoptados.

Podrán grabarse las sesiones que celebre el órgano colegiado. El fichero resultante de la grabación, junto con la certificación expedida por el Secretario de la autenticidad e integridad del mismo, y cuantos documentos en soporte electrónico se utilizasen como documentos de la sesión, podrán acompañar al acta de las sesiones, sin necesidad de hacer constar en ella los puntos principales de las deliberaciones.

2. El acta de cada sesión podrá aprobarse en la misma reunión o en la inmediata siguiente. El Secretario elaborará el acta con el visto bueno del Presidente y lo remitirá a través de medios electrónicos, a los miembros del órgano colegiado, quienes podrán manifestar por los mismos medios su conformidad o reparos al texto, a efectos de su aprobación, considerándose, en caso afirmativo, aprobada en la misma reunión.

Cuando se hubiese optado por la grabación de las sesiones celebradas o por la utilización de documentos en soporte electrónico, deberán conservarse de forma que se garantice la integridad y autenticidad de los ficheros electrónicos correspondientes y el acceso a los mismos por parte de los miembros del órgano colegiado.

Subsección 2.ª De los órganos colegiados en la Administración General del Estado

Artículo 19. Régimen de los órganos colegiados de la Administración General del Estado y de las Entidades de Derecho Público vinculadas o dependientes de ella.

1. Los órganos colegiados de la Administración General del Estado y de las Entidades de Derecho Público vinculadas o dependientes de ella, se regirán por las normas establecidas en este artículo, y por las previsiones que sobre ellos se establecen en la Ley de Procedimiento Administrativo Común de las Administraciones Públicas.

2. Corresponderá a su Presidente:

a) Ostentar la representación del órgano.

b) Acordar la convocatoria de las sesiones ordinarias y extraordinarias y la fijación del orden del día, teniendo en cuenta, en su caso, las peticiones de los demás miembros, siempre que hayan sido formuladas con la suficiente antelación.

c) Presidir las sesiones, moderar el desarrollo de los debates y suspenderlos por causas justificadas.

d) Dirimir con su voto los empates, a efectos de adoptar acuerdos, excepto si se trata de los órganos colegiados a que se refiere el artículo 15.2, en los que el voto será dirimente si así lo establecen sus propias normas.

e) Asegurar el cumplimiento de las leyes.

f) Visar las actas y certificaciones de los acuerdos del órgano.

g) Ejercer cuantas otras funciones sean inherentes a su condición de Presidente del órgano.

En casos de vacante, ausencia, enfermedad, u otra causa legal, el Presidente será sustituido por el Vicepresidente que corresponda, y en su defecto, por el miembro del órgano colegiado de mayor jerarquía, antigüedad y edad, por este orden.

Esta norma no será de aplicación a los órganos colegiados previstos en el artículo 15.2 en los que el régimen de sustitución del Presidente debe estar específicamente regulado en cada caso, o establecido expresamente por acuerdo del Pleno del órgano colegiado.

3. Los miembros del órgano colegiado deberán:

a) Recibir, con una antelación mínima de dos días, la convocatoria conteniendo el orden del día de las reuniones. La información sobre los temas que figuren en el orden del día estará a disposición de los miembros en igual plazo.

b) Participar en los debates de las sesiones.

c) Ejercer su derecho al voto y formular su voto particular, así como expresar el sentido de su voto y los motivos que lo justifican. No podrán abstenerse en las votaciones quienes por su cualidad de autoridades o personal al servicio de las Administraciones Públicas, tengan la condición de miembros natos de órganos colegiados, en virtud del cargo que desempeñan.

d) Formular ruegos y preguntas.

e) Obtener la información precisa para cumplir las funciones asignadas.

f) Cuantas otras funciones sean inherentes a su condición.

Los miembros de un órgano colegiado no podrán atribuirse las funciones de representación reconocidas a éste, salvo que expresamente se les hayan otorgado por una norma o por acuerdo válidamente adoptado, para cada caso concreto, por el propio órgano.

En casos de ausencia o de enfermedad y, en general, cuando concurra alguna causa justificada, los miembros titulares del órgano colegiado serán sustituidos por sus suplentes, si los hubiera.

Cuando se trate de órganos colegiados a los que se refiere el artículo 15 las organizaciones representativas de intereses sociales podrán sustituir a sus miembros titulares por otros, acreditándolo ante la Secretaría del órgano colegiado, con respeto a las reservas y limitaciones que establezcan sus normas de organización.

Los miembros del órgano colegiado no podrán ejercer estas funciones cuando concurra conflicto de interés.

4. La designación y el cese, así como la sustitución temporal del Secretario en supuestos de vacante, ausencia o enfermedad se realizarán según lo dispuesto en las normas específicas de cada órgano y, en su defecto, por acuerdo del mismo.

Corresponde al Secretario del órgano colegiado:

a) Asistir a las reuniones con voz pero sin voto, y con voz y voto si la Secretaría del órgano la ostenta un miembro del mismo.

b) Efectuar la convocatoria de las sesiones del órgano por orden del Presidente, así como las citaciones a los miembros del mismo.

c) Recibir los actos de comunicación de los miembros con el órgano, sean notificaciones, peticiones de datos, rectificaciones o cualquiera otra clase de escritos de los que deba tener conocimiento.

d) Preparar el despacho de los asuntos, redactar y autorizar las actas de las sesiones.

e) Expedir certificaciones de las consultas, dictámenes y acuerdos aprobados.

f) Cuantas otras funciones sean inherentes a su condición de Secretario.

5. En el acta figurará, a solicitud de los respectivos miembros del órgano, el voto contrario al acuerdo adoptado, su abstención y los motivos que la justifiquen o el sentido de su voto favorable.

Asimismo, cualquier miembro tiene derecho a solicitar la transcripción íntegra de su intervención o propuesta, siempre que, en ausencia de grabación de la reunión aneja al acta, aporte en el acto, o en el plazo que señale el Presidente, el texto que se corresponda fielmente con su intervención, haciéndose así constar en el acta o uniéndose copia a la misma.

Los miembros que discrepen del acuerdo mayoritario podrán formular voto particular por escrito en el plazo de dos días, que se incorporará al texto aprobado.

Las actas se aprobarán en la misma o en la siguiente sesión, pudiendo no obstante emitir el Secretario certificación sobre los acuerdos que se hayan adoptado, sin perjuicio de la ulterior aprobación del acta. Se considerará aprobada en la misma sesión el acta que, con posterioridad a la reunión, sea distribuida entre los miembros y reciba la conformidad de éstos por cualquier medio del que el Secretario deje expresión y constancia.

En las certificaciones de acuerdos adoptados emitidas con anterioridad a la aprobación del acta se hará constar expresamente tal circunstancia.

Artículo 20. Requisitos para constituir órganos colegiados.

1. Son órganos colegiados aquellos que se creen formalmente y estén integrados por tres o más personas, a los que se atribuyan funciones administrativas de decisión, propuesta, asesoramiento, seguimiento o control, y que actúen integrados en la Administración General del Estado o alguno de sus Organismos públicos.

2. La constitución de un órgano colegiado en la Administración General del Estado y en sus Organismos públicos tiene como presupuesto indispensable la determinación en su norma de creación o en el convenio con otras Administraciones Públicas por el que dicho órgano se cree, de los siguientes extremos:

a) Sus fines u objetivos.

b) Su integración administrativa o dependencia jerárquica.

c) La composición y los criterios para la designación de su Presidente y de los restantes miembros.

d) Las funciones de decisión, propuesta, informe, seguimiento o control, así como cualquier otra que se le atribuya.

e) La dotación de los créditos necesarios, en su caso, para su funcionamiento.

3. El régimen jurídico de los órganos colegiados a que se refiere el apartado 1 de este artículo se ajustará a las normas contenidas en el artículo 19, sin perjuicio de las peculiaridades organizativas contenidas en la presente Ley o en su norma o convenio de creación.

Artículo 21. Clasificación y composición de los órganos colegiados.

1. Los órganos colegiados de la Administración General del Estado y de sus Organismos públicos, por su composición, se clasifican en:

a) Órganos colegiados interministeriales, si sus miembros proceden de diferentes Ministerios.

b) Órganos colegiados ministeriales, si sus componentes proceden de los órganos de un solo Ministerio.

2. En los órganos colegiados a los que se refiere el apartado anterior, podrá haber representantes de otras Administraciones Públicas, cuando éstas lo acepten voluntariamente, cuando un

convenio así lo establezca o cuando una norma aplicable a las Administraciones afectadas lo determine.

3. En la composición de los órganos colegiados podrán participar, cuando así se determine, organizaciones representativas de intereses sociales, así como otros miembros que se designen por las especiales condiciones de experiencia o conocimientos que concurran en ellos, en atención a la naturaleza de las funciones asignadas a tales órganos.

Artículo 22. Creación, modificación y supresión de órganos colegiados.

1. La creación de órganos colegiados de la Administración General del Estado y de sus Organismos públicos sólo requerirá de norma específica, con publicación en el «Boletín Oficial del Estado», en los casos en que se les atribuyan cualquiera de las siguientes competencias:

a) Competencias decisorias.

b) Competencias de propuesta o emisión de informes preceptivos que deban servir de base a decisiones de otros órganos administrativos.

c) Competencias de seguimiento o control de las actuaciones de otros órganos de la Administración General del Estado.

2. En los supuestos enunciados en el apartado anterior, la norma de creación deberá revestir la forma de Real Decreto en el caso de los órganos colegiados interministeriales cuyo Presidente tenga rango superior al de Director general; Orden ministerial conjunta para los restantes órganos colegiados interministeriales, y Orden ministerial para los de este carácter.

3. En todos los supuestos no comprendidos en el apartado 1 de este artículo, los órganos colegiados tendrán el carácter de grupos o comisiones de trabajo y podrán ser creados por Acuerdo del Consejo de Ministros o por los Ministerios interesados. Sus acuerdos no podrán tener efectos directos frente a terceros.

4. La modificación y supresión de los órganos colegiados y de los grupos o comisiones de trabajo de la Administración General del Estado y de los Organismos públicos se llevará a cabo en la misma forma dispuesta para su creación, salvo que ésta hubiera fijado plazo previsto para su extinción, en cuyo caso ésta se producirá automáticamente en la fecha señalada al efecto.

Sección 4.ª Abstención y recusación

Artículo 23. Abstención.

1. Las autoridades y el personal al servicio de las Administraciones en quienes se den algunas de las circunstancias señaladas en el apartado siguiente se abstendrán de intervenir en el procedimiento y lo comunicarán a su superior inmediato, quien resolverá lo procedente.

2. Son motivos de abstención los siguientes:

a) Tener interés personal en el asunto de que se trate o en otro en cuya resolución pudiera influir la de aquél; ser administrador de sociedad o entidad interesada, o tener cuestión litigiosa pendiente con algún interesado.

b) Tener un vínculo matrimonial o situación de hecho asimilable y el parentesco de consanguinidad dentro del cuarto grado o de afinidad dentro del segundo, con cualquiera de los interesados, con los administradores de entidades o sociedades interesadas y también con los asesores, representantes legales o mandatarios que intervengan en el procedimiento, así como compartir despacho profesional o estar asociado con éstos para el asesoramiento, la representación o el mandato.

c) Tener amistad íntima o enemistad manifiesta con alguna de las personas mencionadas en el apartado anterior.

d) Haber intervenido como perito o como testigo en el procedimiento de que se trate.

e) Tener relación de servicio con persona natural o jurídica interesada directamente en el asunto, o haberle prestado en los dos últimos años servicios profesionales de cualquier tipo y en cualquier circunstancia o lugar.

3. Los órganos jerárquicamente superiores a quien se encuentre en alguna de las circunstancias señaladas en el punto anterior podrán ordenarle que se abstengan de toda intervención en el expediente.

4. La actuación de autoridades y personal al servicio de las Administraciones Públicas en los que concurran motivos de abstención no implicará, necesariamente, y en todo caso, la invalidez de los actos en que hayan intervenido.

5. La no abstención en los casos en que concurra alguna de esas circunstancias dará lugar a la responsabilidad que proceda.

Artículo 24. Recusación.

1. En los casos previstos en el artículo anterior, podrá promoverse recusación por los interesados en cualquier momento de la tramitación del procedimiento.

2. La recusación se planteará por escrito en el que se expresará la causa o causas en que se funda.

3. En el día siguiente el recusado manifestará a su inmediato superior si se da o no en él la causa alegada. En el primer caso, si el superior aprecia la concurrencia de la causa de recusación, acordará su sustitución acto seguido.

4. Si el recusado niega la causa de recusación, el superior resolverá en el plazo de tres días, previos los informes y comprobaciones que considere oportunos.

5. Contra las resoluciones adoptadas en esta materia no cabrá recurso, sin perjuicio de la posibilidad de alegar la recusación al interponer el recurso que proceda contra el acto que ponga fin al procedimiento.

CAPÍTULO III

Principios de la potestad sancionadora

Artículo 25. Principio de legalidad.

1. La potestad sancionadora de las Administraciones Públicas se ejercerá cuando haya sido expresamente reconocida por una norma con rango de Ley, con aplicación del procedimiento previsto para su ejercicio y de acuerdo con lo establecido en esta Ley y en la Ley de Procedimiento Administrativo Común de las Administraciones Públicas y, cuando se trate de Entidades Locales, de conformidad con lo dispuesto en el Título XI de la Ley 7/1985, de 2 de abril.

2. El ejercicio de la potestad sancionadora corresponde a los órganos administrativos que la tengan expresamente atribuida, por disposición de rango legal o reglamentario.

3. Las disposiciones de este Capítulo serán extensivas al ejercicio por las Administraciones Públicas de su potestad disciplinaria respecto del personal a su servicio, cualquiera que sea la naturaleza jurídica de la relación de empleo.

4. Las disposiciones de este capítulo no serán de aplicación al ejercicio por las Administraciones Públicas de la potestad sancionadora respecto de quienes estén vinculados a ellas por relaciones reguladas por la legislación de contratos del sector público o por la legislación patrimonial de las Administraciones Públicas.

Artículo 26. Irretroactividad.

1. Serán de aplicación las disposiciones sancionadoras vigentes en el momento de producirse los hechos que constituyan infracción administrativa.

2. Las disposiciones sancionadoras producirán efecto retroactivo en cuanto favorezcan al presunto infractor o al infractor, tanto en lo

referido a la tipificación de la infracción como a la sanción y a sus plazos de prescripción, incluso respecto de las sanciones pendientes de cumplimiento al entrar en vigor la nueva disposición.

Artículo 27. Principio de tipicidad.

1. Sólo constituyen infracciones administrativas las vulneraciones del ordenamiento jurídico previstas como tales infracciones por una Ley, sin perjuicio de lo dispuesto para la Administración Local en el Título XI de la Ley 7/1985, de 2 de abril.

Las infracciones administrativas se clasificarán por la Ley en leves, graves y muy graves.

2. Únicamente por la comisión de infracciones administrativas podrán imponerse sanciones que, en todo caso, estarán delimitadas por la Ley.

3. Las disposiciones reglamentarias de desarrollo podrán introducir especificaciones o graduaciones al cuadro de las infracciones o sanciones establecidas legalmente que, sin constituir nuevas infracciones o sanciones, ni alterar la naturaleza o límites de las que la Ley contempla, contribuyan a la más correcta identificación de las conductas o a la más precisa determinación de las sanciones correspondientes.

4. Las normas definidoras de infracciones y sanciones no serán susceptibles de aplicación analógica.

Artículo 28. Responsabilidad.

1. Sólo podrán ser sancionadas por hechos constitutivos de infracción administrativa las personas físicas y jurídicas, así como, cuando una Ley les reconozca capacidad de obrar, los grupos de afectados, las uniones y entidades sin personalidad jurídica y los patrimonios independientes o autónomos, que resulten responsables de los mismos a título de dolo o culpa.

2. Las responsabilidades administrativas que se deriven de la comisión de una infracción serán compatibles con la exigencia al infractor de la reposición de la situación alterada por el mismo a su estado originario, así como con la indemnización por los daños y perjuicios causados, que será determinada y exigida por el órgano al que corresponda el ejercicio de la potestad sancionadora. De no satisfacerse la indemnización en el plazo que al efecto se determine en función de su cuantía, se procederá en la forma prevista en el artículo 101 de la Ley del Procedimiento Administrativo Común de las Administraciones Públicas.

3. Cuando el cumplimiento de una obligación establecida por una norma con rango de Ley corresponda a varias personas

conjuntamente, responderán de forma solidaria de las infracciones que, en su caso, se cometan y de las sanciones que se impongan. No obstante, cuando la sanción sea pecuniaria y sea posible se individualizará en la resolución en función del grado de participación de cada responsable.

4. Las leyes reguladoras de los distintos regímenes sancionadores podrán tipificar como infracción el incumplimiento de la obligación de prevenir la comisión de infracciones administrativas por quienes se hallen sujetos a una relación de dependencia o vinculación. Asimismo, podrán prever los supuestos en que determinadas personas responderán del pago de las sanciones pecuniarias impuestas a quienes de ellas dependan o estén vinculadas.

Artículo 29. Principio de proporcionalidad.

1. Las sanciones administrativas, sean o no de naturaleza pecuniaria, en ningún caso podrán implicar, directa o subsidiariamente, privación de libertad.

2. El establecimiento de sanciones pecuniarias deberá prever que la comisión de las infracciones tipificadas no resulte más beneficioso para el infractor que el cumplimiento de las normas infringidas.

3. En la determinación normativa del régimen sancionador, así como en la imposición de sanciones por las Administraciones Públicas se deberá observar la debida idoneidad y necesidad de la sanción a imponer y su adecuación a la gravedad del hecho constitutivo de la infracción. La graduación de la sanción considerará especialmente los siguientes criterios:

a) El grado de culpabilidad o la existencia de intencionalidad.

b) La continuidad o persistencia en la conducta infractora.

c) La naturaleza de los perjuicios causados.

d) La reincidencia, por comisión en el término de un año de más de una infracción de la misma naturaleza cuando así haya sido declarado por resolución firme en vía administrativa.

4. Cuando lo justifique la debida adecuación entre la sanción que deba aplicarse con la gravedad del hecho constitutivo de la infracción y las circunstancias concurrentes, el órgano competente para resolver podrá imponer la sanción en el grado inferior.

5. Cuando de la comisión de una infracción derive necesariamente la comisión de otra u otras, se deberá imponer únicamente la sanción correspondiente a la infracción más grave cometida.

6. Será sancionable, como infracción continuada, la realización de una pluralidad de acciones u omisiones que infrinjan el mismo o

semejantes preceptos administrativos, en ejecución de un plan preconcebido o aprovechando idéntica ocasión.

Artículo 30. Prescripción.

1. Las infracciones y sanciones prescribirán según lo dispuesto en las leyes que las establezcan. Si éstas no fijan plazos de prescripción, las infracciones muy graves prescribirán a los tres años, las graves a los dos años y las leves a los seis meses; las sanciones impuestas por faltas muy graves prescribirán a los tres años, las impuestas por faltas graves a los dos años y las impuestas por faltas leves al año.

2. El plazo de prescripción de las infracciones comenzará a contarse desde el día en que la infracción se hubiera cometido. En el caso de infracciones continuadas o permanentes, el plazo comenzará a correr desde que finalizó la conducta infractora.

Interrumpirá la prescripción la iniciación, con conocimiento del interesado, de un procedimiento administrativo de naturaleza sancionadora, reiniciándose el plazo de prescripción si el expediente sancionador estuviera paralizado durante más de un mes por causa no imputable al presunto responsable.

3. El plazo de prescripción de las sanciones comenzará a contarse desde el día siguiente a aquel en que sea ejecutable la resolución por la que se impone la sanción o haya transcurrido el plazo para recurrirla.

Interrumpirá la prescripción la iniciación, con conocimiento del interesado, del procedimiento de ejecución, volviendo a transcurrir el plazo si aquél está paralizado durante más de un mes por causa no imputable al infractor.

En el caso de desestimación presunta del recurso de alzada interpuesto contra la resolución por la que se impone la sanción, el plazo de prescripción de la sanción comenzará a contarse desde el día siguiente a aquel en que finalice el plazo legalmente previsto para la resolución de dicho recurso.

Artículo 31. Concurrencia de sanciones.

1. No podrán sancionarse los hechos que lo hayan sido penal o administrativamente, en los casos en que se aprecie identidad del sujeto, hecho y fundamento.

2. Cuando un órgano de la Unión Europea hubiera impuesto una sanción por los mismos hechos, y siempre que no concurra la identidad de sujeto y fundamento, el órgano competente para resolver deberá tenerla en cuenta a efectos de graduar la que, en su caso, deba imponer, pudiendo minorarla, sin perjuicio de declarar la

comisión de la infracción.

CAPÍTULO IV

De la responsabilidad patrimonial de las Administraciones Públicas

Sección 1.ª Responsabilidad patrimonial de las Administraciones Públicas

Artículo 32. Principios de la responsabilidad.

1. Los particulares tendrán derecho a ser indemnizados por las Administraciones Públicas correspondientes, de toda lesión que sufran en cualquiera de sus bienes y derechos, siempre que la lesión sea consecuencia del funcionamiento normal o anormal de los servicios públicos salvo en los casos de fuerza mayor o de daños que el particular tenga el deber jurídico de soportar de acuerdo con la Ley.

La anulación en vía administrativa o por el orden jurisdiccional contencioso administrativo de los actos o disposiciones administrativas no presupone, por sí misma, derecho a la indemnización.

2. En todo caso, el daño alegado habrá de ser efectivo, evaluable económicamente e individualizado con relación a una persona o grupo de personas.

3. Asimismo, los particulares tendrán derecho a ser indemnizados por las Administraciones Públicas de toda lesión que sufran en sus bienes y derechos como consecuencia de la aplicación de actos legislativos de naturaleza no expropiatoria de derechos que no tengan el deber jurídico de soportar cuando así se establezca en los propios actos legislativos y en los términos que en ellos se especifiquen.

La responsabilidad del Estado legislador podrá surgir también en los siguientes supuestos, siempre que concurran los requisitos previstos en los apartados anteriores:

a) Cuando los daños deriven de la aplicación de una norma con rango de ley declarada inconstitucional, siempre que concurran los requisitos del apartado 4.

b) Cuando los daños deriven de la aplicación de una norma contraria al Derecho de la Unión Europea, de acuerdo con lo dispuesto en el apartado 5.

4. Si la lesión es consecuencia de la aplicación de una norma con rango de ley declarada inconstitucional, procederá su indemnización

cuando el particular haya obtenido, en cualquier instancia, sentencia firme desestimatoria de un recurso contra la actuación administrativa que ocasionó el daño, siempre que se hubiera alegado la inconstitucionalidad posteriormente declarada.

5. Si la lesión es consecuencia de la aplicación de una norma declarada contraria al Derecho de la Unión Europea, procederá su indemnización cuando el particular haya obtenido, en cualquier instancia, sentencia firme desestimatoria de un recurso contra la actuación administrativa que ocasionó el daño, siempre que se hubiera alegado la infracción del Derecho de la Unión Europea posteriormente declarada. Asimismo, deberán cumplirse todos los requisitos siguientes:

a) La norma ha de tener por objeto conferir derechos a los particulares.

b) El incumplimiento ha de estar suficientemente caracterizado.

c) Ha de existir una relación de causalidad directa entre el incumplimiento de la obligación impuesta a la Administración responsable por el Derecho de la Unión Europea y el daño sufrido por los particulares.

6. La sentencia que declare la inconstitucionalidad de la norma con rango de ley o declare el carácter de norma contraria al Derecho de la Unión Europea producirá efectos desde la fecha de su publicación en el «Boletín Oficial del Estado» o en el «Diario Oficial de la Unión Europea», según el caso, salvo que en ella se establezca otra cosa.

7. La responsabilidad patrimonial del Estado por el funcionamiento de la Administración de Justicia se regirá por la Ley Orgánica 6/1985, de 1 de julio, del Poder Judicial.

8. El Consejo de Ministros fijará el importe de las indemnizaciones que proceda abonar cuando el Tribunal Constitucional haya declarado, a instancia de parte interesada, la existencia de un funcionamiento anormal en la tramitación de los recursos de amparo o de las cuestiones de inconstitucionalidad.

El procedimiento para fijar el importe de las indemnizaciones se tramitará por el Ministerio de Justicia, con audiencia al Consejo de Estado.

9. Se seguirá el procedimiento previsto en la Ley de Procedimiento Administrativo Común de las Administraciones Públicas para determinar la responsabilidad de las Administraciones Públicas por los daños y perjuicios causados a terceros durante la ejecución de contratos cuando sean consecuencia de una orden inmediata y directa de la Administración o de los vicios del proyecto elaborado por ella misma sin perjuicio de las especialidades que, en su

caso establezca el Real Decreto Legislativo 3/2011, de 14 de noviembre, por el que se aprueba el texto refundido de la Ley de Contratos del Sector Público.

Artículo 33. Responsabilidad concurrente de las Administraciones Públicas.

1. Cuando de la gestión dimanante de fórmulas conjuntas de actuación entre varias Administraciones públicas se derive responsabilidad en los términos previstos en la presente Ley, las Administraciones intervinientes responderán frente al particular, en todo caso, de forma solidaria. El instrumento jurídico regulador de la actuación conjunta podrá determinar la distribución de la responsabilidad entre las diferentes Administraciones públicas.

2. En otros supuestos de concurrencia de varias Administraciones en la producción del daño, la responsabilidad se fijará para cada Administración atendiendo a los criterios de competencia, interés público tutelado e intensidad de la intervención. La responsabilidad será solidaria cuando no sea posible dicha determinación.

3. En los casos previstos en el apartado primero, la Administración competente para incoar, instruir y resolver los procedimientos en los que exista una responsabilidad concurrente de varias Administraciones Públicas, será la fijada en los Estatutos o reglas de la organización colegiada. En su defecto, la competencia vendrá atribuida a la Administración Pública con mayor participación en la financiación del servicio.

4. Cuando se trate de procedimientos en materia de responsabilidad patrimonial, la Administración Pública competente a la que se refiere el apartado anterior, deberá consultar a las restantes Administraciones implicadas para que, en el plazo de quince días, éstas puedan exponer cuanto consideren procedente.

Artículo 34. Indemnización.

1. Sólo serán indemnizables las lesiones producidas al particular provenientes de daños que éste no tenga el deber jurídico de soportar de acuerdo con la Ley. No serán indemnizables los daños que se deriven de hechos o circunstancias que no se hubiesen podido prever o evitar según el estado de los conocimientos de la ciencia o de la técnica existentes en el momento de producción de aquéllos, todo ello sin perjuicio de las prestaciones asistenciales o económicas que las leyes puedan establecer para estos casos.

En los casos de responsabilidad patrimonial a los que se refiere los apartados 4 y 5 del artículo 32, serán indemnizables los daños producidos en el plazo de los cinco años anteriores a la fecha de la publicación de la sentencia que declare la inconstitucionalidad de la norma con rango de ley o el carácter de norma contraria al Derecho de la Unión Europea, salvo que la sentencia disponga otra cosa.

2. La indemnización se calculará con arreglo a los criterios de valoración establecidos en la legislación fiscal, de expropiación forzosa y demás normas aplicables, ponderándose, en su caso, las valoraciones predominantes en el mercado. En los casos de muerte o lesiones corporales se podrá tomar como referencia la valoración incluida en los baremos de la normativa vigente en materia de Seguros obligatorios y de la Seguridad Social.

3. La cuantía de la indemnización se calculará con referencia al día en que la lesión efectivamente se produjo, sin perjuicio de su actualización a la fecha en que se ponga fin al procedimiento de responsabilidad con arreglo al Índice de Garantía de la Competitividad, fijado por el Instituto Nacional de Estadística, y de los intereses que procedan por demora en el pago de la indemnización fijada, los cuales se exigirán con arreglo a lo establecido en la Ley 47/2003, de 26 de noviembre, General Presupuestaria, o, en su caso, a las normas presupuestarias de las Comunidades Autónomas.

4. La indemnización procedente podrá sustituirse por una compensación en especie o ser abonada mediante pagos periódicos, cuando resulte más adecuado para lograr la reparación debida y convenga al interés público, siempre que exista acuerdo con el interesado.

Artículo 35. Responsabilidad de Derecho Privado.

Cuando las Administraciones Públicas actúen, directamente o a través de una entidad de derecho privado, en relaciones de esta naturaleza, su responsabilidad se exigirá de conformidad con lo previsto en los artículos 32 y siguientes, incluso cuando concurra con sujetos de derecho privado o la responsabilidad se exija directamente a la entidad de derecho privado a través de la cual actúe la Administración o a la entidad que cubra su responsabilidad.

Sección 2.ª Responsabilidad de las autoridades y personal al servicio de las Administraciones Públicas

Artículo 36. Exigencia de la responsabilidad patrimonial de las autoridades y personal al servicio de las Administraciones Públicas.

1. Para hacer efectiva la responsabilidad patrimonial a que se

refiere esta Ley, los particulares exigirán directamente a la Administración Pública correspondiente las indemnizaciones por los daños y perjuicios causados por las autoridades y personal a su servicio.

2. La Administración correspondiente, cuando hubiere indemnizado a los lesionados, exigirá de oficio en vía administrativa de sus autoridades y demás personal a su servicio la responsabilidad en que hubieran incurrido por dolo, o culpa o negligencia graves, previa instrucción del correspondiente procedimiento.

Para la exigencia de dicha responsabilidad y, en su caso, para su cuantificación, se ponderarán, entre otros, los siguientes criterios: el resultado dañoso producido, el grado de culpabilidad, la responsabilidad profesional del personal al servicio de las Administraciones públicas y su relación con la producción del resultado dañoso.

3. Asimismo, la Administración instruirá igual procedimiento a las autoridades y demás personal a su servicio por los daños y perjuicios causados en sus bienes o derechos cuando hubiera concurrido dolo, o culpa o negligencia graves.

4. El procedimiento para la exigencia de la responsabilidad al que se refieren los apartados 2 y 3, se sustanciará conforme a lo dispuesto en la Ley de Procedimiento Administrativo Común de las Administraciones Públicas y se iniciará por acuerdo del órgano competente que se notificará a los interesados y que constará, al menos, de los siguientes trámites:

a) Alegaciones durante un plazo de quince días.

b) Práctica de las pruebas admitidas y cualesquiera otras que el órgano competente estime oportunas durante un plazo de quince días.

c) Audiencia durante un plazo de diez días.

d) Formulación de la propuesta de resolución en un plazo de cinco días a contar desde la finalización del trámite de audiencia.

e) Resolución por el órgano competente en el plazo de cinco días.

5. La resolución declaratoria de responsabilidad pondrá fin a la vía administrativa.

6. Lo dispuesto en los apartados anteriores, se entenderá sin perjuicio de pasar, si procede, el tanto de culpa a los Tribunales competentes.

Artículo 37. Responsabilidad penal.

1. La responsabilidad penal del personal al servicio de las

Administraciones Públicas, así como la responsabilidad civil derivada del delito se exigirá de acuerdo con lo previsto en la legislación correspondiente.

2. La exigencia de responsabilidad penal del personal al servicio de las Administraciones Públicas no suspenderá los procedimientos de reconocimiento de responsabilidad patrimonial que se instruyan, salvo que la determinación de los hechos en el orden jurisdiccional penal sea necesaria para la fijación de la responsabilidad patrimonial.

CAPÍTULO V

Funcionamiento electrónico del sector público

Artículo 38. La sede electrónica.

1. La sede electrónica es aquella dirección electrónica, disponible para los ciudadanos a través de redes de telecomunicaciones, cuya titularidad corresponde a una Administración Pública, o bien a una o varios organismos públicos o entidades de Derecho Público en el ejercicio de sus competencias.

2. El establecimiento de una sede electrónica conlleva la responsabilidad del titular respecto de la integridad, veracidad y actualización de la información y los servicios a los que pueda accederse a través de la misma.

3. Cada Administración Pública determinará las condiciones e instrumentos de creación de las sedes electrónicas, con sujeción a los principios de transparencia, publicidad, responsabilidad, calidad, seguridad, disponibilidad, accesibilidad, neutralidad e interoperabilidad. En todo caso deberá garantizarse la identificación del órgano titular de la sede, así como los medios disponibles para la formulación de sugerencias y quejas.

4. Las sedes electrónicas dispondrán de sistemas que permitan el establecimiento de comunicaciones seguras siempre que sean necesarias.

5. La publicación en las sedes electrónicas de informaciones, servicios y transacciones respetará los principios de accesibilidad y uso de acuerdo con las normas establecidas al respecto, estándares abiertos y, en su caso, aquellos otros que sean de uso generalizado por los ciudadanos.

6. Las sedes electrónicas utilizarán, para identificarse y garantizar una comunicación segura con las mismas, certificados reconocidos o cualificados de autenticación de sitio web o medio equivalente.

Artículo 39. Portal de internet.

Se entiende por portal de internet el punto de acceso electrónico cuya titularidad corresponda a una Administración Pública, organismo público o entidad de Derecho Público que permite el acceso a través de internet a la información publicada y, en su caso, a la sede electrónica correspondiente.

Artículo 40. Sistemas de identificación de las Administraciones Públicas.

1. Las Administraciones Públicas podrán identificarse mediante el uso de un sello electrónico basado en un certificado electrónico reconocido o cualificado que reúna los requisitos exigidos por la legislación de firma electrónica. Estos certificados electrónicos incluirán el número de identificación fiscal y la denominación correspondiente, así como, en su caso, la identidad de la persona titular en el caso de los sellos electrónicos de órganos administrativos. La relación de sellos electrónicos utilizados por cada Administración Pública, incluyendo las características de los certificados electrónicos y los prestadores que los expiden, deberá ser pública y accesible por medios electrónicos. Además, cada Administración Pública adoptará las medidas adecuadas para facilitar la verificación de sus sellos electrónicos.

2. Se entenderá identificada la Administración Pública respecto de la información que se publique como propia en su portal de internet.

Artículo 41. Actuación administrativa automatizada.

1. Se entiende por actuación administrativa automatizada, cualquier acto o actuación realizada íntegramente a través de medios electrónicos por una Administración Pública en el marco de un procedimiento administrativo y en la que no haya intervenido de forma directa un empleado público.

2. En caso de actuación administrativa automatizada deberá establecerse previamente el órgano u órganos competentes, según los casos, para la definición de las especificaciones, programación, mantenimiento, supervisión y control de calidad y, en su caso, auditoría del sistema de información y de su código fuente. Asimismo, se indicará el órgano que debe ser considerado responsable a efectos de impugnación.

Artículo 42. Sistemas de firma para la actuación administrativa automatizada.

En el ejercicio de la competencia en la actuación administrativa automatizada, cada Administración Pública podrá determinar los supuestos de utilización de los siguientes sistemas de firma electrónica:

a) Sello electrónico de Administración Pública, órgano, organismo público o entidad de derecho público, basado en certificado electrónico reconocido o cualificado que reúna los requisitos exigidos por la legislación de firma electrónica.

b) Código seguro de verificación vinculado a la Administración Pública, órgano, organismo público o entidad de Derecho Público, en los términos y condiciones establecidos, permitiéndose en todo caso la comprobación de la integridad del documento mediante el acceso a la sede electrónica correspondiente.

Artículo 43. Firma electrónica del personal al servicio de las Administraciones Públicas.

1. Sin perjuicio de lo previsto en los artículos 38, 41 y 42, la actuación de una Administración Pública, órgano, organismo público o entidad de derecho público, cuando utilice medios electrónicos, se realizará mediante firma electrónica del titular del órgano o empleado público.

2. Cada Administración Pública determinará los sistemas de firma electrónica que debe utilizar su personal, los cuales podrán identificar de forma conjunta al titular del puesto de trabajo o cargo y a la Administración u órgano en la que presta sus servicios. Por razones de seguridad pública los sistemas de firma electrónica podrán referirse sólo el número de identificación profesional del empleado público.

Artículo 44. Intercambio electrónico de datos en entornos cerrados de comunicación.

1. Los documentos electrónicos transmitidos en entornos cerrados de comunicaciones establecidos entre Administraciones Públicas, órganos, organismos públicos y entidades de derecho público, serán considerados válidos a efectos de autenticación e identificación de los emisores y receptores en las condiciones establecidas en este artículo.

2. Cuando los participantes en las comunicaciones pertenezcan a una misma Administración Pública, ésta determinará las condiciones y garantías por las que se regirá que, al menos, comprenderá la relación de emisores y receptores autorizados y la naturaleza de los datos a intercambiar.

3. Cuando los participantes pertenezcan a distintas Administraciones, las condiciones y garantías citadas en el apartado anterior se establecerán mediante convenio suscrito entre aquellas.

4. En todo caso deberá garantizarse la seguridad del entorno cerrado de comunicaciones y la protección de los datos que se transmitan.

Artículo 45. Aseguramiento e interoperabilidad de la firma electrónica.

1. Las Administraciones Públicas podrán determinar los trámites e informes que incluyan firma electrónica reconocida o cualificada y avanzada basada en certificados electrónicos reconocidos o cualificados de firma electrónica.

2. Con el fin de favorecer la interoperabilidad y posibilitar la verificación automática de la firma electrónica de los documentos electrónicos, cuando una Administración utilice sistemas de firma electrónica distintos de aquellos basados en certificado electrónico reconocido o cualificado, para remitir o poner a disposición de otros órganos, organismos públicos, entidades de Derecho Público o Administraciones la documentación firmada electrónicamente, podrá superponer un sello electrónico basado en un certificado electrónico reconocido o cualificado.

Artículo 46. Archivo electrónico de documentos.

1. Todos los documentos utilizados en las actuaciones administrativas se almacenarán por medios electrónicos, salvo cuando no sea posible.

2. Los documentos electrónicos que contengan actos administrativos que afecten a derechos o intereses de los particulares deberán conservarse en soportes de esta naturaleza, ya sea en el mismo formato a partir del que se originó el documento o en otro cualquiera que asegure la identidad e integridad de la información necesaria para reproducirlo. Se asegurará en todo caso la posibilidad de trasladar los datos a otros formatos y soportes que garanticen el acceso desde diferentes aplicaciones.

3. Los medios o soportes en que se almacenen documentos, deberán contar con medidas de seguridad, de acuerdo con lo previsto en el Esquema Nacional de Seguridad, que garanticen la integridad, autenticidad, confidencialidad, calidad, protección y conservación de los documentos almacenados. En particular, asegurarán la identificación de los usuarios y el control de accesos, el cumplimiento de las garantías previstas en la legislación de protección de datos, así como la recuperación y conservación a largo plazo de los documentos electrónicos producidos por las Administraciones Públicas que así lo requieran, de acuerdo con las especificaciones sobre el ciclo de vida de los servicios y sistemas utilizados.

CAPÍTULO VI

De los convenios

Artículo 47. Definición y tipos de convenios.

1. Son convenios los acuerdos con efectos jurídicos adoptados por las Administraciones Públicas, los organismos públicos y entidades de derecho público vinculados o dependientes o las Universidades públicas entre sí o con sujetos de derecho privado para un fin común.

No tienen la consideración de convenios, los Protocolos Generales de Actuación o instrumentos similares que comporten meras declaraciones de intención de contenido general o que expresen la voluntad de las Administraciones y partes suscriptoras para actuar con un objetivo común, siempre que no supongan la formalización de compromisos jurídicos concretos y exigibles.

Los convenios no podrán tener por objeto prestaciones propias de los contratos. En tal caso, su naturaleza y régimen jurídico se ajustará a lo previsto en la legislación de contratos del sector público.

2. Los convenios que suscriban las Administraciones Públicas, los organismos públicos y las entidades de derecho público vinculados o dependientes y las Universidades públicas, deberán corresponder a alguno de los siguientes tipos:

a) Convenios interadministrativos firmados entre dos o más Administraciones Públicas, o bien entre dos o más organismos públicos o entidades de derecho público vinculados o dependientes de distintas Administraciones públicas, y que podrán incluir la utilización de medios, servicios y recursos de otra Administración Pública, organismo público o entidad de derecho público vinculado o dependiente, para el ejercicio de competencias propias o delegadas.

Quedan excluidos los convenios interadministrativos suscritos entre dos o más Comunidades Autónomas para la gestión y prestación de servicios propios de las mismas, que se regirán en cuanto a sus supuestos, requisitos y términos por lo previsto en sus respectivos Estatutos de autonomía.

b) Convenios intradministrativos firmados entre organismos públicos y entidades de derecho público vinculados o dependientes de una misma Administración Pública.

c) Convenios firmados entre una Administración Pública u organismo o entidad de derecho público y un sujeto de Derecho privado.

d) Convenios no constitutivos ni de Tratado internacional, ni de Acuerdo internacional administrativo, ni de Acuerdo internacional no normativo, firmados entre las Administraciones Públicas y los órganos, organismos públicos o entes de un sujeto de Derecho internacional, que estarán sometidos al ordenamiento jurídico interno que determinen las partes.

Artículo 48. Requisitos de validez y eficacia de los convenios.

1. Las Administraciones Públicas, sus organismos públicos y entidades de derecho público vinculados o dependientes y las Universidades públicas, en el ámbito de sus respectivas competencias, podrán suscribir convenios con sujetos de derecho público y privado, sin que ello pueda suponer cesión de la titularidad de la competencia.

2. En el ámbito de la Administración General del Estado y sus organismos públicos y entidades de derecho público vinculados o dependientes, podrán celebrar convenios los titulares de los Departamentos Ministeriales y los Presidentes o Directores de las dichas entidades y organismos públicos.

3. La suscripción de convenios deberá mejorar la eficiencia de la gestión pública, facilitar la utilización conjunta de medios y servicios públicos, contribuir a la realización de actividades de utilidad pública y cumplir con la legislación de estabilidad presupuestaria y sostenibilidad financiera.

4. La gestión, justificación y resto de actuaciones relacionadas con los gastos derivados de los convenios que incluyan compromisos financieros para la Administración Pública o cualquiera de sus organismos públicos o entidades de derecho público vinculados o dependientes que lo suscriban, así como con los fondos comprometidos en virtud de dichos convenios, se ajustarán a lo dispuesto en la legislación presupuestaria.

5. Los convenios que incluyan compromisos financieros deberán ser financieramente sostenibles, debiendo quienes los suscriban tener capacidad para financiar los asumidos durante la vigencia del convenio.

6. Las aportaciones financieras que se comprometan a realizar los firmantes no podrán ser superiores a los gastos derivados de la ejecución del convenio.

7. Cuando el convenio instrumente una subvención deberá cumplir con lo previsto en la Ley 38/2003, de 17 de noviembre, General de Subvenciones y en la normativa autonómica de desarrollo que, en su caso, resulte aplicable.

Asimismo, cuando el convenio tenga por objeto la delegación de competencias en una Entidad Local, deberá cumplir con lo dispuesto en Ley 7/1985, de 2 de abril, Reguladora de las Bases del Régimen Local.

8. Los convenios se perfeccionan por la prestación del consentimiento de las partes.

Los convenios suscritos por la Administración General del Estado o alguno de sus organismos públicos o entidades de derecho público vinculados o dependientes resultarán eficaces una vez inscritos en el Registro Electrónico estatal de Órganos e Instrumentos de Cooperación del sector público estatal, al que se refiere la disposición adicional séptima y publicados en el «Boletín Oficial del Estado». Previamente y con carácter facultativo, se podrán publicar en el Boletín Oficial de la Comunidad Autónoma o de la provincia, que corresponda a la otra Administración firmante.

9. Las normas del presente Capítulo no serán de aplicación a las encomiendas de gestión y los acuerdos de terminación convencional de los procedimientos administrativos.

Artículo 49. Contenido de los convenios.

Los convenios a los que se refiere el apartado 1 del artículo anterior deberán incluir, al menos, las siguientes materias:

a) Sujetos que suscriben el convenio y la capacidad jurídica con que actúa cada una de las partes.

b) La competencia en la que se fundamenta la actuación de la Administración Pública, de los organismos públicos y las entidades de derecho público vinculados o dependientes de ella o de las Universidades públicas.

c) Objeto del convenio y actuaciones a realizar por cada sujeto para su cumplimiento, indicando, en su caso, la titularidad de los resultados obtenidos.

d) Obligaciones y compromisos económicos asumidos por cada una de las partes, si los hubiera, indicando su distribución temporal por anualidades y su imputación concreta al presupuesto correspondiente de acuerdo con lo previsto en la legislación presupuestaria.

e) Consecuencias aplicables en caso de incumplimiento de las obligaciones y compromisos asumidos por cada una de las partes y, en su caso, los criterios para determinar la posible indemnización por el incumplimiento.

f) Mecanismos de seguimiento, vigilancia y control de la ejecución del convenio y de los compromisos adquiridos por los firmantes. Este mecanismo resolverá los problemas de interpretación y cumplimiento que puedan plantearse respecto de los convenios.

g) El régimen de modificación del convenio. A falta de regulación expresa la modificación del contenido del convenio requerirá acuerdo unánime de los firmantes.

h) Plazo de vigencia del convenio teniendo en cuenta las siguientes reglas:

1.º Los convenios deberán tener una duración determinada, que no podrá ser superior a cuatro años, salvo que normativamente se prevea un plazo superior.

2.º En cualquier momento antes de la finalización del plazo previsto en el apartado anterior, los firmantes del convenio podrán acordar unánimemente su prórroga por un periodo de hasta cuatro años adicionales o su extinción.

En el caso de convenios suscritos por la Administración General del Estado o alguno de sus organismos públicos y entidades de derecho público vinculados o dependientes, esta prórroga deberá ser comunicada al Registro Electrónico estatal de Órganos e Instrumentos de Cooperación al que se refiere la disposición adicional séptima.

Artículo 50. Trámites preceptivos para la suscripción de convenios y sus efectos.

1. Sin perjuicio de las especialidades que la legislación autonómica pueda prever, será necesario que el convenio se acompañe de una memoria justificativa donde se analice su necesidad y oportunidad, su impacto económico, el carácter no contractual de la actividad en cuestión, así como el cumplimiento de lo previsto en esta Ley.

2. Los convenios que suscriba la Administración General del Estado o sus organismos públicos y entidades de derecho público vinculados o dependientes se acompañarán además de:

a) El informe de su servicio jurídico. No será necesario solicitar este informe cuando el convenio se ajuste a un modelo normalizado informado previamente por el servicio jurídico que corresponda.

b) Cualquier otro informe preceptivo que establezca la normativa aplicable.

c) La autorización previa del Ministerio de Hacienda y Administraciones Públicas para su firma, modificación, prórroga y resolución por mutuo acuerdo entre las partes.

d) Cuando los convenios plurianuales suscritos entre Administraciones Públicas incluyan aportaciones de fondos por parte del Estado para financiar actuaciones a ejecutar exclusivamente por parte de otra Administración Pública y el Estado asuma, en el ámbito de sus competencias, los compromisos frente a terceros, la aportación del Estado de anualidades futuras estará condicionada a la existencia de crédito en los correspondientes presupuestos.

e) Los convenios interadministrativos suscritos con las Comunidades Autónomas, serán remitidos al Senado por el Ministerio de Hacienda y Administraciones Públicas.

Artículo 51. Extinción de los convenios.

1. Los convenios se extinguen por el cumplimiento de las actuaciones que constituyen su objeto o por incurrir en causa de resolución.

2. Son causas de resolución:

a) El transcurso del plazo de vigencia del convenio sin haberse acordado la prórroga del mismo.

b) El acuerdo unánime de todos los firmantes.

c) El incumplimiento de las obligaciones y compromisos asumidos por parte de alguno de los firmantes.

En este caso, cualquiera de las partes podrá notificar a la parte incumplidora un requerimiento para que cumpla en un determinado plazo con las obligaciones o compromisos que se consideran incumplidos. Este requerimiento será comunicado al responsable del mecanismo de seguimiento, vigilancia y control de la ejecución del convenio y a las demás partes firmantes.

Si trascurrido el plazo indicado en el requerimiento persistiera el incumplimiento, la parte que lo dirigió notificará a las partes firmantes la concurrencia de la causa de resolución y se entenderá resuelto el convenio. La resolución del convenio por esta causa podrá conllevar la indemnización de los perjuicios causados si así se hubiera previsto.

d) Por decisión judicial declaratoria de la nulidad del convenio.

e) Por cualquier otra causa distinta de las anteriores prevista en el convenio o en otras leyes.

Artículo 52. Efectos de la resolución de los convenios.

1. El cumplimiento y la resolución de los convenios dará lugar a la liquidación de los mismos con el objeto de determinar las obligaciones y compromisos de cada una de las partes.

2. En el supuesto de convenios de los que deriven compromisos financieros, se entenderán cumplidos cuando su objeto se haya realizado en los términos y a satisfacción de ambas partes, de acuerdo con sus respectivas competencias, teniendo en cuenta las siguientes reglas:

a) Si de la liquidación resultara que el importe de las actuaciones ejecutadas por alguna de las partes fuera inferior a los fondos que la misma hubiera recibido del resto de partes del convenio para financiar dicha ejecución, aquella deberá reintegrar a estas el exceso que corresponda a cada una, en el plazo máximo de un mes desde que se hubiera aprobado la liquidación.

Transcurrido el plazo máximo de un mes, mencionado en el párrafo anterior, sin que se haya producido el reintegro, se deberá abonar a dichas partes, también en el plazo de un mes a contar desde ese momento, el interés de demora aplicable al citado reintegro, que será en todo caso el que resulte de las disposiciones de carácter general reguladoras del gasto público y de la actividad económico-financiera del sector público.

b) Si fuera superior, el resto de partes del convenio, en el plazo de un mes desde la aprobación de la liquidación, deberá abonar a la parte de que se trate la diferencia que corresponda a cada una de ellas, con el límite máximo de las cantidades que cada una de ellas se hubiera comprometido a aportar en virtud del convenio. En ningún caso las partes del convenio tendrán derecho a exigir al resto cuantía alguna que supere los citados límites máximos.

3. No obstante lo anterior, si cuando concurra cualquiera de las causas de resolución del convenio existen actuaciones en curso de ejecución, las partes, a propuesta de la comisión de seguimiento, vigilancia y control del convenio o, en su defecto, del responsable del mecanismo a que hace referencia la letra f) del artículo 49, podrán acordar la continuación y finalización de las actuaciones en curso que consideren oportunas, estableciendo un plazo improrrogable para su finalización, transcurrido el cual deberá realizarse la liquidación de las mismas en los términos establecidos en el apartado anterior.

Artículo 53. Remisión de convenios al Tribunal de Cuentas.

1. Dentro de los tres meses siguientes a la suscripción de cualquier convenio cuyos compromisos económicos asumidos superen los 600.000 euros, estos deberán remitirse electrónicamente al Tribunal de Cuentas u órgano externo de fiscalización de la Comunidad Autónoma, según corresponda.

2. Igualmente se comunicarán al Tribunal de Cuentas u órgano externo de fiscalización de la Comunidad Autónoma, según corresponda, las modificaciones, prórrogas o variaciones de plazos, alteración de los importes de los compromisos económicos asumidos y la extinción de los convenios indicados.

3. Lo dispuesto en los apartados anteriores se entenderá sin perjuicio de las facultades del Tribunal de Cuentas o, en su caso, de los correspondientes órganos de fiscalización externos de las Comunidades Autónomas, para reclamar cuantos datos, documentos y antecedentes estime pertinentes con relación a los contratos de

cualquier naturaleza y cuantía.

TÍTULO I

Administración General del Estado

CAPÍTULO I

Organización administrativa

Artículo 54. Principios y competencias de organización y funcionamiento de la Administración General del Estado.

1. La Administración General del Estado actúa y se organiza de acuerdo con los principios establecidos en el artículo 3, así como los de descentralización funcional y desconcentración funcional y territorial.

2. Las competencias en materia de organización administrativa, régimen de personal, procedimientos e inspección de servicios, no atribuidas específicamente conforme a una Ley a ningún otro órgano de la Administración General del Estado, ni al Gobierno, corresponderán al Ministerio de Hacienda y Administraciones Públicas.

Artículo 55. Estructura de la Administración General del Estado.

1. La organización de la Administración General del Estado responde a los principios de división funcional en Departamentos ministeriales y de gestión territorial integrada en Delegaciones del Gobierno en las Comunidades Autónomas, salvo las excepciones previstas por esta Ley.

2. La Administración General del Estado comprende:

a) La Organización Central, que integra los Ministerios y los servicios comunes.

b) La Organización Territorial.

c) La Administración General del Estado en el exterior.

3. En la organización central son órganos superiores y órganos directivos:

a) Órganos superiores:

1.º Los Ministros.

2.º Los Secretarios de Estado.

b) Órganos directivos:

1.º Los Subsecretarios y Secretarios generales.

2.º Los Secretarios generales técnicos y Directores generales.

3.º Los Subdirectores generales.

4. En la organización territorial de la Administración General del Estado son órganos directivos tanto los Delegados del Gobierno en las Comunidades Autónomas, que tendrán rango de Subsecretario, como los Subdelegados del Gobierno en las provincias, los cuales tendrán nivel de Subdirector general.

5. En la Administración General del Estado en el exterior son órganos directivos los embajadores y representantes permanentes ante Organizaciones internacionales.

6. Los órganos superiores y directivos tienen además la condición de alto cargo, excepto los Subdirectores generales y asimilados, de acuerdo con lo previsto en la Ley 3/2015, de 30 de marzo, reguladora del ejercicio del alto cargo de la Administración General del Estado.

7. Todos los demás órganos de la Administración General del Estado se encuentran bajo la dependencia o dirección de un órgano superior o directivo.

8. Los estatutos de los Organismos públicos determinarán sus respectivos órganos directivos.

9. Corresponde a los órganos superiores establecer los planes de actuación de la organización situada bajo su responsabilidad y a los órganos directivos su desarrollo y ejecución.

10. Los Ministros y Secretarios de Estado son nombrados de acuerdo con lo establecido en la Ley 50/1997, de 27 de noviembre, del Gobierno y en la Ley 3/2015, de 30 de marzo, reguladora del ejercicio del alto cargo de la Administración General del Estado.

11. Sin perjuicio de lo previsto en la Ley 3/2015, de 30 de marzo, reguladora del ejercicio del alto cargo de la Administración General del Estado, los titulares de los órganos superiores y directivos son nombrados, atendiendo a criterios de competencia profesional y experiencia, en la forma establecida en esta Ley, siendo de aplicación al desempeño de sus funciones:

a) La responsabilidad profesional, personal y directa por la gestión desarrollada.

b) La sujeción al control y evaluación de la gestión por el órgano superior o directivo competente, sin perjuicio del control establecido por la Ley General Presupuestaria.

Artículo 56. Elementos organizativos básicos.

1. Las unidades administrativas son los elementos organizativos

básicos de las estructuras orgánicas. Las unidades comprenden puestos de trabajo o dotaciones de plantilla vinculados funcionalmente por razón de sus cometidos y orgánicamente por una jefatura común. Pueden existir unidades administrativas complejas, que agrupen dos o más unidades menores.

2. Los jefes de las unidades administrativas son responsables del correcto funcionamiento de la unidad y de la adecuada ejecución de las tareas asignadas a la misma.

3. Las unidades administrativas se establecen mediante las relaciones de puestos de trabajo, que se aprobarán de acuerdo con su regulación específica, y se integran en un determinado órgano.

CAPÍTULO II

Los Ministerios y su estructura interna

Artículo 57. Los Ministerios.

1. La Administración General del Estado se organiza en Presidencia del Gobierno y en Ministerios, comprendiendo a cada uno de ellos uno o varios sectores funcionalmente homogéneos de actividad administrativa.

2. La organización en Departamentos ministeriales no obsta a la existencia de órganos superiores o directivos u Organismos públicos no integrados o dependientes, respectivamente, en la estructura general del Ministerio que con carácter excepcional se adscriban directamente al Ministro.

3. La determinación del número, la denominación y el ámbito de competencia respectivo de los Ministerios y las Secretarías de Estado se establecen mediante Real Decreto del Presidente del Gobierno.

Artículo 58. Organización interna de los Ministerios.

1. En los Ministerios pueden existir Secretarías de Estado, y Secretarías Generales, para la gestión de un sector de actividad administrativa. De ellas dependerán jerárquicamente los órganos directivos que se les adscriban.

2. Los Ministerios contarán, en todo caso, con una Subsecretaría, y dependiendo de ella una Secretaría General Técnica, para la gestión de los servicios comunes previstos en este Título.

3. Las Direcciones Generales son los órganos de gestión de una o varias áreas funcionalmente homogéneas.

4. Las Direcciones Generales se organizan en Subdirecciones Generales para la distribución de las competencias encomendadas a

aquéllas, la realización de las actividades que les son propias y la asignación de objetivos y responsabilidades. Sin perjuicio de lo anterior, podrán adscribirse directamente Subdirecciones Generales a otros órganos directivos de mayor nivel o a órganos superiores del Ministerio.

Artículo 59. Creación, modificación y supresión de órganos y unidades administrativas.

1. Las Subsecretarías, las Secretarías Generales, las Secretarías Generales Técnicas, las Direcciones Generales, las Subdirecciones Generales, y órganos similares a los anteriores se crean, modifican y suprimen por Real Decreto del Consejo de Ministros, a iniciativa del Ministro interesado y a propuesta del Ministro de Hacienda y Administraciones Públicas.

2. Los órganos de nivel inferior a Subdirección General se crean, modifican y suprimen por orden del Ministro respectivo, previa autorización del Ministro de Hacienda y Administraciones Públicas.

3. Las unidades que no tengan la consideración de órganos se crean, modifican y suprimen a través de las relaciones de puestos de trabajo.

Artículo 60. Ordenación jerárquica de los órganos ministeriales.

1. Los Ministros son los jefes superiores del Departamento y superiores jerárquicos directos de los Secretarios de Estado y Subsecretarios.

2. Los órganos directivos dependen de alguno de los anteriores y se ordenan jerárquicamente entre sí de la siguiente forma: Subsecretario, Director general y Subdirector general.

Los Secretarios generales tienen categoría de Subsecretario y los Secretarios Generales Técnicos tienen categoría de Director general.

Artículo 61. Los Ministros.

Los Ministros, como titulares del departamento sobre el que ejercen su competencia, dirigen los sectores de actividad administrativa integrados en su Ministerio, y asumen la responsabilidad inherente a dicha dirección. A tal fin, les corresponden las siguientes funciones:

a) Ejercer la potestad reglamentaria en las materias propias de su Departamento.

b) Fijar los objetivos del Ministerio, aprobar los planes de actuación del mismo y asignar los recursos necesarios para su ejecución, dentro de los límites de las dotaciones presupuestarias correspondientes.

c) Aprobar las propuestas de los estados de gastos del Ministerio, y de los presupuestos de los Organismos públicos dependientes y remitirlas al Ministerio de Hacienda y Administraciones Públicas.

d) Determinar y, en su caso, proponer la organización interna de su Ministerio, de acuerdo con las competencias que le atribuye esta Ley.

e) Evaluar la realización de los planes de actuación del Ministerio por parte de los órganos superiores y órganos directivos y ejercer el control de eficacia respecto de la actuación de dichos órganos y de los Organismos públicos dependientes, sin perjuicio de lo dispuesto en la Ley 47/2003, de 26 de noviembre, General Presupuestaria.

f) Nombrar y separar a los titulares de los órganos directivos del Ministerio y de los Organismos públicos o entidades de derecho público dependientes del mismo, cuando la competencia no esté atribuida al Consejo de Ministros a otro órgano o al propio organismo, así como elevar a aquél las propuestas de nombramientos que le estén reservadas de órganos directivos del Ministerio y de los Organismos Públicos dependientes del mismo.

g) Autorizar las comisiones de servicio con derecho a indemnización por cuantía exacta para altos cargos dependientes del Ministro.

h) Mantener las relaciones con las Comunidades Autónomas y convocar las Conferencias sectoriales y los órganos de cooperación en el ámbito de las competencias atribuidas a su Departamento.

i) Dirigir la actuación de los titulares de los órganos superiores y directivos del Ministerio, impartirles instrucciones concretas y delegarles competencias propias.

j) Revisar de oficio los actos administrativos y resolver los conflictos de atribuciones cuando les corresponda, así como plantear los que procedan con otros Ministerios.

k) Celebrar en el ámbito de su competencia, contratos y convenios, sin perjuicio de la autorización del Consejo de Ministros cuando sea preceptiva.

l) Administrar los créditos para gastos de los presupuestos del Ministerio, aprobar y comprometer los gastos que no sean de la competencia del Consejo de Ministros, aprobar las modificaciones presupuestarias que sean de su competencia, reconocer las obligaciones económicas y proponer su pago en el marco del plan de disposición de fondos del Tesoro Público, así como fijar los límites por debajo de los cuales estas competencias corresponderán, en su ámbito respectivo, a los Secretarios de Estado y Subsecretario del departamento. Corresponderá al Ministro elevar al Consejo de

Ministros, para su aprobación, las modificaciones presupuestarias que sean de la competencia de éste.

m) Decidir la representación del Ministerio en los órganos colegiados o grupos de trabajo en los que no esté previamente determinado el titular del órgano superior o directivo que deba representar al Departamento.

n) Remitir la documentación a su Departamento necesaria para la elaboración de la Cuenta General del Estado, en los términos previstos en la Ley 47/2003, 26 de noviembre.

ñ) Resolver de los recursos administrativos y declarar la lesividad de los actos administrativos cuando les corresponda.

o) Otorgar premios y recompensas propios del Departamento y proponer las que corresponda según sus normas reguladoras.

p) Conceder subvenciones y ayudas con cargo a los créditos de gasto propios del Departamento, así como fijar los límites por debajo de los cuales podrán ser otorgadas por los Secretarios de Estado o el Subsecretario del Departamento.

q) Proponer y ejecutar, en el ámbito de su competencia, los Planes de Empleo del Departamento y de los organismos públicos de él dependientes.

r) Modificar las Relaciones de Puestos de Trabajo en los casos en que esa competencia esté delegada en el propio departamento o proponer al Ministerio de Hacienda y Administraciones Públicas las que sean de competencia de este último.

s) Imponer la sanción de separación del servicio por faltas muy graves.

t) Ejercer cuantas otras competencias les atribuyan las leyes, las normas de organización y funcionamiento del Gobierno y cualesquiera otras disposiciones.

Artículo 62. Los Secretarios de Estado.

1. Los Secretarios de Estado son directamente responsables de la ejecución de la acción del Gobierno en un sector de actividad específica.

Asimismo, podrán ostentar por delegación expresa de sus respectivos Ministros la representación de estos en materias propias de su competencia, incluidas aquellas con proyección internacional, sin perjuicio, en todo caso, de las normas que rigen las relaciones de España con otros Estados y con las Organizaciones internacionales.

2. Los Secretarios de Estado dirigen y coordinan las Secretarías y las Direcciones Generales situadas bajo su dependencia, y responden ante el Ministro de la ejecución de los objetivos fijados para la

Secretaría de Estado. A tal fin les corresponde:

a) Ejercer las competencias sobre el sector de actividad administrativa asignado que les atribuya la norma de creación del órgano o que les delegue el Ministro y desempeñar las relaciones externas de la Secretaría de Estado, salvo en los casos legalmente reservados al Ministro.

b) Ejercer las competencias inherentes a su responsabilidad de dirección y, en particular, impulsar la consecución de los objetivos y la ejecución de los proyectos de su organización, controlando su cumplimiento, supervisando la actividad de los órganos directivos adscritos e impartiendo instrucciones a sus titulares.

c) Nombrar y separar a los Subdirectores Generales de la Secretaría de Estado.

d) Mantener las relaciones con los órganos de las Comunidades Autónomas competentes por razón de la materia.

e) La autorización previa para contratar a los Organismos Autónomos adscritos a la Secretaría de Estado, por encima de una cuantía determinada, según lo previsto en la disposición transitoria tercera del Real Decreto Legislativo 3/2011, de 14 de noviembre por el que se aprueba el Texto Refundido de la Ley de Contratos del Sector Público.

f) Autorizar las comisiones de servicio con derecho a indemnización por cuantía exacta para los altos cargos dependientes de la Secretaría de Estado.

g) Celebrar contratos relativos a asuntos de su Secretaría de Estado y los convenios no reservados al Ministro del que dependan, sin perjuicio de la correspondiente autorización cuando sea preceptiva.

h) Conceder subvenciones y ayudas con cargo a los créditos de gasto propios de la Secretaría de Estado, con los límites establecidos por el titular del Departamento.

i) Resolver los recursos que se interpongan contra las resoluciones de los órganos directivos que dependan directamente de él y cuyos actos no agoten la vía administrativa, así como los conflictos de atribuciones que se susciten entre dichos órganos.

j) Administrar los créditos para gastos de los presupuestos del Ministerio por su materia propios de la Secretaría de Estado, aprobar las modificaciones presupuestarias de los mismos, aprobar y comprometer los gastos con cargo a aquellos créditos y reconocer las obligaciones económicas y proponer su pago en el marco del plan de disposición de fondos del Tesoro Público. Todo ello dentro de la cuantía que, en su caso, establezca el Ministro al efecto y siempre que los referidos actos no sean competencia del Consejo de Ministros.

k) Cualesquiera otras competencias que les atribuya la legislación en vigor.

Artículo 63. Los Subsecretarios.

1. Los Subsecretarios ostentan la representación ordinaria del Ministerio, dirigen los servicios comunes, ejercen las competencias correspondientes a dichos servicios comunes y, en todo caso, las siguientes:

a) Apoyar a los órganos superiores en la planificación de la actividad del Ministerio, a través del correspondiente asesoramiento técnico.

b) Asistir al Ministro en el control de eficacia del Ministerio y sus Organismos públicos.

c) Establecer los programas de inspección de los servicios del Ministerio, así como determinar las actuaciones precisas para la mejora de los sistemas de planificación, dirección y organización y para la racionalización y simplificación de los procedimientos y métodos de trabajo, en el marco definido por el Ministerio de Hacienda y Administraciones Públicas.

d) Proponer las medidas de organización del Ministerio y dirigir el funcionamiento de los servicios comunes a través de las correspondientes instrucciones u órdenes de servicio.

e) Asistir a los órganos superiores en materia de relaciones de puestos de trabajo, planes de empleo y política de directivos del Ministerio y sus Organismos públicos, así como en la elaboración, ejecución y seguimiento de los presupuestos y la planificación de los sistemas de información y comunicación.

f) Desempeñar la jefatura superior de todo el personal del Departamento.

g) Responsabilizarse del asesoramiento jurídico al Ministro en el desarrollo de las funciones que a éste le corresponden y, en particular, en el ejercicio de su potestad normativa y en la producción de los actos administrativos de la competencia de aquél, así como a los demás órganos del Ministerio.

En los mismos términos del párrafo anterior, informar las propuestas o proyectos de normas y actos de otros Ministerios, cuando reglamentariamente proceda.

A tales efectos, el Subsecretario será responsable de coordinar las actuaciones correspondientes dentro del Ministerio y en relación con los demás Ministerios que hayan de intervenir en el procedimiento.

h) Ejercer las facultades de dirección, impulso y supervisión de la Secretaría General Técnica y los restantes órganos directivos que dependan directamente de él.

i) Administrar los créditos para gastos de los presupuestos del Ministerio por su materia propios de la Subsecretaría, aprobar las modificaciones presupuestarias de los mismos, aprobar y comprometer los gastos con cargo a aquellos créditos y reconocer las obligaciones económicas y proponer su pago en el marco del plan de disposición de fondos del Tesoro Público. Todo ello dentro de la cuantía que, en su caso, establezca el Ministro al efecto y siempre que los referidos actos no sean competencia del Consejo de Ministros.

j) Conceder subvenciones y ayudas con cargo a los créditos de gasto propios del Ministerio con los límites establecidos por el titular del Departamento.

k) Solicitar del Ministerio de Hacienda y Administraciones Públicas la afectación o el arrendamiento de los inmuebles necesarios para el cumplimiento de los fines de los servicios a cargo del Departamento.

l) Nombrar y cesar a los Subdirectores y asimilados dependientes de la Subsecretaría, al resto de personal de libre designación y al personal eventual del Departamento.

m) Convocar y resolver pruebas selectivas de personal funcionario y laboral.

n) Convocar y resolver los concursos de personal funcionario.

ñ) Ejercer la potestad disciplinaria del personal del Departamento por faltas graves o muy graves, salvo la separación del servicio.

o) Adoptar e impulsar, bajo la dirección del Ministro, las medidas tendentes a la gestión centralizada de recursos humanos y medios materiales en el ámbito de su Departamento Ministerial.

p) Autorizar las comisiones de servicio con derecho a indemnización por cuantía exacta para altos cargos dependientes del Subsecretario.

q) Cualesquiera otras que sean inherentes a los servicios comunes del Ministerio y a la representación ordinaria del mismo y las que les atribuyan la legislación en vigor.

2. La Subsecretaría del Ministerio de la Presidencia, en coordinación con la Secretaría General de la Presidencia del Gobierno, ejercerá las competencias propias de los servicios comunes de los Departamentos en relación con el área de la Presidencia del Gobierno.

3. Los Subsecretarios serán nombrados y separados por Real Decreto del Consejo de Ministros a propuesta del titular del Ministerio.

Los nombramientos habrán de efectuarse entre funcionarios de carrera del Estado, de las Comunidades Autónomas o de las Entidades locales, pertenecientes al Subgrupo A1, a que se refiere el artículo 76 de la Ley 7/2007, de 12 de abril, por el que se aprueba el Estatuto Básico del Empleado Público. En todo caso, habrán de reunir los requisitos de idoneidad establecidos en la Ley 3/2015, de 30 de marzo, reguladora del ejercicio del alto cargo de la Administración General del Estado.

Artículo 64. Los Secretarios generales.

1. Cuando las normas que regulan la estructura de un Ministerio prevean la existencia de un Secretario general, deberán determinar las competencias que le correspondan sobre un sector de actividad administrativa determinado.

2. Los Secretarios generales ejercen las competencias inherentes a su responsabilidad de dirección sobre los órganos dependientes, contempladas en el artículo 62.2.b), así como todas aquellas que les asigne expresamente el Real Decreto de estructura del Ministerio.

3. Los Secretarios generales, con categoría de Subsecretario, serán nombrados y separados por Real Decreto del Consejo de Ministros, a propuesta del titular del Ministerio o del Presidente del Gobierno.

Los nombramientos habrán de efectuarse entre personas con cualificación y experiencia en el desempeño de puestos de responsabilidad en la gestión pública o privada. En todo caso, habrán de reunir los requisitos de idoneidad establecidos en la Ley 3/2015, de 30 de marzo, reguladora del ejercicio del alto cargo de la Administración General del Estado.

Artículo 65. Los Secretarios generales técnicos.

1. Los Secretarios generales técnicos, bajo la inmediata dependencia del Subsecretario, tendrán las competencias sobre servicios comunes que les atribuya el Real Decreto de estructura del Departamento y, en todo caso, las relativas a producción normativa, asistencia jurídica y publicaciones.

2. Los Secretarios generales técnicos tienen a todos los efectos la categoría de Director General y ejercen sobre sus órganos dependientes las facultades atribuidas a dicho órgano por el artículo siguiente.

3. Los Secretarios generales técnicos serán nombrados y separados por Real Decreto del Consejo de Ministros a propuesta del titular del Ministerio.

Los nombramientos habrán de efectuarse entre funcionarios de carrera del Estado, de las Comunidades Autónomas o de las Entidades locales, pertenecientes al Subgrupo A1, a que se refiere el artículo 76 de la Ley 7/2007, de 12 de abril. En todo caso, habrán de reunir los requisitos de idoneidad establecidos en la Ley 3/2015, de 30 de marzo, reguladora del ejercicio de alto cargo de la Administración General del Estado.

Artículo 66. Los Directores generales.

1. Los Directores generales son los titulares de los órganos directivos encargados de la gestión de una o varias áreas funcionalmente homogéneas del Ministerio. A tal efecto, les corresponde:

a) Proponer los proyectos de su Dirección general para alcanzar los objetivos establecidos por el Ministro, dirigir su ejecución y controlar su adecuado cumplimiento.

b) Ejercer las competencias atribuidas a la Dirección general y las que le sean desconcentradas o delegadas.

c) Proponer, en los restantes casos, al Ministro o al titular del órgano del que dependa, la resolución que estime procedente sobre los asuntos que afectan al órgano directivo.

d) Impulsar y supervisar las actividades que forman parte de la gestión ordinaria del órgano directivo y velar por el buen funcionamiento de los órganos y unidades dependientes y del personal integrado en los mismos.

e) Las demás atribuciones que le confieran las leyes y reglamentos.

2. Los Directores generales serán nombrados y separados por Real Decreto del Consejo de Ministros, a propuesta del titular del Departamento o del Presidente del Gobierno.

Los nombramientos habrán de efectuarse entre funcionarios de carrera del Estado, de las Comunidades Autónomas o de las Entidades locales, pertenecientes al Subgrupo A1, a que se refiere el artículo 76 de la Ley 7/2007, de 12 de abril, salvo que el Real Decreto de estructura permita que, en atención a las características específicas de las funciones de la Dirección General, su titular no reúna dicha condición de funcionario, debiendo motivarse mediante memoria razonada la concurrencia de las especiales características que justifiquen esa circunstancia excepcional. En todo caso, habrán de reunir los requisitos de idoneidad establecidos en la Ley 3/2015, de 30 de marzo, reguladora del ejercicio del alto cargo de la Administración General del Estado.

Artículo 67. Los Subdirectores generales.

1. Los Subdirectores generales son los responsables inmediatos, bajo la supervisión del Director general o del titular del órgano del que dependan, de la ejecución de aquellos proyectos, objetivos o actividades que les sean asignados, así como de la gestión ordinaria de los asuntos de la competencia de la Subdirección General.

2. Los Subdirectores generales serán nombrados, respetando los principios de igualdad, mérito y capacidad, y cesados por el Ministro, Secretario de Estado o Subsecretario del que dependan.

Los nombramientos habrán de efectuarse entre funcionarios de carrera del Estado, o de otras Administraciones, cuando así lo prevean las normas de aplicación, pertenecientes al Subgrupo A1, a que se refiere el artículo 76 de la Ley 7/2007, de 12 de abril.

Artículo 68. Reglas generales sobre los servicios comunes de los Ministerios.

1. Los órganos directivos encargados de los servicios comunes, prestan a los órganos superiores y directivos del resto del Ministerio la asistencia precisa para el más eficaz cumplimiento de sus cometidos y, en particular, la eficiente utilización de los medios y recursos materiales, económicos y personales que tengan asignados.

Corresponde a los servicios comunes el asesoramiento, el apoyo técnico y, en su caso, la gestión directa en relación con las funciones de planificación, programación y presupuestación, cooperación internacional, acción en el exterior, organización y recursos humanos, sistemas de información y comunicación, producción normativa, asistencia jurídica, gestión financiera, gestión de medios materiales y servicios auxiliares, seguimiento, control e inspección de servicios, estadística para fines estatales y publicaciones.

2. Los servicios comunes funcionan en cada Departamento de acuerdo con las disposiciones y directrices adoptadas por los Ministerios con competencia sobre dichas funciones comunes en la Administración General del Estado. Todo ello, sin perjuicio de que determinados órganos con competencia sobre algunos servicios comunes sigan dependiendo funcional o jerárquicamente de alguno de los referidos Ministerios.

3. Mediante Real Decreto podrá preverse la gestión compartida de algunos de los servicios comunes que podrá realizarse de las formas siguientes:

a) Mediante su coordinación directa por el Ministerio de Hacienda y Administraciones Públicas o por un organismo autónomo vinculado o dependiente del mismo, que prestarán algunos de estos servicios comunes a otros Ministerios.

b) Mediante su coordinación directa por la Subsecretaría de cada

Ministerio o por un organismo autónomo vinculado o dependiente de la misma que prestará algunos de estos servicios comunes a todo el Ministerio. El Real Decreto que determine la gestión compartida de algunos de los servicios comunes concretará el régimen de dependencia orgánica y funcional del personal que viniera prestando el servicio respectivo en cada unidad.

CAPÍTULO III

Órganos territoriales

Sección 1.ª La organización territorial de la Administración *General del Estado*

Artículo 69. Las Delegaciones y las Subdelegaciones del Gobierno.

1. Existirá una Delegación del Gobierno en cada una de las Comunidades Autónomas.

2. Las Delegaciones del Gobierno tendrán su sede en la localidad donde radique el Consejo de Gobierno de la Comunidad Autónoma, salvo que el Consejo de Ministros acuerde ubicarla en otra distinta y sin perjuicio de lo que disponga expresamente el Estatuto de Autonomía.

3. Las Delegaciones del Gobierno están adscritas orgánicamente al Ministerio de Hacienda y Administraciones Públicas.

4. En cada una de las provincias de las Comunidades Autónomas pluriprovinciales, existirá un Subdelegado del Gobierno, que estará bajo la inmediata dependencia del Delegado del Gobierno.

Podrán crearse por Real Decreto Subdelegaciones del Gobierno en las Comunidades Autónomas uniprovinciales, cuando circunstancias tales como la población del territorio, el volumen de gestión o sus singularidades geográficas, sociales o económicas así lo justifiquen.

Artículo 70. Los Directores Insulares de la Administración General del Estado.

Reglamentariamente se determinarán las islas en las que existirá un Director Insular de la Administración General del Estado, con el nivel que se determine en la relación de puestos de trabajo. Serán nombrados por el Delegado del Gobierno mediante el procedimiento de libre designación entre funcionarios de carrera del Estado, de las Comunidades Autónomas o de las Entidades Locales, pertenecientes a Cuerpos o Escalas clasificados como Subgrupo A1.

Los Directores Insulares dependen jerárquicamente del Delegado del Gobierno en la Comunidad Autónoma o del Subdelegado del Gobierno en la provincia, cuando este cargo exista, y ejercen, en su ámbito territorial, las competencias atribuidas por esta Ley a los Subdelegados del Gobierno en las provincias.

Artículo 71. Los servicios territoriales.

1. Los servicios territoriales de la Administración General del Estado en la Comunidad Autónoma se organizarán atendiendo al mejor cumplimiento de sus fines, en servicios integrados y no integrados en las Delegaciones del Gobierno.

2. La organización de los servicios territoriales no integrados en las Delegaciones del Gobierno se establecerá mediante Real Decreto a propuesta conjunta del titular del Ministerio del que dependan y del titular del Ministerio que tenga atribuida la competencia para la racionalización, análisis y evaluación de las estructuras organizativas de la Administración General del Estado y sus organismos públicos, cuando contemple unidades con nivel de Subdirección General o equivalentes, o por Orden conjunta cuando afecte a órganos inferiores.

3. Los servicios territoriales no integrados dependerán del órgano central competente sobre el sector de actividad en el que aquéllos operen, el cual les fijará los objetivos concretos de actuación y controlará su ejecución, así como el funcionamiento de los servicios.

4. Los servicios territoriales integrados dependerán del Delegado del Gobierno, o en su caso Subdelegado del Gobierno, a través de la Secretaría General, y actuarán de acuerdo con las instrucciones técnicas y criterios operativos establecidos por el Ministerio competente por razón de la materia.

Sección 2.ª Los Delegados del Gobierno en las Comunidades Autónomas

Artículo 72. Los Delegados del Gobierno en las Comunidades Autónomas.

1. Los Delegados del Gobierno representan al Gobierno de la Nación en el territorio de la respectiva Comunidad Autónoma, sin perjuicio de la representación ordinaria del Estado en las mismas a través de sus respectivos Presidentes.

2. Los Delegados del Gobierno dirigirán y supervisarán la

Administración General del Estado en el territorio de las respectivas Comunidades Autónomas y la coordinarán, internamente y cuando proceda, con la administración propia de cada una de ellas y con la de las Entidades Locales radicadas en la Comunidad.

3. Los Delegados del Gobierno son órganos directivos con rango de Subsecretario que dependen orgánicamente del Presidente del Gobierno y funcionalmente del Ministerio competente por razón de la materia.

4. Los Delegados del Gobierno serán nombrados y separados por Real Decreto del Consejo de Ministros, a propuesta del Presidente del Gobierno. Su nombramiento atenderá a criterios de competencia profesional y experiencia. En todo caso, deberá reunir los requisitos de idoneidad establecidos en la Ley 3/2015, de 30 de marzo, reguladora del ejercicio del alto cargo de la Administración General del Estado.

5. En caso de ausencia, vacante o enfermedad del titular de la Delegación del Gobierno, será suplido por el Subdelegado del Gobierno que el Delegado designe y, en su defecto, al de la provincia en que tenga su sede. En las Comunidades Autónomas uniprovinciales en las que no exista Subdelegado la suplencia corresponderá al Secretario General.

Artículo 73. Competencias de los Delegados del Gobierno en las Comunidades Autónomas.

1. Los Delegados del Gobierno en las Comunidades Autónomas son los titulares de las correspondientes Delegaciones del Gobierno y tienen, en los términos establecidos en este Capítulo, las siguientes competencias:

a) Dirección y coordinación de la Administración General del Estado y sus Organismos públicos:

1.º Impulsar, coordinar y supervisar con carácter general su actividad en el territorio de la Comunidad Autónoma, y, cuando se trate de servicios integrados, dirigirla, directamente o a través de los subdelegados del gobierno, de acuerdo con los objetivos y, en su caso, instrucciones de los órganos superiores de los respectivos ministerios.

2.º Nombrar a los Subdelegados del Gobierno en las provincias de su ámbito de actuación y, en su caso, a los Directores Insulares, y como superior jerárquico, dirigir y coordinar su actividad.

3.º Informar, con carácter preceptivo, las propuestas de nombramiento de los titulares de órganos territoriales de la Administración General del Estado y los Organismos públicos estatales de ámbito autonómico y provincial en la Delegación del

Gobierno.

b) Información de la acción del Gobierno e información a los ciudadanos:

1.º Coordinar la información sobre los programas y actividades del Gobierno y la Administración General del Estado y sus Organismos públicos en la Comunidad Autónoma.

2.º Promover la colaboración con las restantes Administraciones Públicas en materia de información al ciudadano.

3.º Recibir información de los distintos Ministerios de los planes y programas que hayan de ejecutar sus respectivos servicios territoriales y Organismos públicos en su ámbito territorial.

4.º Elevar al Gobierno, con carácter anual, a través del titular del Ministerio de Hacienda y Administraciones Públicas, un informe sobre el funcionamiento de los servicios públicos estatales en el ámbito autonómico.

c) Coordinación y colaboración con otras Administraciones Públicas:

1.º Comunicar y recibir cuanta información precisen el Gobierno y el órgano de Gobierno de la Comunidad Autónoma. Realizará también estas funciones con las Entidades Locales en su ámbito territorial, a través de sus respectivos Presidentes.

2.º Mantener las necesarias relaciones de coordinación y cooperación de la Administración General del Estado y sus Organismos públicos con la de la Comunidad Autónoma y con las correspondientes Entidades Locales. A tal fin, promoverá la celebración de convenios con la Comunidad Autónoma y con las Entidades Locales, en particular, en relación a los programas de financiación estatal, participando en el seguimiento de la ejecución y cumplimiento de los mismos.

3.º Participar en las Comisiones mixtas de transferencias y en las Comisiones bilaterales de cooperación, así como en otros órganos de cooperación de naturaleza similar cuando se determine.

d) Control de legalidad:

1.º Resolver los recursos en vía administrativa interpuestos contra las resoluciones y actos dictados por los órganos de la Delegación, previo informe, en todo caso, del Ministerio competente por razón de la materia.

Las impugnaciones de resoluciones y actos del Delegado del Gobierno susceptibles de recurso administrativo y que no pongan fin a la vía administrativa, serán resueltas por los órganos correspondientes del Ministerio competente por razón de la materia.

Las reclamaciones por responsabilidad patrimonial de las

Administraciones Públicas se tramitarán por el Ministerio competente por razón de la materia y se resolverán por el titular de dicho Departamento.

2.º Suspender la ejecución de los actos impugnados dictados por los órganos de la Delegación del Gobierno, cuando le corresponda resolver el recurso, de acuerdo con el artículo 117.2 de la Ley del Procedimiento Administrativo Común de las Administraciones Públicas, y proponer la suspensión en los restantes casos, así como respecto de los actos impugnados dictados por los servicios no integrados en la Delegación del Gobierno.

3.º Velar por el cumplimiento de las competencias atribuidas constitucionalmente al Estado y por la correcta aplicación de su normativa, promoviendo o interponiendo, según corresponda, conflictos de jurisdicción, conflictos de atribuciones, recursos y demás acciones legalmente procedentes.

e) Políticas públicas:

1.º Formular a los Ministerios competentes, en cada caso, las propuestas que estime convenientes sobre los objetivos contenidos en los planes y programas que hayan de ejecutar los servicios territoriales y los de los Organismos públicos, e informar, regular y periódicamente, a los Ministerios competentes sobre la gestión de sus servicios territoriales.

2.º Proponer ante el Ministro de Hacienda y Administraciones Públicas las medidas precisas para evitar la duplicidad de estructuras administrativas, tanto en la propia Administración General del Estado como con otras Administraciones Públicas, conforme a los principios de eficacia y eficiencia.

3.º Proponer al Ministerio de Hacienda y Administraciones Públicas medidas para incluir en los planes de recursos humanos de la Administración General del Estado.

4.º Informar las medidas de optimización de recursos humanos y materiales en su ámbito territorial, especialmente las que afecten a más de un Departamento. En particular, corresponde a los Delegados del Gobierno, en los términos establecidos en la Ley 33/2003, de 3 de noviembre, del Patrimonio de las Administraciones Públicas, la coordinación de la utilización de los edificios de uso administrativo por la organización territorial de la Administración General del Estado y de los organismos públicos de ella dependientes en su ámbito territorial, de acuerdo con las directrices establecidas por el Ministerio de Hacienda y Administraciones Públicas y la Dirección General del Patrimonio del Estado.

2. Asimismo, los Delegados del Gobierno ejercerán la potestad sancionadora, expropiatoria y cualesquiera otras que les confieran las

normas o que les sean desconcentradas o delegadas.

3. Corresponde a los Delegados del Gobierno proteger el libre ejercicio de los derechos y libertades y garantizar la seguridad ciudadana, a través de los Subdelegados del Gobierno y de las Fuerzas y Cuerpos de seguridad del Estado, cuya jefatura corresponderá al Delegado del Gobierno, quien ejercerá las competencias del Estado en esta materia bajo la dependencia funcional del Ministerio del Interior.

4. En relación con los servicios territoriales, los Delegados del Gobierno, para el ejercicio de las competencias recogidas en este artículo, podrán recabar de los titulares de dichos servicios toda la información relativa a su actividad, estructuras organizativas, recursos humanos, inventarios de bienes muebles e inmuebles o a cualquier otra materia o asunto que consideren oportuno al objeto de garantizar una gestión coordinada y eficaz de los servicios estatales en el territorio.

Sección 3.ª Los Subdelegados del Gobierno en las provincias

Artículo 74. Los Subdelegados del Gobierno en las provincias.

En cada provincia y bajo la inmediata dependencia del Delegado del Gobierno en la respectiva Comunidad Autónoma, existirá un Subdelegado del Gobierno, con nivel de Subdirector General, que será nombrado por aquél mediante el procedimiento de libre designación entre funcionarios de carrera del Estado, de las Comunidades Autónomas o de las Entidades Locales, pertenecientes a Cuerpos o Escalas clasificados como Subgrupo A1.

En las Comunidades Autónomas uniprovinciales en las que no exista Subdelegado, el Delegado del Gobierno asumirá las competencias que esta Ley atribuye a los Subdelegados del Gobierno en las provincias.

Artículo 75. Competencias de los Subdelegados del Gobierno en las provincias.

A los Subdelegados del Gobierno les corresponde:

a) Desempeñar las funciones de comunicación, colaboración y cooperación con la respectiva Comunidad Autónoma y con las Entidades Locales y, en particular, informar sobre la incidencia en el territorio de los programas de financiación estatal. En concreto les corresponde:

1.º Mantener las necesarias relaciones de cooperación y coordinación de la Administración General del Estado y sus Organismos públicos con la de la Comunidad Autónoma y con las correspondientes Entidades locales en el ámbito de la provincia.

2.º Comunicar y recibir cuanta información precisen el Gobierno y el órgano de Gobierno de la Comunidad Autónoma. Realizará también estas funciones con las Entidades locales en su ámbito territorial, a través de sus respectivos Presidentes.

b) Proteger el libre ejercicio de los derechos y libertades, garantizando la seguridad ciudadana, todo ello dentro de las competencias estatales en la materia. A estos efectos, dirigirá las Fuerzas y Cuerpos de Seguridad del Estado en la provincia.

c) Dirigir y coordinar la protección civil en el ámbito de la provincia.

d) Dirigir, en su caso, los servicios integrados de la Administración General del Estado, de acuerdo con las instrucciones del Delegado del Gobierno y de los Ministerios correspondientes; e impulsar, supervisar e inspeccionar los servicios no integrados.

e) Coordinar la utilización de los medios materiales y, en particular, de los edificios administrativos en el ámbito territorial de su competencia.

f) Ejercer la potestad sancionadora y cualquier otra que les confiera las normas o que les sea desconcentrada o delegada.

Sección 4.ª La estructura de las delegaciones del gobierno

Artículo 76. Estructura de las Delegaciones y Subdelegaciones del Gobierno.

1. La estructura de las Delegaciones y Subdelegaciones del Gobierno se fijará por Real Decreto del Consejo de Ministros a propuesta del Ministerio de Hacienda y Administraciones Públicas, en razón de la dependencia orgánica de las Delegaciones del Gobierno, y contarán, en todo caso, con una Secretaría General, dependiente de los Delegados o, en su caso, de los Subdelegados del Gobierno, como órgano de gestión de los servicios comunes, y de la que dependerán los distintos servicios integrados en la misma, así como aquellos otros servicios y unidades que se determine en la relación de puestos de trabajo.

2. La integración de nuevos servicios territoriales o la desintegración de servicios territoriales ya integrados en las Delegaciones del Gobierno, se llevará a cabo mediante Real Decreto de Consejo de Ministros, a propuesta del Ministerio de Hacienda y Administraciones Públicas, en razón de la dependencia orgánica de las Delegaciones del Gobierno, y del Ministerio competente del área de actividad.

Artículo 77. Asistencia jurídica y control económico financiero de las Delegaciones y Subdelegaciones del Gobierno.

La asistencia jurídica y las funciones de intervención y control económico financiero en relación con las Delegaciones y Subdelegaciones del Gobierno se ejercerán por la Abogacía del Estado y la Intervención General de la Administración del Estado respectivamente, de acuerdo con su normativa específica.

Sección 5.ª Órganos colegiados

Artículo 78. La Comisión interministerial de coordinación de la Administración periférica del Estado.

1. La Comisión interministerial de coordinación de la Administración periférica del Estado es un órgano colegiado, adscrito al Ministerio de Hacienda y Administraciones Públicas.

2. La Comisión interministerial de coordinación de la Administración periférica del Estado se encargará de coordinar la actuación de la Administración periférica del Estado con los distintos Departamentos ministeriales.

3. Mediante Real Decreto se regularán sus atribuciones, composición y funcionamiento.

Artículo 79. Los órganos colegiados de asistencia al Delegado y al Subdelegado del Gobierno.

1. En cada una de las Comunidades Autónomas pluriprovinciales existirá una Comisión territorial de asistencia al Delegado del Gobierno, con las siguientes características:

a) Estará presidida por el Delegado del Gobierno en la Comunidad Autónoma e integrada por los Subdelegados del Gobierno en las provincias comprendidas en el territorio de ésta.

b) A sus sesiones deberán asistir los titulares de los órganos y servicios territoriales, tanto integrados como no integrados, que el Delegado del Gobierno considere oportuno.

c) Esta Comisión desarrollará, en todo caso, las siguientes funciones:

1.º Coordinar las actuaciones que hayan de ejecutarse de forma homogénea en el ámbito de la Comunidad Autónoma, para asegurar el cumplimiento de los objetivos generales fijados por el Gobierno a los servicios territoriales.

2.º Homogeneizar el desarrollo de las políticas públicas en su ámbito territorial, a través del establecimiento de criterios comunes de actuación que habrán de ser compatibles con las instrucciones y objetivos de los respectivos departamentos ministeriales.

3.º Asesorar al Delegado del Gobierno en la Comunidad Autónoma en la elaboración de las propuestas de simplificación administrativa y racionalización en la utilización de los recursos.

4.º Cualesquiera otras que a juicio del Delegado del Gobierno en la Comunidad Autónoma resulten adecuadas para que la Comisión territorial cumpla la finalidad de apoyo y asesoramiento en el ejercicio de las competencias que esta Ley le asigna.

2. En las Comunidades Autónomas uniprovinciales existirá una Comisión de asistencia al Delegado del Gobierno, presidida por él mismo e integrada por el Secretario General y los titulares de los órganos y servicios territoriales, tanto integrados como no integrados, que el Delegado del Gobierno considere oportuno, con las funciones señaladas en el apartado anterior.

3. En cada Subdelegación del Gobierno existirá una Comisión de asistencia al Subdelegado del Gobierno presidida por él mismo e integrada por el Secretario General y los titulares de los órganos y servicios territoriales, tanto integrados como no integrados, que el Subdelegado del Gobierno considere oportuno, con las funciones señaladas en el apartado primero, referidas al ámbito provincial.

CAPÍTULO IV

De la Administración General del Estado en el exterior

Artículo 80. El Servicio Exterior del Estado.

El Servicio Exterior del Estado se rige en todo lo concerniente a su composición, organización, funciones, integración y personal por lo dispuesto en la Ley 2/2014, de 25 de marzo, de la Acción y del Servicio Exterior del Estado y en su normativa de desarrollo y, supletoriamente, por lo dispuesto en esta Ley.

TÍTULO II

Organización y funcionamiento del sector público institucional

CAPÍTULO I

Del sector público institucional

Artículo 81. Principios generales de actuación.

1. Las entidades que integran el sector público institucional están

sometidas en su actuación a los principios de legalidad, eficiencia, estabilidad presupuestaria y sostenibilidad financiera así como al principio de transparencia en su gestión. En particular se sujetarán en materia de personal, incluido el laboral, a las limitaciones previstas en la normativa presupuestaria y en las previsiones anuales de los presupuestos generales.

2. Todas las Administraciones Públicas deberán establecer un sistema de supervisión continua de sus entidades dependientes, con el objeto de comprobar la subsistencia de los motivos que justificaron su creación y su sostenibilidad financiera, y que deberá incluir la formulación expresa de propuestas de mantenimiento, transformación o extinción.

3. Los organismos y entidades vinculados o dependientes de la Administración autonómica y local se regirán por las disposiciones básicas de esta ley que les resulten de aplicación, y en particular, por lo dispuesto en los Capítulos I y VI y en los artículos 129 y 134, así como por la normativa propia de la Administración a la que se adscriban.

Artículo 82. El Inventario de Entidades del Sector Público Estatal, Autonómico y Local.

1. El Inventario de Entidades del Sector Público Estatal, Autonómico y Local, se configura como un registro público administrativo que garantiza la información pública y la ordenación de todas las entidades integrantes del sector público institucional cualquiera que sea su naturaleza jurídica.

La integración y gestión de dicho Inventario y su publicación dependerá de la Intervención General de la Administración del Estado y la captación y el tratamiento de la información enviada por las Comunidades Autónomas y las Entidades locales para la formación y mantenimiento del inventario dependerá de la Secretaría General de Coordinación Autonómica y Local.

2. El Inventario de Entidades del Sector Público contendrá, al menos, información actualizada sobre la naturaleza jurídica, finalidad, fuentes de financiación, estructura de dominio, en su caso, la condición de medio propio, regímenes de contabilidad, presupuestario y de control así como la clasificación en términos de contabilidad nacional, de cada una de las entidades integrantes del sector público institucional.

3. Al menos, la creación, transformación, fusión o extinción de cualquier entidad integrante del sector público institucional, cualquiera que sea su naturaleza jurídica, será inscrita en el Inventario de Entidades del Sector Público Estatal, Autonómico y Local.

Artículo 83. Inscripción en el Inventario de Entidades del Sector Público Estatal, Autonómico y Local.

1. El titular del máximo órgano de dirección de la entidad notificará, a través de la intervención general de la Administración correspondiente, la información necesaria para la inscripción definitiva en el Inventario de Entidades del Sector Público Estatal, Autonómico y Local, en los términos previstos reglamentariamente, de los actos relativos a su creación, transformación, fusión o extinción, en el plazo de treinta días hábiles a contar desde que ocurra el acto inscribible. En la citada notificación se acompañará la documentación justificativa que determina tal circunstancia.

2. La inscripción definitiva de la creación de cualquier entidad integrante del sector público institucional en el Inventario de Entidades del Sector Público Estatal, Autonómico y Local se realizará de conformidad con las siguientes reglas:

a) El titular del máximo órgano de dirección de la entidad, a través de la intervención general de la Administración correspondiente, notificará, electrónicamente a efectos de su inscripción, al Inventario de Entidades del Sector Público Estatal, Autonómico y Local, la norma o el acto jurídico de creación en el plazo de 30 días hábiles desde la entrada en vigor de la norma o del acto, según corresponda. A la notificación se acompañará la copia o enlace a la publicación electrónica del Boletín Oficial en el que se publicó la norma, o copia del acto jurídico de creación, así como el resto de documentación justificativa que proceda, como los Estatutos o el plan de actuación.

b) La inscripción en el Inventario de Entidades del Sector Público Estatal, Autonómico y Local se practicará dentro del plazo de 15 días hábiles siguientes a la recepción de la solicitud de inscripción.

c) Para la asignación del Número de Identificación Fiscal definitivo y de la letra identificativa que corresponda a la entidad, de acuerdo con su naturaleza jurídica, por parte de la Administración Tributaria será necesaria la aportación de la certificación de la inscripción de la entidad en el Inventario de Entidades del Sector Público Estatal, Autonómico y Local.

CAPÍTULO II

Organización y funcionamiento del sector público institucional estatal

Artículo 84. Composición y clasificación del sector público institucional estatal.

1. Integran el sector público institucional estatal las siguientes entidades:

a) Los organismos públicos vinculados o dependientes de la Administración General del Estado, los cuales se clasifican en:

1.º Organismos autónomos.

2.º Entidades Públicas Empresariales.

b) Las autoridades administrativas independientes.

c) Las sociedades mercantiles estatales.

d) Los consorcios.

e) Las fundaciones del sector público.

f) Los fondos sin personalidad jurídica.

g) Las universidades públicas no transferidas.

2. La Administración General del Estado o entidad integrante del sector público institucional estatal no podrá, por sí misma ni en colaboración con otras entidades públicas o privadas, crear, ni ejercer el control efectivo, directa ni indirectamente, sobre ningún otro tipo de entidad distinta de las enumeradas en este artículo, con independencia de su naturaleza y régimen jurídico.

Lo dispuesto en este apartado no será de aplicación a la participación del Estado en organismos internacionales o entidades de ámbito supranacional, ni a la participación en los organismos de normalización y acreditación nacionales.

3. Las universidades públicas no transferidas se regirán por lo dispuesto en la Ley 47/2003, de 26 de noviembre, que les sea de aplicación y por lo dispuesto en esta ley en lo que no esté previsto en su normativa específica.

Artículo 85. Control de eficacia y supervisión continua.

1. Las entidades integrantes del sector público institucional estatal estarán sometidas al control de eficacia y supervisión continua, sin perjuicio de lo establecido en el artículo 110.

Para ello, todas las entidades integrantes del sector público institucional estatal contarán, en el momento de su creación, con un plan de actuación, que contendrá las líneas estratégicas en torno a las cuales se desenvolverá la actividad de la entidad, que se revisarán cada tres años, y que se completará con planes anuales que desarrollarán el de creación para el ejercicio siguiente.

2. El control de eficacia será ejercido por el Departamento al que estén adscritos, a través de las inspecciones de servicios, y tendrá por

objeto evaluar el cumplimiento de los objetivos propios de la actividad específica de la entidad y la adecuada utilización de los recursos, de acuerdo con lo establecido en su plan de actuación y sus actualizaciones anuales, sin perjuicio del control que de acuerdo con la Ley 47/2003, de 26 de noviembre, se ejerza por la Intervención General de la Administración del Estado.

3. Todas las entidades integrantes del sector público institucional estatal están sujetas desde su creación hasta su extinción a la supervisión continua del Ministerio de Hacienda y Administraciones Públicas, a través de la Intervención General de la Administración del Estado, que vigilará la concurrencia de los requisitos previstos en esta Ley. En particular verificará, al menos, lo siguiente:

a) La subsistencia de las circunstancias que justificaron su creación.

b) Su sostenibilidad financiera.

c) La concurrencia de la causa de disolución prevista en esta ley referida al incumplimiento de los fines que justificaron su creación o que su subsistencia no resulte el medio más idóneo para lograrlos.

Las actuaciones de planificación, ejecución y evaluación correspondientes a la supervisión continua se determinarán reglamentariamente.

4. Las actuaciones de control de eficacia y supervisión continua tomarán en consideración:

a) La información económico financiera disponible.

b) El suministro de información por parte de los organismos públicos y entidades sometidas al Sistema de control de eficacia y supervisión continúa.

c) Las propuestas de las inspecciones de los servicios de los departamentos ministeriales.

Los resultados de la evaluación efectuada tanto por el Ministerio de adscripción como por el Ministerio de Hacienda y Administraciones Públicas se plasmarán en un informe sujeto a procedimiento contradictorio que, según las conclusiones que se hayan obtenido, podrá contener recomendaciones de mejora o una propuesta de transformación o supresión del organismo público o entidad.

Artículo 86. Medio propio y servicio técnico.

1. Las entidades integrantes del sector público institucional podrán ser consideradas medios propios y servicios técnicos de los poderes adjudicadores y del resto de entes y sociedades que no tengan la consideración de poder adjudicador cuando cumplan las

condiciones y requisitos establecidos en el Texto Refundido de la Ley de Contratos del Sector Público, aprobado por el Real Decreto Legislativo 3/2011, de 14 de noviembre.

2. Tendrán la consideración de medio propio y servicio técnico cuando se acredite que, además de disponer de medios suficientes e idóneos para realizar prestaciones en el sector de actividad que se corresponda con su objeto social, de acuerdo con su norma o acuerdo de creación, se dé alguna de las circunstancias siguientes:

a) Sea una opción más eficiente que la contratación pública y resulta sostenible y eficaz, aplicando criterios de rentabilidad económica.

b) Resulte necesario por razones de seguridad pública o de urgencia en la necesidad de disponer de los bienes o servicios suministrados por el medio propio o servicio técnico.

Formará parte del control de eficacia de los medios propios y servicios técnicos la comprobación de la concurrencia de los mencionados requisitos.

En la denominación de las entidades integrantes del sector público institucional que tengan la condición de medio propio deberá figurar necesariamente la indicación «Medio Propio» o su abreviatura «M.P.».

3. A la propuesta de declaración de medio propio y servicio técnico deberá acompañarse una memoria justificativa que acredite lo dispuesto en el apartado anterior y deberá ser informada por la Intervención General de la Administración del Estado que vaya a declarar el medio propio y servicio técnico.

Artículo 87. Transformaciones de las entidades integrantes del sector público institucional estatal.

1. Cualquier organismo autónomo, entidad pública empresarial, sociedad mercantil estatal o fundación del sector público institucional estatal podrá transformarse y adoptar la naturaleza jurídica de cualquiera de las entidades citadas.

2. La transformación tendrá lugar, conservando su personalidad jurídica, por cesión e integración global, en unidad de acto, de todo el activo y el pasivo de la entidad transformada con sucesión universal de derechos y obligaciones.

La transformación no alterará las condiciones financieras de las obligaciones asumidas ni podrá ser entendida como causa de resolución de las relaciones jurídicas.

3. La transformación se llevará a cabo mediante Real Decreto, aunque suponga modificación de la Ley de creación.

4. Cuando un organismo autónomo o entidad pública empresarial se transforme en una entidad pública empresarial, sociedad mercantil estatal o en una fundación del sector público, el Real Decreto mediante el que se lleve a cabo la transformación deberá ir acompañado de la siguiente documentación:

a) Una memoria que incluya:

1.º Una justificación de la transformación por no poder asumir sus funciones manteniendo su naturaleza jurídica originaria.

2.º Un análisis de eficiencia que incluirá una previsión del ahorro que generará la transformación y la acreditación de inexistencia de duplicidades con las funciones que ya desarrolle otro órgano, organismo público o entidad preexistente.

3.º Un análisis de la situación en la que quedará el personal, indicando si, en su caso, parte del mismo se integrará, bien en la Administración General del Estado o bien en la entidad pública empresarial, sociedad mercantil estatal o fundación que resulte de la transformación.

b) Un informe preceptivo de la Intervención General de la Administración del Estado en el que se valorará el cumplimiento de lo previsto en este artículo.

5. La aprobación del Real Decreto de transformación conllevará:

a) La adaptación de la organización de los medios personales, materiales y económicos que resulte necesaria por el cambio de naturaleza jurídica.

b) La posibilidad de integrar el personal en la entidad transformada o en la Administración General del Estado. En su caso, esta integración se llevará a cabo de acuerdo con los procedimientos de movilidad establecidos en la legislación de función pública o en la legislación laboral que resulte aplicable.

Los distintos tipos de personal de la entidad transformada tendrán los mismos derechos y obligaciones que les correspondan de acuerdo con la normativa que les sea de aplicación.

La adaptación, en su caso, de personal que conlleve la transformación no supondrá, por sí misma, la atribución de la condición de funcionario público al personal laboral que prestase servicios en la entidad transformada.

La integración de quienes hasta ese momento vinieran ejerciendo funciones reservadas a funcionarios públicos sin serlo podrá realizarse con la condición de «a extinguir», debiéndose valorar previamente las características de los puestos afectados y las necesidades de la entidad donde se integren.

De la ejecución de las medidas de transformación no podrá

derivarse incremento alguno de la masa salarial preexistente en la entidad transformada.

CAPÍTULO III

De los organismos públicos estatales

Sección 1.ª Disposiciones generales

Artículo 88. Definición y actividades propias.

Son organismos públicos dependientes o vinculados a la Administración General del Estado, bien directamente o bien a través de otro organismo público, los creados para la realización de actividades administrativas, sean de fomento, prestación o de gestión de servicios públicos o de producción de bienes de interés público susceptibles de contraprestación; actividades de contenido económico reservadas a las Administraciones Públicas; así como la supervisión o regulación de sectores económicos, y cuyas características justifiquen su organización en régimen de descentralización funcional o de independencia.

Artículo 89. Personalidad jurídica y potestades.

1. Los organismos públicos tiene personalidad jurídica pública diferenciada, patrimonio y tesorería propios, así como autonomía de gestión, en los términos previstos en esta Ley.

2. Dentro de su esfera de competencia, les corresponden las potestades administrativas precisas para el cumplimiento de sus fines, en los términos que prevean sus estatutos, salvo la potestad expropiatoria.

Los estatutos podrán atribuir a los organismos públicos la potestad de ordenar aspectos secundarios del funcionamiento para cumplir con los fines y el servicio encomendado, en el marco y con el alcance establecido por las disposiciones que fijen el régimen jurídico básico de dicho servicio.

Los actos y resoluciones dictados por los organismos públicos en el ejercicio de potestades administrativas son susceptibles de los recursos administrativos previstos en la Ley del Procedimiento Administrativo Común de las Administraciones Públicas.

Artículo 90. Estructura organizativa en el sector público estatal.

1. Los organismos públicos se estructuran en los órganos de gobierno, y ejecutivos que se determinen en su respectivo Estatuto.

Los máximos órganos de gobierno son el Presidente y el Consejo Rector. El estatuto puede, no obstante, prever otros órganos de gobierno con atribuciones distintas.

La dirección del organismo público debe establecer un modelo de control orientado a conseguir una seguridad razonable en el cumplimiento de sus objetivos.

2. Corresponde al Ministro de Hacienda y Administraciones Públicas la clasificación de las entidades, conforme a su naturaleza y a los criterios previstos en Real Decreto 451/2012, de 5 de marzo, por el que se regula el régimen retributivo de los máximos responsables y directivos en el sector público empresarial y otras entidades. A estos efectos, las entidades serán clasificadas en tres grupos. Esta clasificación determinará el nivel en que la entidad se sitúa a efectos de:

a) Número máximo de miembros de los órganos de gobierno.

b) Estructura organizativa, con fijación del número mínimo y máximo de directivos, así como la cuantía máxima de la retribución total, con determinación del porcentaje máximo del complemento de puesto y variable.

Artículo 91. Creación de organismos públicos estatales.

1. La creación de los organismos públicos se efectuará por Ley.

2. La Ley de creación establecerá:

a) El tipo de organismo público que crea, con indicación de sus fines generales, así como el Departamento de dependencia o vinculación.

b) En su caso, los recursos económicos, así como las peculiaridades de su régimen de personal, de contratación, patrimonial, fiscal y cualesquiera otras que, por su naturaleza, exijan norma con rango de Ley.

3. El anteproyecto de ley de creación del organismo público que se eleve al Consejo de Ministros deberá ser acompañado de una propuesta de estatutos y de un plan inicial de actuación, junto con el informe preceptivo favorable del Ministerio de Hacienda y Administraciones Públicas que valorará el cumplimiento de lo previsto en este artículo.

Artículo 92. Contenido y efectos del plan de actuación.

1. El plan inicial de actuación contendrá, al menos:

a) Las razones que justifican la creación de un nuevo organismo público, por no poder asumir esas funciones otro ya existente, así como la constatación de que la creación no supone duplicidad con la actividad que desarrolle cualquier otro órgano o entidad preexistente.

b) La forma jurídica propuesta y un análisis que justifique que la elegida resulta más eficiente frente a otras alternativas de organización que se hayan descartado.

c) La fundamentación de la estructura organizativa elegida, determinando los órganos directivos y la previsión sobre los recursos humanos necesarios para su funcionamiento.

d) El anteproyecto del presupuesto correspondiente al primer ejercicio junto con un estudio económico-financiero que acredite la suficiencia de la dotación económica prevista inicialmente para el comienzo de su actividad y la sostenibilidad futura del organismo, atendiendo a las fuentes futuras de financiación de los gastos y las inversiones, así como a la incidencia que tendrá sobre los presupuestos generales del Estado.

e) Los objetivos del organismo, justificando su suficiencia o idoneidad, los indicadores para medirlos, y la programación plurianual de carácter estratégico para alcanzarlos, especificando los medios económicos y personales que dedicará, concretando en este último caso la forma de provisión de los puestos de trabajo, su procedencia, coste, retribuciones e indemnizaciones, así como el ámbito temporal en que se prevé desarrollar la actividad del organismo. Asimismo, se incluirán las consecuencias asociadas al grado de cumplimiento de los objetivos establecidos y, en particular, su vinculación con la evaluación de la gestión del personal directivo en el caso de incumplimiento. A tal efecto, el reparto del complemento de productividad o concepto equivalente se realizará teniendo en cuenta el grado de cumplimiento de los objetivos establecidos en el plan de creación y en los anuales.

2. Los organismos públicos deberán acomodar su actuación a lo previsto en su plan inicial de actuación. Éste se actualizará anualmente mediante la elaboración del correspondiente plan que permita desarrollar para el ejercicio siguiente las previsiones del plan de creación. El plan anual de actuación deberá ser aprobado en el último trimestre del año natural por el departamento del que dependa o al que esté vinculado el organismo y deberá guardar coherencia con el Programa de actuación plurianual previsto en la normativa presupuestaria. El Plan de actuación incorporará, cada tres años, una revisión de la programación estratégica del organismo.

La falta de aprobación del plan anual de actuación dentro del plazo fijado por causa imputable al organismo, y hasta tanto se subsane la omisión, llevará aparejada la paralización de las transferencias que deban realizarse a favor del organismo con cargo a los Presupuestos Generales del Estado, salvo que el Consejo de

Ministros adopte otra decisión.

3. El plan de actuación y los anuales, así como sus modificaciones, se hará público en la página web del organismo público al que corresponda.

Artículo 93. Contenido de los estatutos.

1. Los estatutos regularán, al menos, los siguientes extremos:

a) Las funciones y competencias del organismo, con indicación de las potestades administrativas que pueda ostentar.

b) La determinación de su estructura organizativa, con expresión de la composición, funciones, competencias y rango administrativo que corresponda a cada órgano. Asimismo se especificarán aquellos de sus actos y resoluciones que agoten la vía administrativa.

c) El patrimonio que se les asigne y los recursos económicos que hayan de financiarlos.

d) El régimen relativo a recursos humanos, patrimonio, presupuesto y contratación.

e) La facultad de participación en sociedades mercantiles cuando ello sea imprescindible para la consecución de los fines asignados.

2. Los estatutos de los organismos públicos se aprobarán por Real Decreto del Consejo de Ministros a propuesta conjunta del Ministerio de Hacienda y Administraciones Públicas y del Ministerio al que el organismo esté vinculado o sea dependiente.

3. Los estatutos deberán ser aprobados y publicados con carácter previo a la entrada en funcionamiento efectivo del organismo público.

Artículo 94. Fusión de organismos públicos estatales.

1. Los organismos públicos estatales de la misma naturaleza jurídica podrán fusionarse bien mediante su extinción e integración en un nuevo organismo público, bien mediante su extinción por ser absorbido por otro organismo público ya existente.

2. La fusión se llevará a cabo mediante norma reglamentaria, aunque suponga modificación de la Ley de creación. Cuando la norma reglamentaria cree un nuevo organismo público resultante de la fusión deberá cumplir con lo previsto en el artículo 91.2 sobre requisitos de creación de organismos públicos.

3. A la norma reglamentaria de fusión se acompañará un plan de redimensionamiento para la adecuación de las estructuras organizativas, inmobiliarias, de personal y de recursos resultantes de la nueva situación y en el que debe quedar acreditado el ahorro que generará la fusión.

Si alguno de los organismos públicos estuviese en situación de desequilibrio financiero se podrá prever, como parte del plan de redimensionamiento, que las obligaciones, bienes y derechos patrimoniales que se consideren liquidables y derivados de la actividad que ocasionó el desequilibrio, se integren en un fondo, sin personalidad jurídica y con contabilidad separada, adscrito al nuevo organismo público o al absorbente, según corresponda.

La actividad o actividades que ocasionaron el desequilibrio dejarán de prestarse tras la fusión, salvo que se prevea su realización futura de forma sostenible tras la fusión.

El plan de redimensionamiento, previo informe preceptivo de la Intervención General de la Administración del Estado deberá ser aprobado por cada uno de los organismos públicos fusionados si se integran en uno nuevo o por el organismo público absorbente, según corresponda al tipo de fusión.

4. La aprobación de la norma de fusión conllevará:

a) La integración de las organizaciones de los organismos públicos fusionados, incluyendo los medios personales, materiales y económicos, en los términos previstos en el plan de redimensionamiento.

b) El personal de los organismos públicos extinguidos se podrá integrar bien en la Administración General del Estado o bien en el nuevo organismo público que resulte de la fusión o en el organismo público absorbente, según proceda, de acuerdo con lo previsto en la norma reglamentaria de fusión y de conformidad con los procedimientos de movilidad establecidos en la legislación de función pública o en la legislación laboral que resulte aplicable.

Los distintos tipos de personal de los organismos públicos fusionados tendrán los derechos y obligaciones que les correspondan de acuerdo con la normativa que les sea de aplicación.

La integración de quienes hasta ese momento vinieran ejerciendo funciones reservadas a funcionarios públicos sin serlo podrá realizarse con la condición de «a extinguir», debiéndose valorar previamente las características de los puestos afectados y las necesidades del organismos donde se integren.

Esta integración de personal no supondrá, en ningún caso, la atribución de la condición de funcionario público al personal laboral que prestase servicios en los organismos públicos fusionados.

De la ejecución de las medidas de fusión no podrá derivarse incremento alguno de la masa salarial en los organismos públicos afectados.

c) La cesión e integración global, en unidad de acto, de todo el activo y el pasivo de los organismos públicos extinguidos en el nuevo organismo público resultante de la fusión o en el organismo público absorbente, según proceda, que le sucederá universalmente en todos sus derechos y obligaciones.

La fusión no alterará las condiciones financieras de las obligaciones asumidas ni podrá ser entendida como causa de resolución de las relaciones jurídicas.

d) Si se hubiera previsto en el plan de redimensionamiento, las obligaciones, bienes y derechos patrimoniales que se consideren liquidables se integrarán en un fondo, sin personalidad jurídica y con contabilidad separada, adscrito al nuevo organismo público resultante de la fusión o al organismo público absorbente, según proceda, que designará un liquidador al que le corresponderá la liquidación de este fondo. Esta liquidación se efectuará de conformidad con lo previsto en el artículo 97.

La liquidación deberá llevarse a cabo durante los dos años siguientes a la aprobación de la norma reglamentaria de fusión, salvo que el Consejo de Ministros acuerde su prórroga, sin perjuicio de los posibles derechos que puedan corresponder a los acreedores. La aprobación de las normas a las que tendrá que ajustarse la contabilidad del fondo corresponderá al Ministro de Hacienda y Administraciones Públicas a propuesta de la Intervención General de la Administración del Estado.

Artículo 95. Gestión compartida de servicios comunes.

1. La norma de creación de los organismos públicos del sector público estatal incluirá la gestión compartida de algunos o todos los servicios comunes, salvo que la decisión de no compartirlos se justifique, en la memoria que acompañe a la norma de creación, en términos de eficiencia, conforme al artículo 7 de la Ley Orgánica 2/2012, de 27 de abril, de Estabilidad Presupuestaria y Sostenibilidad Financiera, en razones de seguridad nacional o cuando la organización y gestión compartida afecte a servicios que deban prestarse de forma autónoma en atención a la independencia del organismo.

La organización y gestión de algunos o todos los servicios comunes se coordinará por el Ministerio de adscripción, por el Ministerio de Hacienda y Administraciones Públicas o por un organismo público vinculado o dependiente del mismo.

2. Se consideran servicios comunes de los organismos públicos, al menos, los siguientes:

a) Gestión de bienes inmuebles.

b) Sistemas de información y comunicación.

c) Asistencia jurídica.

d) Contabilidad y gestión financiera.

e) Publicaciones.

f) Contratación pública.

Artículo 96. Disolución de organismos públicos estatales.

1. Los Organismos públicos estatales deberán disolverse:

a) Por el transcurso del tiempo de existencia señalado en la ley de creación.

b) Porque la totalidad de sus fines y objetivos sean asumidos por los servicios de la Administración General del Estado.

c) Porque sus fines hayan sido totalmente cumplidos, de forma que no se justifique la pervivencia del organismo público, y así se haya puesto de manifiesto en el control de eficacia.

d) Cuando del seguimiento del plan de actuación resulte el incumplimiento de los fines que justificaron la creación del organismo o que su subsistencia no es el medio más idóneo para lograrlos y así se concluya en el control de eficacia o de supervisión continua.

e) Por encontrarse en situación de desequilibrio financiero durante dos ejercicios presupuestarios consecutivos.

Esta situación de desequilibrio financiero se referirá, para los entes que tengan la consideración de Administración Pública a efectos del Sistema Europeo de Cuentas, a su necesidad de financiación en términos del Sistema Europeo de Cuentas, mientras que para los demás entes se entenderá como la situación de desequilibrio financiero manifestada en la existencia de resultados brutos negativos de explotación en dos ejercicios contables consecutivos.

f) Por cualquier otra causa establecida en los estatutos.

g) Cuando así lo acuerde el Consejo de Ministros siguiendo el procedimiento determinado al efecto en el acto jurídico que acuerde la disolución.

2. Cuando un organismo público incurra en alguna de las causas de disolución previstas en las letras a), b), c), d) o f) del apartado anterior, el titular del máximo órgano de dirección del organismo lo comunicará al titular del departamento de adscripción en el plazo de dos meses desde que concurra la causa de disolución. Transcurrido dicho plazo sin que se haya producido la comunicación y concurriendo la causa de disolución, el organismo público quedará automáticamente disuelto y no podrá realizar ningún acto jurídico, salvo los estrictamente necesarios para garantizar la eficacia de su liquidación y extinción.

En el plazo de dos meses desde la recepción de la comunicación a la que se refiere el párrafo anterior, el Consejo de Ministros adoptará el correspondiente acuerdo de disolución, en el que designará al órgano administrativo o entidad del sector público institucional estatal que asumirá las funciones de liquidador, y se comunicará al Inventario de Entidades del Sector Público Estatal, Autonómico y Local para su publicación. Transcurrido dicho plazo sin que el acuerdo de disolución haya sido publicado, el organismo público quedará automáticamente disuelto y no podrá realizar ningún acto jurídico, salvo los estrictamente necesarios para garantizar la eficacia de su liquidación y extinción.

3. Cuando un organismo público incurra en la causa de disolución prevista en la letra e) del apartado 1, el titular del máximo órgano de dirección del organismo dispondrá del plazo de dos meses, a contar desde la concurrencia de dicha causa, para comunicarlo a la Administración General del Estado.

En el plazo de dos meses a contar desde la comunicación a la que se refiere el párrafo anterior, el organismo público, previo informe de la Intervención General de la Administración del Estado deberá aprobar un plan de corrección del desequilibrio. Como parte del mencionado plan de corrección, la Administración General del Estado podrá realizar aportaciones patrimoniales en el ejercicio presupuestario inmediato anterior.

El plan de corrección se aplicará en el ejercicio presupuestario en el que se apruebe y en el siguiente. Transcurridos esos dos ejercicios sin que se haya corregido el desequilibrio, el titular del máximo órgano de dirección del organismo lo comunicará al titular del departamento de adscripción en los cinco días naturales siguientes a la finalización del plazo mencionado. Recibida la comunicación, se aplicará lo previsto en el apartado 2, salvo que el Consejo de Ministros, a propuesta del Ministro de Hacienda y Administraciones Públicas, decida prorrogar la duración del plan de corrección. Si transcurre el citado plazo de cinco días sin que se haya producido dicha comunicación, el organismo público quedará automáticamente disuelto y no podrá realizar ningún acto jurídico, salvo los estrictamente necesarios para garantizar la eficacia de su liquidación y extinción.

Artículo 97. Liquidación y extinción de organismos públicos estatales.

1. Publicado el acuerdo de disolución al que se refiere el artículo anterior, o transcurridos los plazos en él establecidos sin que éste haya sido publicado, se entenderá automáticamente iniciada la

liquidación.

2. La liquidación tendrá lugar por la cesión e integración global, en unidad de acto, de todo el activo y el pasivo del organismo público en la Administración General del Estado que le sucederá universalmente en todos sus derechos y obligaciones. El órgano o entidad designada como liquidador determinará, en cada caso, el órgano o entidad concreta, de la Administración General del Estado, donde se integrarán los elementos que forman parte del activo y del pasivo del organismo público liquidado.

La responsabilidad que le corresponda al empleado público como miembro de la entidad u órgano liquidador será directamente asumida por la entidad o la Administración General del Estado que lo designó. La Administración General del Estado podrá exigir de oficio al empleado público que designó a esos efectos la responsabilidad en que hubiera incurrido por los daños y perjuicios causados en sus bienes o derechos cuando hubiera concurrido dolo, culpa o negligencia graves, conforme a lo previsto en las Leyes administrativas en materia de responsabilidad patrimonial.

3. La Administración General del Estado quedará subrogada automáticamente en todas las relaciones jurídicas que tuviera el organismo público con sus acreedores, tanto de carácter principal como accesorias, a la fecha de adopción del acuerdo de disolución o, en su defecto, a la fecha en que concurriera la causa de disolución, incluyendo los activos y pasivos sobrevenidos. Esta subrogación no alterará las condiciones financieras de las obligaciones asumidas ni podrá ser entendida como causa de resolución de las relaciones jurídicas.

4. Formalizada la liquidación del organismo público se producirá su extinción automática.

Sección 2.ª Organismos autónomos estatales

Artículo 98. Definición.

1. Los organismos autónomos son entidades de derecho público, con personalidad jurídica propia, tesorería y patrimonio propios y autonomía en su gestión, que desarrollan actividades propias de la Administración Pública, tanto actividades de fomento, prestacionales, de gestión de servicios públicos o de producción de bienes de interés público, susceptibles de contraprestación, en calidad de organizaciones instrumentales diferenciadas y dependientes de ésta.

2. Los organismos autónomos dependen de la Administración General del Estado a la que corresponde su dirección estratégica, la evaluación de los resultados de su actividad y el control de eficacia.

3. Con independencia de cuál sea su denominación, cuando un organismo público tenga la naturaleza jurídica de organismo autónomo deberá figurar en su denominación la indicación «organismo autónomo» o su abreviatura «O.A.».

Artículo 99. Régimen jurídico.

Los organismos autónomos se regirán por lo dispuesto en esta Ley, en su ley de creación, sus estatutos, la Ley de Procedimiento Administrativo Común de las Administraciones Públicas, el Real Decreto Legislativo 3/2011, de 14 de noviembre, la Ley 33/2003, de 3 de noviembre, y el resto de las normas de derecho administrativo general y especial que le sea de aplicación. En defecto de norma administrativa, se aplicará el derecho común.

Artículo 100. Régimen jurídico del personal y de contratación.

1. El personal al servicio de los organismos autónomos será funcionario o laboral, y se regirá por lo previsto en la Ley 7/2007, de 12 de abril, y demás normativa reguladora de los funcionarios públicos y por la normativa laboral.

El nombramiento de los titulares de los órganos de los organismos autónomos se regirá por las normas aplicables a la Administración General del Estado.

El titular del máximo órgano de dirección del organismo tendrá atribuidas, en materia de gestión de recursos humanos, las facultades que le asigne la legislación específica.

El organismo autónomo estará obligado a aplicar las instrucciones sobre recursos humanos dictadas por el Ministerio de Hacienda y Administraciones Públicas y a comunicarle a este departamento cuantos acuerdos o resoluciones adopte en aplicación del régimen específico de personal establecido en su Ley de creación o en sus estatutos.

2. La contratación de los organismos autónomos se ajustará a lo dispuesto en la legislación sobre contratación del sector público. El titular del máximo órgano de dirección del organismo autónomo será el órgano de contratación.

Artículo 101. Régimen económico-financiero y patrimonial.

1. Los organismos autónomos tendrán, para el cumplimiento de sus fines, un patrimonio propio, distinto del de la Administración Pública, integrado por el conjunto de bienes y derechos de los que sean titulares.

La gestión y administración de sus bienes y derechos propios, así como de aquellos del Patrimonio de la Administración que se les adscriban para el cumplimiento de sus fines, será ejercida de acuerdo a lo establecido para los organismos autónomos en la Ley 33/2003, de 3 de noviembre.

2. Los recursos económicos de los organismos autónomos podrán provenir de las siguientes fuentes:

a) Los bienes y valores que constituyen su patrimonio.

b) Los productos y rentas de dicho patrimonio.

c) Las consignaciones específicas que tuvieren asignadas en los presupuestos generales del Estado.

d) Las transferencias corrientes o de capital que procedan de la Administración o entidades públicas.

e) Las donaciones, legados, patrocinios y otras aportaciones de entidades privadas y de particulares.

f) Cualquier otro recurso que estén autorizados a percibir, según las disposiciones por las que se rijan o que pudieran serles atribuidos.

Artículo 102. Régimen presupuestario, de contabilidad y control económico-financiero.

Los organismo autónomos aplicarán el régimen presupuestario, económico-financiero, de contabilidad, y de control establecido por la Ley 47/2003, de 26 de noviembre.

Sección 3.ª Las entidades públicas empresariales de ámbito estatal

Artículo 103. Definición.

1. Las entidades públicas empresariales son entidades de Derecho público, con personalidad jurídica propia, patrimonio propio y autonomía en su gestión, que se financian mayoritariamente con ingresos de mercado y que junto con el ejercicio de potestades administrativas desarrollan actividades prestacionales, de gestión de servicios o de producción de bienes de interés público, susceptibles de contraprestación.

2. Las entidades públicas empresariales dependen de la Administración General del Estado o de un Organismo autónomo vinculado o dependiente de ésta, al que le corresponde la dirección estratégica, la evaluación de los resultados de su actividad y el control de eficacia.

3. Con independencia de cuál sea su denominación, cuando un organismo público tenga naturaleza jurídica de entidad pública empresarial deberá figurar en su denominación la indicación de «entidad pública empresarial» o su abreviatura «E.P.E».

Artículo 104. Régimen jurídico.

Las entidades públicas empresariales se rigen por el Derecho privado, excepto en la formación de la voluntad de sus órganos, en el ejercicio de las potestades administrativas que tengan atribuidas y en los aspectos específicamente regulados para las mismas en esta Ley, en su Ley de creación, sus estatutos, la Ley de Procedimiento Administrativo Común, el Real Decreto Legislativo 3/2011, de 14 de noviembre, la Ley 33/2003, de 3 de noviembre, y el resto de normas de derecho administrativo general y especial que le sean de aplicación.

Artículo 105. Ejercicio de potestades administrativas.

1. Las potestades administrativas atribuidas a las entidades públicas empresariales sólo pueden ser ejercidas por aquellos órganos de éstas a los que los estatutos se les asigne expresamente esta facultad.

2. No obstante, a los efectos de esta Ley, los órganos de las entidades públicas empresariales no son asimilables en cuanto a su rango administrativo al de los órganos de la Administración General del Estado, salvo las excepciones que, a determinados efectos se fijen, en cada caso, en sus estatutos.

Artículo 106. Régimen jurídico del personal y de contratación.

1. El personal de las entidades públicas empresariales se rige por el Derecho laboral, con las especificaciones dispuestas en este artículo y las excepciones relativas a los funcionarios públicos de la Administración General del Estado, quienes se regirán por lo previsto en la Ley 7/2007, de 12 de abril y demás normativa reguladora de los funcionarios públicos o por la normativa laboral.

2. La selección del personal laboral de estas entidades se realizará conforme a las siguientes reglas:

a) El personal directivo, que se determinará en los estatutos de la entidad, será nombrado con arreglo a los criterios establecidos en el apartado 11 del artículo 55, atendiendo a la experiencia en el desempeño de puestos de responsabilidad en la gestión pública o privada.

b) El resto del personal será seleccionado mediante convocatoria pública basada en los principios de igualdad, mérito y capacidad.

3. La determinación y modificación de las condiciones retributivas, tanto del personal directivo como del resto del personal, requerirán el informe conjunto, previo y favorable del Ministerio de Hacienda y Administraciones Públicas.

4. El Ministerio de Hacienda y Administraciones Públicas

efectuará, con la periodicidad adecuada, controles específicos sobre la evolución de los gastos de personal y de la gestión de sus recursos humanos, conforme a los criterios previamente establecidos por los mismos.

5. La Ley de creación de cada entidad pública empresarial deberá determinar las condiciones conforme a las cuales, los funcionarios de la Administración General del Estado, podrán cubrir destinos en la referida entidad, y establecerá, asimismo, las competencias que a la misma correspondan sobre este personal que, en todo caso, serán las que tengan legalmente atribuidas los Organismos autónomos.

6. La contratación de las entidades públicas empresariales se rige por las previsiones contenidas al respecto en la legislación de contratos del sector público.

Artículo 107. Régimen económico-financiero y patrimonial.

1. Las entidades públicas empresariales tendrán, para el cumplimiento de sus fines, un patrimonio propio, distinto del de la Administración Pública, integrado por el conjunto de bienes y derechos de los que sean titulares.

La gestión y administración de sus bienes y derechos propios, así como de aquellos del Patrimonio de la Administración que se les adscriban para el cumplimiento de sus fines, será ejercida de acuerdo con lo previsto en la Ley 33/2003, de 3 de noviembre.

2. Las entidades públicas empresariales podrán financiarse con los ingresos que se deriven de sus operaciones, obtenidos como contraprestación de sus actividades comerciales, y con los recursos económicos que provengan de las siguientes fuentes:

a) Los bienes y valores que constituyen su patrimonio.

b) Los productos y rentas de dicho patrimonio y cualquier otro recurso que pudiera serle atribuido.

Excepcionalmente, cuando así lo prevea la Ley de creación, podrá financiarse con los recursos económicos que provengan de las siguientes fuentes:

a) Las consignaciones específicas que tuvieran asignadas en los Presupuestos Generales del Estado.

b) Las transferencias corrientes o de capital que procedan de las Administraciones o entidades públicas.

c) Las donaciones, legados, patrocinios y otras aportaciones de entidades privadas y de particulares.

3. Las entidades público empresariales se financiarán mayoritariamente con ingresos de mercado. Se entiende que se financian mayoritariamente con ingresos de mercado cuando tengan

la consideración de productor de mercado de conformidad con el Sistema Europeo de Cuentas.

A tales efectos se tomará en consideración la clasificación de las diferentes entidades públicas a los efectos de la contabilidad nacional que efectúe el Comité Técnico de Cuentas Nacionales y que se recogerá en el Inventario de Entidades del sector Público estatal, Autonómico y Local.

Artículo 108. Régimen presupuestario, de contabilidad y control económico-financiero.

Las entidades públicas empresariales aplicarán el régimen presupuestario, económico-financiero, de contabilidad y de control establecido en la Ley 47/2003, de 26 de noviembre.

CAPÍTULO IV

Las autoridades administrativas independientes de ámbito estatal

Artículo 109. Definición.

1. Son autoridades administrativas independientes de ámbito estatal las entidades de derecho público que, vinculadas a la Administración General del Estado y con personalidad jurídica propia, tienen atribuidas funciones de regulación o supervisión de carácter externo sobre sectores económicos o actividades determinadas, por requerir su desempeño de independencia funcional o una especial autonomía respecto de la Administración General del Estado, lo que deberá determinarse en una norma con rango de Ley.

2. Las autoridades administrativas independientes actuarán, en el desarrollo de su actividad y para el cumplimiento de sus fines, con independencia de cualquier interés empresarial o comercial.

3. Con independencia de cuál sea su denominación, cuando una entidad tenga la naturaleza jurídica de autoridad administrativa independiente deberá figurar en su denominación la indicación «autoridad administrativa independiente» o su abreviatura «A.A.I.».

Artículo 110. Régimen jurídico.

1. Las autoridades administrativas independientes se regirán por su Ley de creación, sus estatutos y la legislación especial de los sectores económicos sometidos a su supervisión y, supletoriamente y en cuanto sea compatible con su naturaleza y autonomía, por lo dispuesto en esta Ley, en particular lo dispuesto para organismos autónomos, la Ley del Procedimiento Administrativo Común de las

Administraciones Públicas, la Ley 47/2003, de 26 de noviembre, el Real Decreto Legislativo 3/2011, de 14 de noviembre, la Ley 33/2003, de 3 de noviembre, así como el resto de las normas de derecho administrativo general y especial que le sea de aplicación. En defecto de norma administrativa, se aplicará el derecho común.

2. Las autoridades administrativas independientes estarán sujetas al principio de sostenibilidad financiera de acuerdo con lo previsto en la Ley Orgánica 2/2012, de 27 de abril.

CAPÍTULO V

De las sociedades mercantiles estatales

Artículo 111. Definición.

1. Se entiende por sociedad mercantil estatal aquella sociedad mercantil sobre la que se ejerce control estatal:

a) Bien porque la participación directa, en su capital social de la Administración General del Estado o alguna de las entidades que, conforme a lo dispuesto en el artículo 84, integran el sector público institucional estatal, incluidas las sociedades mercantiles estatales, sea superior al 50 por 100. Para la determinación de este porcentaje, se sumarán las participaciones correspondientes a la Administración General del Estado y a todas las entidades integradas en el sector público institucional estatal, en el caso de que en el capital social participen varias de ellas.

b) Bien porque la sociedad mercantil se encuentre en el supuesto previsto en el artículo 4 de la Ley 24/1988, de 28 de julio, del Mercado de Valores respecto de la Administración General del Estado o de sus organismos públicos vinculados o dependientes.

2. En la denominación de las sociedades mercantiles que tengan la condición de estatales deberá figurar necesariamente la indicación «sociedad mercantil estatal» o su abreviatura «S.M.E.».

Artículo 112. Principios rectores.

La Administración General del Estado y las entidades integrantes del sector público institucional, en cuanto titulares del capital social de las sociedades mercantiles estatales, perseguirán la eficiencia, transparencia y buen gobierno en la gestión de dichas sociedades mercantiles, para lo cual promoverán las buenas prácticas y códigos de conducta adecuados a la naturaleza de cada entidad. Todo ello sin perjuicio de la supervisión general que ejercerá el accionista sobre el funcionamiento de la sociedad mercantil estatal, conforme prevé la Ley 33/2003, de 3 de noviembre, del Patrimonio de las

Administraciones Públicas.

Artículo 113. Régimen jurídico.

Las sociedades mercantiles estatales se regirán por lo previsto en esta Ley, por lo previsto en la Ley 33/2003, de 3 de noviembre, y por el ordenamiento jurídico privado, salvo en las materias en que le sea de aplicación la normativa presupuestaria, contable, de personal, de control económico-financiero y de contratación. En ningún caso podrán disponer de facultades que impliquen el ejercicio de autoridad pública, sin perjuicio de que excepcionalmente la ley pueda atribuirle el ejercicio de potestades administrativas.

Artículo 114. Creación y extinción.

1. La creación de una sociedad mercantil estatal o la adquisición de este carácter de forma sobrevenida será autorizada mediante acuerdo del Consejo de Ministros que deberá ser acompañado de una propuesta de estatutos y de un plan de actuación que contendrá, al menos:

a) Las razones que justifican la creación de la sociedad por no poder asumir esas funciones otra entidad ya existente, así como la inexistencia de duplicidades. A estos efectos, deberá dejarse constancia del análisis realizado sobre la existencia de órganos o entidades que desarrollan actividades análogas sobre el mismo territorio y población y las razones por las que la creación de la nueva sociedad no entraña duplicidad con entidades existentes.

b) Un análisis que justifique que la forma jurídica propuesta resulta más eficiente frente a la creación de un organismo público u otras alternativas de organización que se hayan descartado.

c) Los objetivos anuales y los indicadores para medirlos.

Al acuerdo de creación de la sociedad mercantil estatal se acompañará un informe preceptivo favorable del Ministerio de Hacienda y Administraciones Públicas o la Intervención General de la Administración del Estado, según se determine reglamentariamente, que valorará el cumplimiento de lo previsto en este artículo.

El Programa de Actuación Plurianual que conforme a la Ley 47/2003, de 26 de noviembre, deben elaborar las sociedades cada año incluirá un plan de actuación anual que servirá de base para el control de eficacia de la sociedad. La falta de aprobación del plan de actuación dentro del plazo anual fijado, por causa imputable a la sociedad y hasta tanto se subsane la omisión, llevará aparejada la paralización de las aportaciones que deban realizarse a favor de la sociedad con cargo a los presupuestos generales del Estado.

2. La liquidación de una sociedad mercantil estatal recaerá en un órgano de la Administración General del Estado o en una entidad integrante del sector público institucional estatal.

La responsabilidad que le corresponda al empleado público como miembro de la entidad u órgano liquidador será directamente asumida por la entidad o la Administración General del Estado que lo designó, quien podrá exigir de oficio al empleado público la responsabilidad que, en su caso, corresponda cuando concurra dolo, culpa o negligencia grave conforme a lo previsto en las leyes administrativas en materia de responsabilidad patrimonial.

Artículo 115. Régimen de responsabilidad aplicable a los miembros de los consejos de administración de las sociedades mercantiles estatales designados por la Administración General del Estado.

1. La responsabilidad que le corresponda al empleado público como miembro del consejo de administración será directamente asumida por la Administración General del Estado que lo designó.

2. La Administración General del Estado podrá exigir de oficio al empleado público que designó como miembro del consejo de administración la responsabilidad en que hubiera incurrido por los daños y perjuicios causados en sus bienes o derechos cuando hubiera concurrido dolo, o culpa o negligencia graves, conforme a lo previsto en las leyes administrativas en materia de responsabilidad patrimonial.

Artículo 116. Tutela.

1. Al autorizar la constitución de una sociedad mercantil estatal con forma de sociedad anónima, de acuerdo con lo previsto en el artículo 166.2 de la Ley 33/2003, de 3 de noviembre, el Consejo de Ministros podrá atribuir a un Ministerio, cuyas competencias guarden una relación específica con el objeto social de la sociedad, la tutela funcional de la misma.

2. En ausencia de esta atribución expresa corresponderá íntegramente al Ministerio de Hacienda y Administraciones Públicas el ejercicio de las facultades que esta Ley y la Ley 33/2003, de 3 de noviembre, otorgan para la supervisión de la actividad de la sociedad.

3. El Ministerio de tutela ejercerá el control de eficacia e instruirá a la sociedad respecto a las líneas de actuación estratégica y establecerá las prioridades en la ejecución de las mismas, y propondrá su incorporación a los Presupuestos de Explotación y Capital y Programas de Actuación Plurianual, previa conformidad, en cuanto a sus aspectos financieros, de la Dirección General del Patrimonio del Estado si se trata de sociedades cuyo capital corresponda

íntegramente a la Administración General del Estado, o del organismo público que sea titular de su capital.

4. En casos excepcionales, debidamente justificados, el titular del departamento al que corresponda su tutela podrá dar instrucciones a las sociedades, para que realicen determinadas actividades, cuando resulte de interés público su ejecución.

5. Cuando las instrucciones que imparta el Ministerio de tutela impliquen una variación de los Presupuestos de Explotación y Capital de acuerdo con lo dispuesto en la Ley 47/2003, de 26 de noviembre, el órgano de administración no podrá iniciar la cumplimentación de la instrucción sin contar con la autorización del órgano competente para efectuar la modificación correspondiente.

6. En este caso, los administradores de las sociedades a las que se hayan impartido estas instrucciones actuarán diligentemente para su ejecución, y quedarán exonerados de la responsabilidad prevista en el artículo 236 del Real Decreto Legislativo 1/2010, de 2 de julio, por el que se aprueba el texto refundido de la Ley de Sociedades de Capital, si del cumplimiento de dichas instrucciones se derivaren consecuencias lesivas.

Artículo 117. Régimen presupuestario, de contabilidad, control económico-financiero y de personal.

1. Las sociedades mercantiles estatales elaborarán anualmente un presupuesto de explotación y capital y un plan de actuación que forma parte del Programa Plurianual, que se integrarán con el Presupuesto General del Estado. El Programa contendrá la revisión trienal del plan de creación a que se refiere el artículo 85.

2. Las sociedades mercantiles estatales formularán y rendirán sus cuentas de acuerdo con los principios y normas de contabilidad recogidos en el Código de Comercio y el Plan General de Contabilidad y disposiciones que lo desarrollan.

3. Sin perjuicio de las competencias atribuidas al Tribunal de Cuentas, la gestión económico financiera de las sociedades mercantiles estatales estará sometida al control de la Intervención General de la Administración del Estado.

4. El personal de las sociedades mercantiles estatales, incluido el que tenga condición de directivo, se regirá por el Derecho laboral, así como por las normas que le sean de aplicación en función de su adscripción al sector público estatal, incluyendo siempre entre las mismas la normativa presupuestaria, especialmente lo que se establezca en las Leyes de Presupuestos Generales del Estado.

CAPÍTULO VI

De los consorcios

Artículo 118. Definición y actividades propias.

1. Los consorcios son entidades de derecho público, con personalidad jurídica propia y diferenciada, creadas por varias Administraciones Públicas o entidades integrantes del sector público institucional, entre sí o con participación de entidades privadas, para el desarrollo de actividades de interés común a todas ellas dentro del ámbito de sus competencias.

2. Los consorcios podrán realizar actividades de fomento, prestacionales o de gestión común de servicios públicos y cuantas otras estén previstas en las leyes.

3. Los consorcios podrán utilizarse para la gestión de los servicios públicos, en el marco de los convenios de cooperación transfronteriza en que participen las Administraciones españolas, y de acuerdo con las previsiones de los convenios internacionales ratificados por España en la materia.

4. En la denominación de los consorcios deberá figurar necesariamente la indicación «consorcio» o su abreviatura «C».

Artículo 119. Régimen jurídico.

1. Los consorcios se regirán por lo establecido en esta Ley, en la normativa autonómica de desarrollo y sus estatutos.

2. En lo no previsto en esta Ley, en la normativa autonómica aplicable, ni en sus Estatutos sobre el régimen del derecho de separación, disolución, liquidación y extinción, se estará a lo previsto en el Código Civil sobre la sociedad civil, salvo el régimen de liquidación, que se someterá a lo dispuesto en el artículo 97, y en su defecto, el Real Decreto Legislativo 1/2010, de 2 de julio.

3. Las normas establecidas en la Ley 7/1985, de 2 de abril, y en la Ley 27/2013, de 21 de diciembre, de racionalización y sostenibilidad de la Administración Local sobre los Consorcios locales tendrán carácter supletorio respecto a lo dispuesto en esta Ley.

Artículo 120. Régimen de adscripción.

1. Los estatutos de cada consorcio determinarán la Administración Pública a la que estará adscrito de conformidad con lo previsto en este artículo.

2. De acuerdo con los siguientes criterios, ordenados por prioridad en su aplicación y referidos a la situación en el primer día del ejercicio presupuestario, el consorcio quedará adscrito, en cada ejercicio presupuestario y por todo este periodo, a la Administración

Pública que:

a) Disponga de la mayoría de votos en los órganos de gobierno.

b) Tenga facultades para nombrar o destituir a la mayoría de los miembros de los órganos ejecutivos.

c) Tenga facultades para nombrar o destituir a la mayoría de los miembros del personal directivo.

d) Disponga de un mayor control sobre la actividad del consorcio debido a una normativa especial.

e) Tenga facultades para nombrar o destituir a la mayoría de los miembros del órgano de gobierno.

f) Financie en más de un cincuenta por ciento, en su defecto, en mayor medida la actividad desarrollada por el consorcio, teniendo en cuenta tanto la aportación del fondo patrimonial como la financiación concedida cada año.

g) Ostente el mayor porcentaje de participación en el fondo patrimonial.

h) Tenga mayor número de habitantes o extensión territorial dependiendo de si los fines definidos en el estatuto están orientados a la prestación de servicios a las personas, o al desarrollo de actuaciones sobre el territorio.

3. En el supuesto de que participen en el consorcio entidades privadas, el consorcio no tendrá ánimo de lucro y estará adscrito a la Administración Pública que resulte de acuerdo con los criterios establecidos en el apartado anterior.

4. Cualquier cambio de adscripción a una Administración Pública, cualquiera que fuere su causa, conllevará la modificación de los estatutos del consorcio en un plazo no superior a seis meses, contados desde el inicio del ejercicio presupuestario siguiente a aquel en se produjo el cambio de adscripción.

Artículo 121. Régimen de personal.

El personal al servicio de los consorcios podrá ser funcionario o laboral y habrá de proceder exclusivamente de las Administraciones participantes. Su régimen jurídico será el de la Administración Pública de adscripción y sus retribuciones en ningún caso podrán superar las establecidas para puestos de trabajo equivalentes en aquélla.

Excepcionalmente, cuando no resulte posible contar con personal procedente de las Administraciones participantes en el consorcio en atención a la singularidad de las funciones a desempeñar, el Ministerio de Hacienda y Administraciones Públicas, u órgano competente de la Administración a la que se adscriba el consorcio, podrá autorizar la contratación directa de personal por parte del consorcio para el ejercicio de dichas funciones.

Artículo 122. Régimen presupuestario, de contabilidad, control económico-financiero y patrimonial.

1. Los consorcios estarán sujetos al régimen de presupuestación, contabilidad y control de la Administración Pública a la que estén adscritos, sin perjuicio de su sujeción a lo previsto en la Ley Orgánica 2/2012, de 27 de abril.

2. A efectos de determinar la financiación por parte de las Administraciones consorciadas, se tendrán en cuenta tanto los compromisos estatutarios o convencionales existentes como la financiación real, mediante el análisis de los desembolsos efectivos de todas las aportaciones realizadas.

3. En todo caso, se llevará a cabo una auditoría de las cuentas anuales que será responsabilidad del órgano de control de la Administración a la que se haya adscrito el consorcio.

4. Los consorcios deberán formar parte de los presupuestos e incluirse en la cuenta general de la Administración Pública de adscripción.

5. Los consorcios se regirán por las normas patrimoniales de la Administración Pública a la que estén adscritos.

Artículo 123. Creación.

1. Los consorcios se crearán mediante convenio suscrito por las Administraciones, organismos públicos o entidades participantes.

2. En los consorcios en los que participe la Administración General del Estado o sus organismos públicos y entidades vinculados o dependientes se requerirá:

a) Que su creación se autorice por ley.

b) El convenio de creación precisará de autorización previa del Consejo de Ministros. La competencia para la suscripción del convenio no podrá ser objeto de delegación, y corresponderá al titular del departamento ministerial participante, y en el ámbito de los organismos autónomos, al titular del máximo órgano de dirección del organismo, previo informe del Ministerio del que dependa o al que esté vinculado.

c) Del convenio formarán parte los estatutos, un plan de actuación, de conformidad con lo previsto en el artículo 92, y una proyección presupuestaria trienal, además del informe preceptivo favorable del Ministerio de Hacienda y Administraciones Públicas. El convenio suscrito junto con los estatutos, así como sus modificaciones, serán objeto de publicación en el «Boletín Oficial del

Estado».

Artículo 124. Contenido de los estatutos.

Los estatutos de cada consorcio determinarán la Administración Pública a la que estará adscrito, así como su régimen orgánico, funcional y financiero de acuerdo con lo previsto en esta Ley, y, al menos, los siguientes aspectos:

a) Sede, objeto, fines y funciones.

b) Identificación de participantes en el consorcio así como las aportaciones de sus miembros. A estos efectos, en aplicación del principio de responsabilidad previsto en el artículo 8 de la Ley Orgánica 2/2012, de 27 de abril, los estatutos incluirán cláusulas que limiten las actividades del consorcio si las entidades consorciadas incumplieran los compromisos de financiación o de cualquier otro tipo, así como fórmulas tendentes al aseguramiento de las cantidades comprometidas por las entidades consorciadas con carácter previo a la realización de las actividades presupuestadas.

c) Órganos de gobiernos y administración, así como su composición y funcionamiento, con indicación expresa del régimen de adopción de acuerdos. Podrán incluirse cláusulas que contemplen la suspensión temporal del derecho de voto o a la participación en la formación de los acuerdos cuando las Administraciones o entidades consorciadas incumplan manifiestamente sus obligaciones para con el consorcio, especialmente en lo que se refiere a los compromisos de financiación de las actividades del mismo.

d) Causas de disolución.

Artículo 125. Causas y procedimiento para el ejercicio del derecho de separación de un consorcio.

1. Los miembros de un consorcio, al que le resulte de aplicación lo previsto en esta Ley o en la Ley 7/1985, de 2 de abril, podrán separarse del mismo en cualquier momento siempre que no se haya señalado término para la duración del consorcio.

Cuando el consorcio tenga una duración determinada, cualquiera de sus miembros podrá separase antes de la finalización del plazo si alguno de los miembros del consorcio hubiera incumplido alguna de sus obligaciones estatutarias y, en particular, aquellas que impidan cumplir con el fin para el que fue creado el consorcio, como es la obligación de realizar aportaciones al fondo patrimonial.

Cuando un municipio deje de prestar un servicio, de acuerdo con lo previsto en la Ley 7/1985, de 2 de abril, y ese servicio sea uno de los prestados por el Consorcio al que pertenece, el municipio podrá separarse del mismo.

2. El derecho de separación habrá de ejercitarse mediante escrito notificado al máximo órgano de gobierno del consorcio. En el escrito deberá hacerse constar, en su caso, el incumplimiento que motiva la separación si el consorcio tuviera duración determinada, la formulación de requerimiento previo de su cumplimiento y el transcurso del plazo otorgado para cumplir tras el requerimiento.

Artículo 126. Efectos del ejercicio del derecho de separación de un consorcio.

1. El ejercicio del derecho de separación produce la disolución del consorcio salvo que el resto de sus miembros, de conformidad con lo previsto en sus estatutos, acuerden su continuidad y sigan permaneciendo en el consorcio, al menos, dos Administraciones, o entidades u organismos públicos vinculados o dependientes de más de una Administración.

2. Cuando el ejercicio del derecho de separación no conlleve la disolución del consorcio se aplicarán las siguientes reglas:

a) Se calculará la cuota de separación que corresponda a quien ejercite su derecho de separación, de acuerdo con la participación que le hubiera correspondido en el saldo resultante del patrimonio neto, de haber tenido lugar la liquidación, teniendo en cuenta el criterio de reparto dispuesto en los estatutos.

A falta de previsión estatutaria, se considerará cuota de separación la que le hubiera correspondido en la liquidación. En defecto de determinación de la cuota de liquidación se tendrán en cuenta, tanto el porcentaje de las aportaciones al fondo patrimonial del consorcio que haya efectuado quien ejerce el derecho de separación, como la financiación concedida cada año. Si el miembro del consorcio que se separa no hubiere realizado aportaciones por no estar obligado a ello, el criterio de reparto será la participación en los ingresos que, en su caso, hubiera recibido durante el tiempo que ha pertenecido al consorcio.

Se acordará por el consorcio la forma y condiciones en que tendrá lugar el pago de la cuota de separación, en el supuesto en que esta resulte positiva, así como la forma y condiciones del pago de la deuda que corresponda a quien ejerce el derecho de separación si la cuota es negativa.

La efectiva separación del consorcio se producirá una vez determinada la cuota de separación, en el supuesto en que ésta resulte positiva, o una vez se haya pagado la deuda, si la cuota es negativa.

b) Si el consorcio estuviera adscrito, de acuerdo con lo previsto en la Ley, a la Administración que ha ejercido el derecho de separación, tendrá que acordarse por el consorcio a quien se adscribe, de las restantes Administraciones o entidades u organismos públicos vinculados o dependientes de una Administración que permanecen en el consorcio, en aplicación de los criterios establecidos en la Ley.

Artículo 127. Disolución del consorcio.

1. La disolución del consorcio produce su liquidación y extinción. En todo caso será causa de disolución que los fines para los que fue creado el consorcio hayan sido cumplidos.

2. El máximo órgano de gobierno del consorcio al adoptar el acuerdo de disolución nombrará un liquidador que será un órgano o entidad, vinculada o dependiente, de la Administración Pública a la que el consorcio esté adscrito.

La responsabilidad que le corresponda al empleado público como miembro de la entidad u órgano liquidador será directamente asumida por la entidad o la Administración Pública que lo designó, quien podrá exigir de oficio al empleado público la responsabilidad que, en su caso, corresponda cuando haya concurrido dolo, culpa o negligencia graves conforme a lo previsto en las leyes administrativas en materia de responsabilidad patrimonial.

3. El liquidador calculará la cuota de liquidación que corresponda a cada miembro del consorcio de conformidad con lo previsto en los estatutos. Si no estuviera previsto en los estatutos, se calculará la mencionada cuota de acuerdo con la participación que le corresponda en el saldo resultante del patrimonio neto tras la liquidación, teniendo en cuenta que el criterio de reparto será el dispuesto en los estatutos.

A falta de previsión estatutaria, se tendrán en cuenta tanto el porcentaje de las aportaciones que haya efectuado cada miembro del consorcio al fondo patrimonial del mismo como la financiación concedida cada año. Si alguno de los miembros del consorcio no hubiere realizado aportaciones por no estar obligado a ello, el criterio de reparto será la participación en los ingresos que, en su caso, hubiera recibido durante el tiempo que ha pertenecido en el consorcio.

4. Se acordará por el consorcio la forma y condiciones en que tendrá lugar el pago de la cuota de liquidación en el supuesto en que ésta resulte positiva.

5. Las entidades consorciadas podrán acordar, con la mayoría que se establezca en los estatutos, o a falta de previsión estatutaria por unanimidad, la cesión global de activos y pasivos a otra entidad del sector público jurídicamente adecuada con la finalidad de mantener la continuidad de la actividad y alcanzar los objetivos del consorcio que se extingue. La cesión global de activos y pasivos implicará la extinción sin liquidación del consorcio cedente.

CAPÍTULO VII

De las fundaciones del sector público estatal

Artículo 128. Definición y actividades propias.

1. Son fundaciones del sector público estatal aquellas que reúnan alguno de los requisitos siguientes:

a) Que se constituyan de forma inicial, con una aportación mayoritaria, directa o indirecta, de la Administración General del Estado o cualquiera de los sujetos integrantes del sector público institucional estatal, o bien reciban dicha aportación con posterioridad a su constitución.

b) Que el patrimonio de la fundación esté integrado en más de un 50 por ciento por bienes o derechos aportados o cedidos por sujetos integrantes del sector público institucional estatal con carácter permanente.

c) La mayoría de derechos de voto en su patronato corresponda a representantes del sector público institucional estatal.

2. Son actividades propias de las fundaciones del sector público estatal las realizadas, sin ánimo de lucro, para el cumplimiento de fines de interés general, con independencia de que el servicio se preste de forma gratuita o mediante contraprestación.

Únicamente podrán realizar actividades relacionadas con el ámbito competencial de las entidades del sector público fundadoras, debiendo coadyuvar a la consecución de los fines de las mismas, sin que ello suponga la asunción de sus competencias propias, salvo previsión legal expresa. Las fundaciones no podrán ejercer potestades públicas.

En la denominación de las fundaciones del sector público estatal deberá figurar necesariamente la indicación «fundación del sector público» o su abreviatura «F.S.P.».

3. Para la financiación de las actividades y el mantenimiento de la fundación, debe haberse previsto la posibilidad de que en el patrimonio de las fundaciones del sector público pueda existir aportación del sector privado de forma no mayoritaria.

Artículo 129. Régimen de adscripción de las fundaciones.

1. Los estatutos de cada fundación determinarán la Administración Pública a la que estará adscrita de conformidad con lo previsto en este artículo.

2. De acuerdo con los siguientes criterios, ordenados por prioridad en su aplicación, referidos a la situación en el primer día del

ejercicio presupuestario, la fundación del sector público quedará adscrita, en cada ejercicio presupuestario y por todo este periodo, a la Administración Pública que:

a) Disponga de mayoría de patronos.

b) Tenga facultades para nombrar o destituir a la mayoría de los miembros de los órganos ejecutivos.

c) Tenga facultades para nombrar o destituir a la mayoría de los miembros del personal directivo.

d) Tenga facultades para nombrar o destituir a la mayoría de los miembros del patronato.

e) Financie en más de un cincuenta por ciento, en su defecto, en mayor medida la actividad desarrollada por la fundación, teniendo en cuenta tanto la aportación del fondo patrimonial como la financiación concedida cada año.

f) Ostente el mayor porcentaje de participación en el fondo patrimonial.

3. En el supuesto de que participen en la fundación entidades privadas sin ánimo de lucro, la fundación del sector público estará adscrita a la Administración que resulte de acuerdo con los criterios establecidos en el apartado anterior.

4. El cambio de adscripción a una Administración Pública, cualquiera que fuere su causa, conllevará la modificación de los estatutos que deberá realizarse en un plazo no superior a tres meses, contados desde el inicio del ejercicio presupuestario siguiente a aquél en se produjo el cambio de adscripción.

Artículo 130. Régimen jurídico.

Las fundaciones del sector público estatal se rigen por lo previsto en esta Ley, por la Ley 50/2002, de 26 de diciembre, de Fundaciones, la legislación autonómica que resulte aplicable en materia de fundaciones, y por el ordenamiento jurídico privado, salvo en las materias en que le sea de aplicación la normativa presupuestaria, contable, de control económico-financiero y de contratación del sector público.

Artículo 131. Régimen de contratación.

La contratación de las fundaciones del sector público estatal se ajustará a lo dispuesto en la legislación sobre contratación del sector público.

Artículo 132. Régimen presupuestario, de contabilidad, de control económico-financiero y de personal.

1. Las fundaciones del sector público estatal elaborarán anualmente un presupuesto de explotación y capital, que se integrarán con el Presupuesto General del Estado y formularán y presentarán sus cuentas de acuerdo con los principios y normas de contabilidad recogidos en la adaptación del Plan General de Contabilidad a las entidades sin fines lucrativos y disposiciones que lo desarrollan, así como la normativa vigente sobre fundaciones.

2. Las fundaciones del sector público estatal aplicarán el régimen presupuestario, económico financiero, de contabilidad, y de control establecido por la Ley 47/2003, de 26 de noviembre, y sin perjuicio de las competencias atribuidas al Tribunal de Cuentas, estarán sometidas al control de la Intervención General de la Administración del Estado.

3. El personal de las fundaciones del sector público estatal, incluido el que tenga condición de directivo, se regirá por el Derecho laboral, así como por las normas que le sean de aplicación en función de su adscripción al sector público estatal, incluyendo entre las mismas la normativa presupuestaria así como lo que se establezca en las Leyes de Presupuestos Generales del Estado.

Artículo 133. Creación de fundaciones del sector público estatal.

1. La creación de las fundaciones del sector público estatal o la adquisición de este carácter de forma sobrevenida se realizará por ley que establecerá los fines de la fundación y, en su caso, los recursos económicos con los que se le dota.

2. El anteproyecto de ley de creación de una fundación del sector público estatal que se eleve al Consejo de Ministros deberá ser acompañado de una propuesta de estatutos y del plan de actuación, de conformidad con lo previsto en el artículo 92, junto con el informe preceptivo favorable del Ministerio de Hacienda y Administraciones Públicas o la Intervención General de la Administración del Estado, según se determine reglamentariamente.

3. Los estatutos de las fundaciones del sector público estatal se aprobarán por Real Decreto de Consejo de Ministros, a propuesta conjunta del titular del Ministerio de Hacienda y Administraciones Públicas y del Ministerio que ejerza el protectorado, que estará determinado en sus Estatutos. No obstante, por Acuerdo del Consejo de Ministros podrá modificarse el Ministerio al que se adscriba inicialmente la fundación.

Artículo 134. Protectorado.

El Protectorado de las fundaciones del sector público será ejercido por el órgano de la Administración de adscripción que tenga atribuida tal competencia, que velará por el cumplimiento de las obligaciones establecidas en la normativa sobre fundaciones, sin perjuicio del control de eficacia y la supervisión continua al que están sometidas de acuerdo con lo previsto en esta Ley.

Artículo 135. Estructura organizativa.

En las fundaciones del sector público estatal la mayoría de miembros del patronato serán designados por los sujetos del sector público estatal.

La responsabilidad que le corresponda al empleado público como miembro del patronato será directamente asumida por la entidad o la Administración General del Estado que lo designó. La Administración General del Estado podrá exigir de oficio al empleado público que designó a esos efectos la responsabilidad en que hubiera incurrido por los daños y perjuicios causados en sus bienes o derechos cuando hubiera concurrido dolo, o culpa o negligencia graves, conforme a lo previsto en las leyes administrativas en materia de responsabilidad patrimonial.

Artículo 136. Fusión, disolución, liquidación y extinción.

A las fundaciones del sector público estatal le resultará de aplicación el régimen de fusión, disolución, liquidación y extinción previsto en los artículos 94, 96 y 97.

CAPÍTULO VIII

De los fondos carentes de personalidad jurídica del sector público estatal

Artículo 137. Creación y extinción.

1. La creación de fondos carentes de personalidad jurídica en el sector público estatal se efectuará por Ley. La norma de creación determinará expresamente su adscripción a la Administración General del Estado.

2. Con independencia de su creación por Ley se extinguirán por norma de rango reglamentario.

3. En la denominación de los fondos carentes de personalidad jurídica deberá figurar necesariamente la indicación «fondo carente de personalidad jurídica» o su abreviatura «F.C.P.J».

Artículo 138. Régimen jurídico.

Los fondos carentes de personalidad jurídica se regirán por lo dispuesto en esta Ley, en su norma de creación, y el resto de las normas de derecho administrativo general y especial que le sea de aplicación.

Artículo 139. Régimen presupuestario, de contabilidad y de control económico-financiero.

Los fondos carentes de personalidad jurídica estarán sujetos al régimen de presupuestación, contabilidad y control previsto en la Ley 47/2003, de 26 de noviembre.

TÍTULO III

Relaciones interadministrativas

CAPÍTULO I

Principios generales de las relaciones interadministrativas

Artículo 140. Principios de las relaciones interadministrativas.

1. Las diferentes Administraciones Públicas actúan y se relacionan con otras Administraciones y entidades u organismos vinculados o dependientes de éstas de acuerdo con los siguientes principios:

a) Lealtad institucional.

b) Adecuación al orden de distribución de competencias establecido en la Constitución y en los Estatutos de Autonomía y en la normativa del régimen local.

c) Colaboración, entendido como el deber de actuar con el resto de Administraciones Públicas para el logro de fines comunes.

d) Cooperación, cuando dos o más Administraciones Publicas, de manera voluntaria y en ejercicio de sus competencias, asumen compromisos específicos en aras de una acción común.

e) Coordinación, en virtud del cual una Administración Pública y, singularmente, la Administración General del Estado, tiene la obligación de garantizar la coherencia de las actuaciones de las diferentes Administraciones Públicas afectadas por una misma materia para la consecución de un resultado común, cuando así lo prevé la Constitución y el resto del ordenamiento jurídico.

f) Eficiencia en la gestión de los recursos públicos, compartiendo el uso de recursos comunes, salvo que no resulte posible o se justifique en términos de su mejor aprovechamiento.

g) Responsabilidad de cada Administración Pública en el

cumplimiento de sus obligaciones y compromisos.

h) Garantía e igualdad en el ejercicio de los derechos de todos los ciudadanos en sus relaciones con las diferentes Administraciones.

i) Solidaridad interterritorial de acuerdo con la Constitución.

2. En lo no previsto en el presente Título, las relaciones entre la Administración General del Estado o las Administraciones de las Comunidades Autónomas con las Entidades que integran la Administración Local se regirán por la legislación básica en materia de régimen local.

CAPÍTULO II

Deber de colaboración

Artículo 141. Deber de colaboración entre las Administraciones Públicas.

1. Las Administraciones Públicas deberán:

a) Respetar el ejercicio legítimo por las otras Administraciones de sus competencias.

b) Ponderar, en el ejercicio de las competencias propias, la totalidad de los intereses públicos implicados y, en concreto, aquellos cuya gestión esté encomendada a las otras Administraciones.

c) Facilitar a las otras Administraciones la información que precisen sobre la actividad que desarrollen en el ejercicio de sus propias competencias o que sea necesaria para que los ciudadanos puedan acceder de forma integral a la información relativa a una materia.

d) Prestar, en el ámbito propio, la asistencia que las otras Administraciones pudieran solicitar para el eficaz ejercicio de sus competencias.

e) Cumplir con las obligaciones concretas derivadas del deber de colaboración y las restantes que se establezcan normativamente.

2. La asistencia y colaboración requerida sólo podrá negarse cuando el organismo público o la entidad del que se solicita no esté facultado para prestarla de acuerdo con lo previsto en su normativa específica, no disponga de medios suficientes para ello o cuando, de hacerlo, causara un perjuicio grave a los intereses cuya tutela tiene encomendada o al cumplimiento de sus propias funciones o cuando la información solicitada tenga carácter confidencial o reservado. La negativa a prestar la asistencia se comunicará motivadamente a la Administración solicitante.

3. La Administración General del Estado, las de las

Comunidades Autónomas y las de las Entidades Locales deberán colaborar y auxiliarse para la ejecución de sus actos que hayan de realizarse o tengan efectos fuera de sus respectivos ámbitos territoriales. Los posibles costes que pueda generar el deber de colaboración podrán ser repercutidos cuando así se acuerde.

Artículo 142. Técnicas de colaboración.

Las obligaciones que se derivan del deber de colaboración se harán efectivas a través de las siguientes técnicas:

a) El suministro de información, datos, documentos o medios probatorios que se hallen a disposición del organismo público o la entidad al que se dirige la solicitud y que la Administración solicitante precise disponer para el ejercicio de sus competencias.

b) La creación y mantenimiento de sistemas integrados de información administrativa con el fin de disponer de datos actualizados, completos y permanentes referentes a los diferentes ámbitos de actividad administrativa en todo el territorio nacional.

c) El deber de asistencia y auxilio, para atender las solicitudes formuladas por otras Administraciones para el mejor ejercicio de sus competencias, en especial cuando los efectos de su actividad administrativa se extiendan fuera de su ámbito territorial.

d) Cualquier otra prevista en una Ley.

CAPÍTULO III

Relaciones de cooperación

Sección 1.ª Técnicas de cooperación

Artículo 143. Cooperación entre Administraciones Públicas.

1. Las Administraciones cooperarán al servicio del interés general y podrán acordar de manera voluntaria la forma de ejercer sus respectivas competencias que mejor sirva a este principio.

2. La formalización de relaciones de cooperación requerirá la aceptación expresa de las partes, formulada en acuerdos de órganos de cooperación o en convenios.

Artículo 144. Técnicas de Cooperación.

1. Se podrá dar cumplimiento al principio de cooperación de acuerdo con las técnicas que las Administraciones interesadas estimen más adecuadas, como pueden ser:

a) La participación en órganos de cooperación, con el fin de deliberar y, en su caso, acordar medidas en materias sobre las que tengan competencias diferentes Administraciones Públicas.

b) La participación en órganos consultivos de otras Administraciones Públicas.

c) La participación de una Administración Pública en organismos públicos o entidades dependientes o vinculados a otra Administración diferente.

d) La prestación de medios materiales, económicos o personales a otras Administraciones Públicas.

e) La cooperación interadministrativa para la aplicación coordinada de la normativa reguladora de una determinada materia.

f) La emisión de informes no preceptivos con el fin de que las diferentes Administraciones expresen su criterio sobre propuestas o actuaciones que incidan en sus competencias.

g) Las actuaciones de cooperación en materia patrimonial, incluidos los cambios de titularidad y la cesión de bienes, previstas en la legislación patrimonial.

h) Cualquier otra prevista en la Ley.

2. En los convenios y acuerdos en los que se formalice la cooperación se preverán las condiciones y compromisos que asumen las partes que los suscriben.

3. Cada Administración Pública mantendrá actualizado un registro electrónico de los órganos de cooperación en los que participe y de convenios que haya suscrito.

Sección 2.ª Técnicas orgánicas de cooperación

Artículo 145. Órganos de cooperación.

1. Los órganos de cooperación son órganos de composición multilateral o bilateral, de ámbito general o especial, constituidos por representantes de la Administración General del Estado, de las Administraciones de las Comunidades o Ciudades de Ceuta y Melilla o, en su caso, de las Entidades Locales, para acordar voluntariamente actuaciones que mejoren el ejercicio de las competencias que cada Administración Pública tiene.

2. Los órganos de cooperación se regirán por lo dispuesto en esta Ley y por las disposiciones específicas que les sean de aplicación.

3. Los órganos de cooperación entre distintas Administraciones Públicas en los que participe la Administración General del Estado, deberán inscribirse en el Registro estatal de Órganos e Instrumentos de Cooperación para que resulte válida su sesión constitutiva.

4. Los órganos de cooperación, salvo oposición por alguna de las

partes, podrán adoptar acuerdos a través de un procedimiento simplificado y por suscripción sucesiva de las partes, por cualquiera de las formas admitidas en Derecho, en los términos que se establezcan de común acuerdo.

Artículo 146. Conferencia de Presidentes.

1. La Conferencia de Presidentes es un órgano de cooperación multilateral entre el Gobierno de la Nación y los respectivos Gobiernos de las Comunidades Autónomas y está formada por el Presidente del Gobierno, que la preside, y por los Presidentes de las Comunidades Autónomas y de las Ciudades de Ceuta y Melilla.

2. La Conferencia de Presidentes tiene por objeto la deliberación de asuntos y la adopción de acuerdos de interés para el Estado y las Comunidades Autónomas, estando asistida para la preparación de sus reuniones por un Comité preparatorio del que forman parte un Ministro del Gobierno, que lo preside, y un Consejero de cada Comunidad Autónoma.

Artículo 147. Conferencias Sectoriales.

1. La Conferencia Sectorial es un órgano de cooperación, de composición multilateral y ámbito sectorial determinado, que reúne, como Presidente, al miembro del Gobierno que, en representación de la Administración General del Estado, resulte competente por razón de la materia, y a los correspondientes miembros de los Consejos de Gobierno, en representación de las Comunidades Autónomas y de las Ciudades de Ceuta y Melilla.

2. Las Conferencias Sectoriales, u órganos sometidos a su régimen jurídico con otra denominación, habrán de inscribirse en el Registro Electrónico estatal de Órganos e Instrumentos de Cooperación para su válida constitución.

3. Cada Conferencia Sectorial dispondrá de un reglamento de organización y funcionamiento interno aprobado por sus miembros.

Artículo 148. Funciones de las Conferencias Sectoriales.

1. Las Conferencias Sectoriales pueden ejercer funciones consultivas, decisorias o de coordinación orientadas a alcanzar acuerdos sobre materias comunes.

2. En particular, las Conferencias Sectoriales ejercerán, entre otras, las siguientes funciones:

a) Ser informadas sobre los anteproyectos de leyes y los proyectos de reglamentos del Gobierno de la Nación o de los Consejos de Gobierno de las Comunidades Autónomas cuando afecten de manera directa al ámbito competencial de las otras

Administraciones Públicas o cuando así esté previsto en la normativa sectorial aplicable, bien a través de su pleno o bien a través de la comisión o el grupo de trabajo mandatado al efecto.

b) Establecer planes específicos de cooperación entre Comunidades Autónomas en la materia sectorial correspondiente, procurando la supresión de duplicidades, y la consecución de una mejor eficiencia de los servicios públicos.

c) Intercambiar información sobre las actuaciones programadas por las distintas Administraciones Públicas, en ejercicio de sus competencias, y que puedan afectar a las otras Administraciones.

d) Establecer mecanismos de intercambio de información, especialmente de contenido estadístico.

e) Acordar la organización interna de la Conferencia Sectorial y de su método de trabajo.

f) Fijar los criterios objetivos que sirvan de base para la distribución territorial de los créditos presupuestarios, así como su distribución al comienzo del ejercicio económico, de acuerdo con lo previsto en la Ley 47/2003, de 26 de noviembre.

Artículo 149. Convocatoria de las reuniones de las Conferencias Sectoriales.

1. Corresponde al Ministro que presida la Conferencia Sectorial acordar la convocatoria de las reuniones por iniciativa propia, al menos una vez al año, o cuando lo soliciten, al menos, la tercera parte de sus miembros. En este último caso, la solicitud deberá incluir la propuesta de orden del día.

2. La convocatoria, que deberá acompañarse de los documentos necesarios con la suficiente antelación, deberá contener el orden del día previsto para cada sesión, sin que puedan examinarse asuntos que no figuren en el mismo, salvo que todos los miembros de la Conferencia Sectorial manifiesten su conformidad. El orden del día de cada reunión será propuesto por el Presidente y deberá especificar el carácter consultivo, decisorio o de coordinación de cada uno de los asuntos a tratar.

3. Cuando la conferencia sectorial hubiera de reunirse con el objeto exclusivo de informar un proyecto normativo, la convocatoria, la constitución y adopción de acuerdos podrá efectuarse por medios electrónicos, telefónicos o audiovisuales, que garanticen la intercomunicación entre ellos y la unidad de acto, tales como la videoconferencia o el correo electrónico, entendiéndose los acuerdos adoptados en el lugar donde esté la presidencia, de acuerdo con el procedimiento que se establezca en el reglamento de funcionamiento interno de la conferencia sectorial.

De conformidad con lo previsto en este apartado la elaboración y remisión de actas podrá realizarse a través de medios electrónicos.

Artículo 150. Secretaría de las Conferencias Sectoriales.

1. Cada Conferencia Sectorial tendrá un secretario que será designado por el Presidente de la Conferencia Sectorial.

2. Corresponde al secretario de la Conferencia Sectorial, al menos, las siguientes funciones:

a) Preparar las reuniones y asistir a ellas con voz pero sin voto.

b) Efectuar la convocatoria de las sesiones de la Conferencia Sectorial por orden del Presidente.

c) Recibir los actos de comunicación de los miembros de la Conferencia Sectorial y, por tanto, las notificaciones, peticiones de datos, rectificaciones o cualquiera otra clase de escritos de los que deba tener conocimiento.

d) Redactar y autorizar las actas de las sesiones.

e) Expedir certificaciones de las consultas, recomendaciones y acuerdos aprobados y custodiar la documentación generada con motivo de la celebración de sus reuniones.

f) Cuantas otras funciones sean inherentes a su condición de secretario.

Artículo 151. Clases de decisiones de la Conferencia Sectorial.

1. La adopción de decisiones requerirá la previa votación de los miembros de la Conferencia Sectorial. Esta votación se producirá por la representación que cada Administración Pública tenga y no por los distintos miembros de cada una de ellas.

2. Las decisiones que adopte la Conferencia Sectorial podrán revestir la forma de:

a) Acuerdo: supone un compromiso de actuación en el ejercicio de las respectivas competencias. Son de obligado cumplimiento y directamente exigibles de acuerdo con lo previsto en la Ley 29/1998, de 13 de julio, reguladora de la Jurisdicción Contencioso-administrativa, salvo para quienes hayan votado en contra mientras no decidan suscribirlos con posterioridad. El acuerdo será certificado en acta.

Cuando la Administración General del Estado ejerza funciones de coordinación, de acuerdo con el orden constitucional de distribución de competencias del ámbito material respectivo, el Acuerdo que se adopte en la Conferencia Sectorial, y en el que se incluirán los votos particulares que se hayan formulado, será de obligado cumplimiento para todas las Administraciones Públicas integrantes de la Conferencia Sectorial, con independencia del sentido de su voto, siendo exigibles conforme a lo establecido en la Ley 29/1998, de 13 de julio. El acuerdo será certificado en acta.

Las Conferencias Sectoriales podrán adoptar planes conjuntos, de carácter multilateral, entre la Administración General del Estado y la de las Comunidades Autónomas, para comprometer actuaciones conjuntas para la consecución de los objetivos comunes, que tendrán la naturaleza de Acuerdo de la conferencia sectorial y se publicarán en el «Boletín Oficial del Estado».

El acuerdo aprobatorio de los planes deberá especificar, según su naturaleza, los siguientes elementos, de acuerdo con lo previsto en la legislación presupuestaria:

1.º Los objetivos de interés común a cumplir.

2.º Las actuaciones a desarrollar por cada Administración.

3.º Las aportaciones de medios personales y materiales de cada Administración.

4.º Los compromisos de aportación de recursos financieros.

5.º La duración, así como los mecanismos de seguimiento, evaluación y modificación.

b) Recomendación: tiene como finalidad expresar la opinión de la Conferencia Sectorial sobre un asunto que se somete a su consulta. Los miembros de la Conferencia Sectorial se comprometen a orientar su actuación en esa materia de conformidad con lo previsto en la Recomendación salvo quienes hayan votado en contra mientras no decidan suscribirla con posterioridad. Si algún miembro se aparta de la Recomendación, deberá motivarlo e incorporar dicha justificación en el correspondiente expediente.

Artículo 152. Comisiones Sectoriales y Grupos de trabajo.

1. La Comisión Sectorial es el órgano de trabajo y apoyo de carácter general de la Conferencia Sectorial, estando constituida por el Secretario de Estado u órgano superior de la Administración General del Estado designado al efecto por el Ministro correspondiente, que la presidirá, y un representante de cada Comunidad Autónoma, así como un representante de la Ciudad de Ceuta y de la Ciudad Melilla. El ejercicio de las funciones propias de la secretaría de la Comisión Sectorial corresponderá a un funcionario del Ministerio correspondiente.

Si así se prevé en el reglamento interno de funcionamiento de la Conferencia Sectorial, las comisiones sectoriales y grupos de trabajo podrán funcionar de forma electrónica o por medios telefónicos o audiovisuales, que garanticen la intercomunicación entre ellos y la unidad de acto, tales como la videoconferencia o el correo electrónico, entendiendo los acuerdos adoptados en el lugar donde esté la presidencia, de acuerdo con el procedimiento que se establezca en el reglamento de funcionamiento interno de la Conferencia Sectorial.

2. La Comisión Sectorial ejercerá las siguientes funciones:

a) La preparación de las reuniones de la Conferencia Sectorial, para lo que tratará los asuntos incluidos en el orden del día de la convocatoria.

b) El seguimiento de los acuerdos adoptados por la Conferencia Sectorial.

c) El seguimiento y evaluación de los Grupos de trabajo constituidos.

d) Cualquier otra que le encomiende la Conferencia Sectorial.

3. Las Conferencias Sectoriales podrán crear Grupos de trabajo, de carácter permanente o temporal, formados por Directores Generales, Subdirectores Generales o equivalentes de las diferentes Administraciones Públicas que formen parte de dicha Conferencia, para llevar a cabo las tareas técnicas que les asigne la Conferencia Sectorial o la Comisión Sectorial. A estos grupos de trabajo podrán ser invitados expertos de reconocido prestigio en la materia a tratar.

El director del Grupo de trabajo, que será un representante de la Administración General del Estado, podrá solicitar con el voto favorable de la mayoría de sus miembros, la participación en el mismo de las organizaciones representativas de intereses afectados, con el fin de recabar propuestas o formular consultas.

Artículo 153. Comisiones Bilaterales de Cooperación.

1. Las Comisiones Bilaterales de Cooperación son órganos de cooperación de composición bilateral que reúnen, por un número igual de representantes, a miembros del Gobierno, en representación de la Administración General del Estado, y miembros del Consejo de Gobierno de la Comunidad Autónoma o representantes de la Ciudad de Ceuta o de la Ciudad de Melilla.

2. Las Comisiones Bilaterales de Cooperación ejercen funciones de consulta y adopción de acuerdos que tengan por objeto la mejora de la coordinación entre las respectivas Administraciones en asuntos que afecten de forma singular a la Comunidad Autónoma, a la Ciudad de Ceuta o a la Ciudad de Melilla.

3. Para el desarrollo de su actividad, las Comisiones Bilaterales de Cooperación podrán crear Grupos de trabajo y podrán convocarse y adoptar acuerdos por videoconferencia o por medios electrónicos.

4. Las decisiones adoptadas por las Comisiones Bilaterales de

Cooperación revestirán la forma de Acuerdos y serán de obligado cumplimiento, cuando así se prevea expresamente, para las dos Administraciones que lo suscriban y en ese caso serán exigibles conforme a lo establecido en la Ley 29/1998, de 13 de julio. El acuerdo será certificado en acta.

5. Lo previsto en este artículo será de aplicación sin perjuicio de las peculiaridades que, de acuerdo con las finalidades básicas previstas, se establezcan en los Estatutos de Autonomía en materia de organización y funciones de las comisiones bilaterales.

Artículo 154. Comisiones Territoriales de Coordinación.

1. Cuando la proximidad territorial o la concurrencia de funciones administrativas así lo requiera, podrán crearse Comisiones Territoriales de Coordinación, de composición multilateral, entre Administraciones cuyos territorios sean coincidentes o limítrofes, para mejorar la coordinación de la prestación de servicios, prevenir duplicidades y mejorar la eficiencia y calidad de los servicios. En función de las Administraciones afectadas por razón de la materia, estas Comisiones podrán estar formadas por:

a) Representantes de la Administración General del Estado y representantes de las Entidades Locales.

b) Representantes de las Comunidades Autónomas y representantes de las Entidades locales.

c) Representantes de la Administración General del Estado, representantes de las Comunidades Autónomas y representantes de las Entidades Locales.

2. La decisiones adoptadas por las Comisiones Territoriales de Cooperación revestirán la forma de Acuerdos, que serán certificados en acta y serán de obligado cumplimiento para las Administraciones que lo suscriban y exigibles conforme a lo establecido en la Ley 29/1998, de 13 de julio.

3. El régimen de las convocatorias y la secretaría será el mismo que el establecido para las Conferencias Sectoriales en los artículos 149 y 150, salvo la regla prevista sobre quién debe ejercer las funciones de secretario, que se designará según su reglamento interno de funcionamiento.

CAPÍTULO IV

Relaciones electrónicas entre las Administraciones

Artículo 155. Transmisiones de datos entre Administraciones Públicas.

1. De conformidad con lo dispuesto en la Ley Orgánica 15/1999, de 13 de diciembre, de Protección de Datos de Carácter Personal y su normativa de desarrollo, cada Administración deberá facilitar el acceso de las restantes Administraciones Públicas a los datos relativos a los interesados que obren en su poder, especificando las condiciones, protocolos y criterios funcionales o técnicos necesarios para acceder a dichos datos con las máximas garantías de seguridad, integridad y disponibilidad.

2. La disponibilidad de tales datos estará limitada estrictamente a aquellos que son requeridos a los interesados por las restantes Administraciones para la tramitación y resolución de los procedimientos y actuaciones de su competencia, de acuerdo con la normativa reguladora de los mismos.

3. La Administración General del Estado, las Administraciones Autonómicas y las Entidades Locales, adoptarán las medidas necesarias e incorporarán en sus respectivos ámbitos las tecnologías precisas para posibilitar la interconexión de sus redes con el fin de crear una red de comunicaciones que interconecte los sistemas de información de las Administraciones Públicas y permita el intercambio de información y servicios entre las mismas, así como la interconexión con las redes de las instituciones de la Unión Europea y de otros Estados Miembros.

Artículo 156. Esquema Nacional de Interoperabilidad y Esquema Nacional de Seguridad.

1. El Esquema Nacional de Interoperabilidad comprende el conjunto de criterios y recomendaciones en materia de seguridad, conservación y normalización de la información, de los formatos y de las aplicaciones que deberán ser tenidos en cuenta por las Administraciones Públicas para la toma de decisiones tecnológicas que garanticen la interoperabilidad.

2. El Esquema Nacional de Seguridad tiene por objeto establecer la política de seguridad en la utilización de medios electrónicos en el ámbito de la presente Ley, y está constituido por los principios básicos y requisitos mínimos que garanticen adecuadamente la seguridad de la información tratada.

Artículo 157. Reutilización de sistemas y aplicaciones de propiedad de la Administración.

1. Las Administraciones pondrán a disposición de cualquiera de ellas que lo solicite las aplicaciones, desarrolladas por sus servicios o que hayan sido objeto de contratación y de cuyos derechos de propiedad intelectual sean titulares, salvo que la información a la que

estén asociadas sea objeto de especial protección por una norma. Las Administraciones cedentes y cesionarias podrán acordar la repercusión del coste de adquisición o fabricación de las aplicaciones cedidas.

2. Las aplicaciones a las que se refiere el apartado anterior podrán ser declaradas como de fuentes abiertas, cuando de ello se derive una mayor transparencia en el funcionamiento de la Administración Pública o se fomente con ello la incorporación de los ciudadanos a la Sociedad de la información.

3. Las Administraciones Públicas, con carácter previo a la adquisición, desarrollo o al mantenimiento a lo largo de todo el ciclo de vida de una aplicación, tanto si se realiza con medios propios o por la contratación de los servicios correspondientes, deberán consultar en el directorio general de aplicaciones, dependiente de la Administración General del Estado, si existen soluciones disponibles para su reutilización, que puedan satisfacer total o parcialmente las necesidades, mejoras o actualizaciones que se pretenden cubrir, y siempre que los requisitos tecnológicos de interoperabilidad y seguridad así lo permitan.

En este directorio constarán tanto las aplicaciones disponibles de la Administración General del Estado como las disponibles en los directorios integrados de aplicaciones del resto de Administraciones.

En el caso de existir una solución disponible para su reutilización total o parcial, las Administraciones Públicas estarán obligadas a su uso, salvo que la decisión de no reutilizarla se justifique en términos de eficiencia conforme al artículo 7 de la Ley Orgánica 2/2012, de 27 de abril, de Estabilidad Presupuestaria y Sostenibilidad Financiera.

Artículo 158. Transferencia de tecnología entre Administraciones.

1. Las Administraciones Públicas mantendrán directorios actualizados de aplicaciones para su libre reutilización, de conformidad con lo dispuesto en el Esquema Nacional de Interoperabilidad. Estos directorios deberán ser plenamente interoperables con el directorio general de la Administración General del Estado, de modo que se garantice su compatibilidad informática e interconexión.

2. La Administración General del Estado, mantendrá un directorio general de aplicaciones para su reutilización, prestará apoyo para la libre reutilización de aplicaciones e impulsará el desarrollo de aplicaciones, formatos y estándares comunes en el marco de los esquemas nacionales de interoperabilidad y seguridad.

Disposición adicional primera. Administración de los Territorios Históricos del País Vasco.

En la Comunidad Autónoma del País Vasco, a efectos de lo dispuesto en el artículo segundo, se entenderá por Administraciones Públicas las Diputaciones Forales y las Administraciones institucionales de ellas dependientes o vinculadas.

Disposición adicional segunda. Delegados del Gobierno en las Ciudades de Ceuta y Melilla.

1. En las Ciudades de Ceuta y Melilla existirá un Delegado del Gobierno que representará al Gobierno de la Nación en su territorio.

2. Las disposiciones contenidas en la presente Ley que hagan referencia a los Delegados del Gobierno en las Comunidades Autónomas se deberán entender también referidas a los Delegados del Gobierno en las Ciudades de Ceuta y Melilla.

3. En las Ciudades de Ceuta y Melilla existirá una Comisión de asistencia al Delegado del Gobierno, presidida por él mismo e integrada por el Secretario General y los responsables de los servicios territoriales. A sus sesiones deberán asistir los titulares de los órganos y servicios territoriales, tanto integrados como no integrados que el Delegado del Gobierno considere oportuno.

Disposición adicional tercera. Relaciones con las ciudades de Ceuta y Melilla.

Lo dispuesto en esta Ley sobre las relaciones entre la Administración General del Estado y las Administraciones de las Comunidades Autónomas será de aplicación a las relaciones con las Ciudades de Ceuta y Melilla en la medida en que afecte al ejercicio de las competencias estatutariamente asumidas.

Disposición adicional cuarta. Adaptación de entidades y organismos públicos existentes en el ámbito estatal.

Todas las entidades y organismos públicos que integran el sector público estatal existentes en el momento de la entrada en vigor de esta Ley deberán adaptarse al contenido de la misma en el plazo de tres años a contar desde su entrada en vigor, rigiéndose hasta que se realice la adaptación por su normativa específica.

La adaptación se realizará preservando las actuales especialidades de los organismos y entidades en materia de personal, patrimonio, régimen presupuestario, contabilidad, control económico-financiero y de operaciones como agente de financiación, incluyendo, respecto a estas últimas, el sometimiento, en su caso, al ordenamiento jurídico privado. Las especialidades se preservarán siempre que no hubieran generado deficiencias importantes en el control de ingresos y gastos causantes de una situación de desequilibrio financiero en el momento de su adaptación.

Las entidades que no tuvieran la consideración de poder adjudicador, preservarán esta especialidad en tanto no se oponga a la normativa comunitaria.

Las entidades que tengan como fines la promoción de la internacionalización de la economía y de la empresa española preservarán además y con las mismas limitaciones las especialidades en materia de ayudas en tanto no se opongan a la normativa comunitaria.

Disposición adicional quinta. Gestión compartida de servicios comunes de los organismos públicos estatales existentes.

1. Los organismos públicos integrantes del sector público estatal a la entrada en vigor de esta ley compartirán la organización y gestión de sus servicios comunes salvo que la decisión de no compartirlos se justifique, en una memoria elaborada al efecto y que se dirigirá al Ministerio de Hacienda y Administraciones Públicas, en términos de eficiencia, conforme al artículo 7 de la Ley Orgánica 2/2012, de 27 de abril, en razones de seguridad nacional, o cuando la organización y gestión compartida afecte a servicios que deban prestarse de forma autónoma en atención a la independencia del organismo público.

2. La organización y gestión compartida de los servicios comunes a los que se refiere el artículo 95 podrá realizarse de las formas siguientes:

a) Mediante su coordinación por el departamento con competencias en materia de Hacienda pública o por un organismo autónomo vinculado o dependiente del mismo.

b) Mediante su coordinación por el departamento al que esté vinculado o del que dependa el organismo público.

c) Mediante su coordinación por el organismo público al que esté vinculado o del que dependa a su vez el organismo público.

Disposición adicional sexta. Transformación de los medios propios estatales existentes.

Todas las entidades y organismos públicos que en el momento de la entrada en vigor de esta Ley tengan la condición de medio propio en el ámbito estatal deberán adaptarse a lo previsto en esta Ley en el plazo de seis meses a contar desde su entrada en vigor.

Disposición adicional séptima. Registro Electrónico estatal de Órganos e Instrumentos de Cooperación.

1. La Administración General del Estado mantendrá actualizado un registro electrónico de los órganos de cooperación en los que participa ella o alguno de sus organismos públicos o entidades vinculados o dependientes y de convenios celebrados con el resto de Administraciones Públicas. Este registro será dependiente de la Secretaría de Estado de Administraciones Públicas.

2. La creación, modificación o extinción de los órganos de cooperación, así como la suscripción, extinción, prórroga o modificación de cualquier convenio celebrado por la Administración General del Estado o alguno de sus organismos públicos o entidades vinculados o dependientes deberá ser comunicada por el órgano de ésta que lo haya suscrito, en el plazo de quince días desde que ocurra el hecho inscribible, al Registro Electrónico estatal de Órganos e Instrumentos de Cooperación.

3. Los Departamentos Ministeriales que ejerzan la Secretaría de los órganos de cooperación deberán comunicar al registro antes del 30 de enero de cada año los órganos de cooperación que hayan extinguido.

4. El Ministro de Hacienda y Administraciones Públicas elevará anualmente al Consejo de Ministros un informe sobre la actividad de los órganos de cooperación existentes, así como sobre los convenios vigentes a partir de los datos y análisis proporcionados por el Registro Electrónico estatal de Órganos e Instrumentos de Cooperación.

5. Los órganos de cooperación y los convenios vigentes disponen del plazo de seis meses, a contar desde la entrada en vigor de la Ley, para solicitar su inscripción en este Registro.

6. Los órganos de cooperación que no se hayan reunido en un plazo de cinco años desde su creación o en un plazo de cinco años desde la entrada en vigor de esta ley quedarán extinguidos.

Disposición adicional octava. Adaptación de los convenios vigentes suscritos por cualquier Administración Pública e inscripción de organismos y entidades en el Inventario de Entidades del Sector Público Estatal, Autonómico y Local.

1. Todos los convenios vigentes suscritos por cualquier Administración Pública o cualquiera de sus organismos o entidades vinculados o dependientes deberán adaptarse a lo aquí previsto en el plazo de tres años a contar desde la entrada en vigor de esta Ley.

No obstante, esta adaptación será automática, en lo que se

refiere al plazo de vigencia del convenio, por aplicación directa de las reglas previstas en el artículo 49.h).1.º para los convenios que no tuvieran determinado un plazo de vigencia o, existiendo, tuvieran establecida una prórroga tácita por tiempo indefinido en el momento de la entrada en vigor de esta Ley. En estos casos el plazo de vigencia del convenio será de cuatro años a contar desde la entrada en vigor de la presente Ley.

2. Todos los organismos y entidades, vinculados o dependientes de cualquier Administración Pública y cualquiera que sea su naturaleza jurídica, existentes en el momento de la entrada en vigor de esta Ley deberán estar inscritos en el Inventario de Entidades del Sector Público Estatal, Autonómico y Local en el plazo de tres meses a contar desde dicha entrada en vigor.

Disposición adicional novena. Comisión Sectorial de administración electrónica.

1. La Comisión Sectorial de administración electrónica, dependiente de la Conferencia Sectorial de Administración Pública, es el órgano técnico de cooperación de la Administración General del Estado, de las Administraciones de las Comunidades Autónomas y de las Entidades Locales en materia de administración electrónica.

2. El Comisión Sectorial de la administración electrónica desarrollará, al menos, las siguientes funciones:

a) Asegurar la compatibilidad e interoperabilidad de los sistemas y aplicaciones empleados por las Administraciones Públicas.

b) Impulsar el desarrollo de la administración electrónica en España.

c) Asegurar la cooperación entre las Administraciones Públicas para proporcionar información administrativa clara, actualizada e inequívoca.

3. Cuando por razón de las materias tratadas resulte de interés, podrá invitarse a las organizaciones, corporaciones o agentes sociales que se estime conveniente en cada caso a participar en las deliberaciones de la Comisión Sectorial.

Disposición adicional décima. Aportaciones a los consorcios.

Cuando las Administraciones Públicas o cualquiera de sus organismos públicos o entidades vinculados o dependientes sean miembros de un consorcio, no estarán obligados a efectuar la aportación al fondo patrimonial o la financiación a la que se hayan comprometido para el ejercicio corriente si alguno de los demás miembros del consorcio no hubiera realizado la totalidad de sus aportaciones dinerarias correspondientes a ejercicios anteriores a las que estén obligados.

Disposición adicional undécima. Conflictos de atribuciones intraministeriales.

1. Los conflictos positivos o negativos de atribuciones entre órganos de un mismo Ministerio serán resueltos por el superior jerárquico común en el plazo de diez días, sin que quepa recurso alguno.

2. En los conflictos positivos, el órgano que se considere competente requerirá de inhibición al que conozca del asunto, quien suspenderá el procedimiento por un plazo de diez días. Si dentro de dicho plazo acepta el requerimiento, remitirá el expediente al órgano requirente. En caso de considerarse competente, remitirá acto seguido las actuaciones al superior jerárquico común.

3. En los conflictos negativos, el órgano que se estime incompetente remitirá directamente las actuaciones al órgano que considere competente, quien decidirá en el plazo de diez días y, en su caso, de considerarse, asimismo, incompetente, remitirá acto seguido el expediente con su informe al superior jerárquico común.

4. Los interesados en el procedimiento plantearán estos conflictos de acuerdo a lo establecido en el artículo 14.

Disposición adicional duodécima. Régimen Jurídico de las Autoridades Portuarias y Puertos del Estado.

Las Autoridades Portuarias y Puertos del Estado se regirán por su legislación específica, por las disposiciones de la Ley 47/2003, de 26 de noviembre, que les sean de aplicación y, supletoriamente, por lo establecido en esta Ley.

Disposición adicional decimotercera. Régimen jurídico de las Entidades gestoras y servicios comunes de la Seguridad Social.

1. A las Entidades gestoras, servicios comunes y otros organismos o entidades que conforme a la Ley integran la Administración de la Seguridad Social, les será de aplicación las previsiones de esta Ley relativas a los organismos autónomos, salvo lo dispuesto en el párrafo siguiente.

2. El régimen de personal, económico-financiero, patrimonial, presupuestario y contable, de participación en la gestión, así como la asistencia jurídica, será el establecido por su legislación específica, por la Ley 47/2003, de 26 de noviembre, General Presupuestaria, en las materias que sea de aplicación, y supletoriamente por esta Ley.

Disposición adicional decimocuarta. La organización militar y las Delegaciones de Defensa.

1. La organización militar se rige por su legislación específica y por las bases establecidas en la ley Orgánica 5/2005, de 17 de noviembre, de la Defensa Nacional.

2. Las Delegaciones de Defensa permanecerán integradas en el Ministerio de Defensa y se regirán por su normativa específica.

Disposición adicional decimoquinta. Personal militar de las Fuerzas Armadas y del Centro Nacional de Inteligencia.

Las referencias que en los artículos 63, 65, 66 y 67 de esta ley se realizan a los funcionarios de carrera pertenecientes al Subgrupo A1 comprenderán al personal militar de las Fuerzas Armadas perteneciente a cuerpos y escalas con una categoría equivalente a aquélla.

Dichas previsiones normativas serán igualmente aplicables al personal del Centro Nacional de Inteligencia perteneciente al Subgrupo A1, según su normativa estatutaria.

Disposición adicional decimosexta. Servicios territoriales integrados en las Delegaciones del Gobierno.

Los servicios territoriales que, a la entrada en vigor de esta Ley, estuviesen integrados en las Delegaciones del Gobierno continuarán en esta situación, siendo aplicable a los mismos lo previsto en la presente Ley.

Disposición adicional decimoséptima. Régimen jurídico de la Agencia Estatal de Administración Tributaria.

La Agencia Estatal de Administración Tributaria se regirá por su legislación específica y únicamente de forma supletoria y en tanto resulte compatible con su legislación específica por lo previsto en esta Ley.

El acceso, la cesión o la comunicación de información de naturaleza tributaria se regirán en todo caso por su legislación específica.

Disposición adicional decimoctava. Régimen jurídico del Centro Nacional de Inteligencia.

La actuación administrativa de los órganos competentes del Centro Nacional de Inteligencia se regirá por lo previsto en su normativa específica y en lo no previsto en ella, en cuanto sea compatible con su naturaleza y funciones propias, por lo dispuesto en la presente Ley.

Disposición adicional decimonovena. Régimen jurídico del Banco de España.

El Banco de España en su condición de banco central nacional se regirá, en primer término, por lo dispuesto en el Tratado de Funcionamiento de la Unión Europea, los Estatutos del Sistema Europeo de Bancos Centrales y del Banco Central Europeo, el Reglamento (UE) n.º 1024/2013 del Consejo, de 15 de octubre de 2013 y la Ley 13/1994, de 1 de junio, de Autonomía del Banco de España.

En lo no previsto en las referidas normas y en cuanto sea compatible con su naturaleza y funciones será de aplicación lo previsto en la presente Ley.

Disposición adicional vigésima. Régimen jurídico del Fondo de Reestructuración Ordenada Bancaria.

El Fondo de Reestructuración Ordenada Bancaria tendrá la consideración de autoridad administrativa independiente de conformidad con lo previsto en esta Ley.

Disposición adicional vigesimoprimera. Órganos Colegiados de Gobierno.

Las disposiciones previstas en esta Ley relativas a los órganos colegiados no serán de aplicación a los órganos Colegiados del Gobierno de la Nación, los órganos colegiados de Gobierno de las Comunidades Autónomas y los órganos colegiados de gobierno de las Entidades Locales.

Disposición adicional vigesimosegunda. Actuación administrativa de los órganos constitucionales del Estado y de los órganos legislativos y de control autonómicos.

La actuación administrativa de los órganos competentes del Congreso de los Diputados, del Senado, del Consejo General del Poder Judicial, del Tribunal Constitucional, del Tribunal de Cuentas, del Defensor del Pueblo, de las Asambleas Legislativas de las Comunidades Autónomas y de las instituciones autonómicas análogas al Tribunal de Cuentas y al Defensor del Pueblo, se regirá por lo previsto en su normativa específica, en el marco de los principios que inspiran la actuación administrativa de acuerdo con esta Ley.

Disposición transitoria primera. Composición y clasificación del sector público institucional.

La composición y clasificación del sector público institucional estatal prevista en el artículo 84 se aplicará únicamente a los organismos públicos y las entidades integrantes del sector público institucional estatal que se creen tras la entrada en vigor de la Ley y a los que se hayan adaptado de acuerdo con lo previsto en la disposición adicional cuarta.

Disposición transitoria segunda. Entidades y organismos públicos existentes.

1. Todos los organismos y entidades integrantes del sector público estatal en el momento de la entrada en vigor de esta Ley continuarán rigiéndose por su normativa específica, incluida la normativa presupuestaria que les resultaba de aplicación, hasta su adaptación a lo dispuesto en la Ley de acuerdo con lo previsto en la disposición adicional cuarta.

2. No obstante, en tanto no resulte contrario a su normativa específica:

a) Los organismos públicos existentes en el momento de la entrada en vigor de esta Ley y desde ese momento aplicarán los principios establecidos en el Capítulo I del Título II, el régimen de control previsto en el artículo 85 y 92.2, y lo dispuesto en los artículos 87, 94, 96, 97 si se transformaran fusionaran, disolvieran o liquidaran tras la entrada en vigor de esta Ley.

b) Las sociedades mercantiles estatales, los consorcios, fundaciones y fondos sin personalidad jurídica existentes en el momento de la entrada en vigor de esta Ley aplicarán desde ese momento, respectivamente, lo previsto en el Capítulo V, Capítulo VI, Capítulo VII y Capítulo VIII del Título II.

Disposición transitoria tercera. Procedimientos de elaboración de normas en la Administración General del Estado.

Los procedimientos de elaboración de normas que se hallaren en tramitación en la Administración General del Estado a la entrada en vigor de esta Ley se sustanciarán de acuerdo con lo establecido en la normativa vigente en el momento en que se iniciaron.

Disposición transitoria cuarta. Régimen transitorio de las modificaciones introducidas en la disposición final novena.

Lo dispuesto en la disposición final novena será de aplicación a los expedientes de contratación iniciados con posterioridad a la entrada en vigor de dicha disposición. A estos efectos se entenderá que los expedientes de contratación han sido iniciados si se hubiera publicado la correspondiente convocatoria del procedimiento de adjudicación del contrato. En el caso de procedimientos negociados, para determinar el momento de iniciación se tomará en cuenta la fecha de aprobación de los pliegos.

Disposición derogatoria única. Derogación normativa.

Quedan derogadas cuantas disposiciones de igual o inferior rango se opongan, contradigan o resulten incompatibles con lo dispuesto en la presente Ley y, en especial:

a) El artículo 87 de la Ley 7/1985, de 2 de abril, Reguladora de las Bases del Régimen Local.

b) El artículo 110 del texto refundido de las disposiciones legales vigentes en materia de Régimen Local aprobado por el Real Decreto Legislativo 781/1986, de 18 de abril.

c) Ley 6/1997, de 14 de abril, de Organización y Funcionamiento de la Administración General del Estado.

d) Los artículos 44, 45 y 46 de la Ley 50/2002, de 26 de diciembre, de Fundaciones.

e) Ley 28/2006, de 18 de julio, de Agencias estatales para la mejora de los servicios públicos.

f) Los artículos 12, 13, 14 y 15 y disposición adicional sexta de la Ley 15/2014, de 16 de septiembre, de racionalización del Sector Público y otras medidas de reforma administrativa.

g) El artículo 6.1.f), la disposición adicional tercera, la disposición transitoria segunda y la disposición transitoria cuarta del Real Decreto 1671/2009, de 6 de noviembre, por el que se desarrolla parcialmente la Ley 11/2007, de 22 de junio, de acceso electrónico de los ciudadanos a los servicios públicos.

h) Los artículos 37, 38, 39 y 40 del Decreto de 17 de junio de 1955 por el que se aprueba el Reglamento de Servicios de las Corporaciones locales.

Hasta que, de acuerdo con lo previsto en la disposición adicional cuarta, concluya el plazo de adaptación de las agencias existentes en el sector público estatal, se mantendrá en vigor la Ley 28/2006, de 18 de julio.

Disposición final primera. Modificación de la Ley 23/1982, de 16 de junio, reguladora del Patrimonio Nacional.

El apartado uno del artículo octavo de la Ley 23/1982, de 16 de junio, reguladora del Patrimonio Nacional, quedará redactado en la forma siguiente:

«Uno. El Consejo de Administración del Patrimonio Nacional estará constituido por su Presidente, el Gerente y por un número de Vocales no superior a trece, todos los cuales deberán ser profesionales de reconocido prestigio. Al Presidente y al Gerente les será de aplicación lo establecido en el artículo 2 de la Ley 3/2015, de 30 de marzo, reguladora del ejercicio del Alto Cargo de la Administración General del Estado, debiendo realizarse su nombramiento entre funcionarios de carrera del Estado, de las Comunidades Autónomas o de las Entidades Locales, pertenecientes a cuerpos clasificados en el Subgrupo A1.

Dos de los Vocales, al menos, deberán de provenir de instituciones museísticas y culturales de reconocido prestigio y proyección internacional. Igualmente, en dos de los Vocales, al menos, habrá de concurrir la condición de Alcaldes de Ayuntamientos en cuyo término municipal radiquen bienes inmuebles históricos del Patrimonio Nacional.

El Presidente, el Gerente y los demás miembros del Consejo de Administración serán nombrados mediante Real Decreto, previa deliberación del Consejo de Ministros a propuesta del Presidente del Gobierno.»

Disposición final segunda. Modificación del Real Decreto-Ley 12/1995, de 28 de diciembre, sobre medidas urgentes en materia presupuestaria, tributaria y financiera.

Uno. Se añade un nuevo apartado tres a la disposición adicional sexta, renumerándose los apartados tres a seis como cuatro a siete. El apartado tres tendrá la siguiente redacción:

«Tres. Consejo General.

1. El Instituto de Crédito Oficial estará regido por un Consejo General, que tendrá a su cargo la superior dirección de su administración y gestión.

2. El Consejo General estará formado por el Presidente de la entidad, que lo será también del Consejo, y diez Vocales, y estará asistido por el Secretario y, en su caso, el Vicesecretario del mismo.

Todos los integrantes del Consejo General actuarán siempre en interés del Instituto de Crédito Oficial en el ejercicio de sus funciones como miembros del Consejo General.

3. El nombramiento y cese de los Vocales del Consejo General corresponde al Consejo de Ministros, a propuesta del Ministro de Economía y Competitividad, que los designará entre personas de reconocido prestigio y

competencia profesional en el ámbito de actividad del Instituto de Crédito Oficial.

4. Cuatro de los diez Vocales del Consejo serán independientes. A tal efecto, se entenderá independiente aquél que no sea personal al servicio del Sector Público.

5. El mandato de los vocales independientes será de tres años, tras el cual cabrá una sola reelección.

Reglamentariamente se establecerán las causas de cese de dichos Vocales, así como el régimen jurídico al que quedan sometidos los integrantes del Consejo General.

6. Cada uno de los Vocales independientes dispondrá de dos votos exclusivamente para la adopción de acuerdos relativos a operaciones financieras de activo y pasivo propias del negocio del Instituto.»

Dos. Se añade una nueva disposición transitoria, que tendrá la siguiente redacción:

«Disposición transitoria quinta. Operaciones y atribuciones vigentes.

La modificación de la disposición adicional sexta del Real Decreto-Ley 12/1995, de 28 de diciembre, introducida por la disposición final segunda de la Ley 40/2015, de 1 de octubre, de Régimen Jurídico del Sector Público, no afectará al régimen de las operaciones del Instituto de Crédito Oficial actualmente en vigor, sin que por ello se modifiquen los términos y condiciones de los contratos y convenios suscritos.

Adicionalmente, se mantendrán las atribuciones, poderes y delegaciones conferidas por el Consejo General en otras autoridades y órganos del Instituto de Crédito Oficial hasta que el Consejo General decida, en su caso, su revisión.

Los Consejeros que, a la entrada en vigor de la disposición final segunda de la Ley 40/2015, de 1 de octubre, de Régimen Jurídico del Sector Público, formasen parte del Consejo General del Instituto de Crédito Oficial continuarán en el ejercicio de sus funciones hasta que se nombre a quienes hubieran de sucederles.»

Disposición final tercera. Modificación de la Ley 50/1997, de 27 de noviembre, del Gobierno.

La Ley 50/1997, de 27 de noviembre, del Gobierno, queda modificada en los siguientes términos:

Uno. El apartado segundo del artículo 4 queda redactado en los siguientes términos:

«2. Además de los Ministros titulares de un Departamento, podrán existir Ministros sin cartera, a los que se les atribuirá la responsabilidad de determinadas funciones gubernamentales. En caso de que existan Ministros sin cartera, por Real Decreto se determinará el ámbito de sus competencias, la estructura administrativa, así como los medios materiales y personales que queden adscritos al mismo.»

Dos. Se modifica el artículo 5 que queda redactado en los siguientes términos:

«Artículo 5. Del Consejo de Ministros.

1. Al Consejo de Ministros, como órgano colegiado del Gobierno, le corresponde el ejercicio de las siguientes funciones:

a) Aprobar los proyectos de ley y su remisión al Congreso de los Diputados o, en su caso, al Senado.

b) Aprobar el Proyecto de Ley de Presupuestos Generales del Estado.

c) Aprobar los Reales Decretos-leyes y los Reales Decretos Legislativos.

d) Acordar la negociación y firma de Tratados internacionales, así como su aplicación provisional.

e) Remitir los Tratados internacionales a las Cortes Generales en los términos previstos en los artículos 94 y 96.2 de la Constitución.

f) Declarar los estados de alarma y de excepción y proponer al Congreso de los Diputados la declaración del estado de sitio.

g) Disponer la emisión de Deuda Pública o contraer crédito, cuando haya sido autorizado por una Ley.

h) Aprobar los reglamentos para el desarrollo y la ejecución de las leyes, previo dictamen del Consejo de Estado, así como las demás disposiciones reglamentarias que procedan.

i) Crear, modificar y suprimir los órganos directivos de los Departamentos Ministeriales.

j) Adoptar programas, planes y directrices vinculantes para todos los órganos de la Administración General del Estado.

k) Ejercer cuantas otras atribuciones le confieran la Constitución, las leyes y cualquier otra disposición.

2. A las reuniones del Consejo de Ministros podrán asistir los Secretarios de Estado y excepcionalmente otros altos cargos, cuando sean convocados para ello.

3. Las deliberaciones del Consejo de Ministros serán secretas.»

Tres. El apartado segundo del artículo 6 queda redactado en los siguientes términos:

«2. El Real Decreto de creación de una Comisión Delegada deberá especificar, en todo caso:

a) El miembro del Gobierno que asume la presidencia de la Comisión.

b) Los miembros del Gobierno y, en su caso, Secretarios de Estado que la integran.

c) Las funciones que se atribuyen a la Comisión.

d) El miembro de la Comisión al que corresponde la Secretaría de la misma.

e) El régimen interno de funcionamiento y en particular el de convocatorias y suplencias.»

Cuatro. El apartado segundo del artículo 7 queda redactado en los siguientes términos:

«2. Actúan bajo la dirección del titular del Departamento al que pertenezcan. Cuando estén adscritos a la Presidencia del Gobierno, actúan bajo la dirección del Presidente.»

Cinco. El artículo 8 queda redactado en los siguientes términos:

«Artículo 8. De la Comisión General de Secretarios de Estado y Subsecretarios.

1. La Comisión General de Secretarios de Estado y Subsecretarios estará integrada por los titulares de las Secretarías de Estado y por los Subsecretarios de los distintos Departamentos Ministeriales.

Asistirá igualmente el Abogado General del Estado y aquellos altos cargos con rango de Secretario de Estado o Subsecretario que sean convocados por el Presidente por razón de la materia de que se trate.

2. La Presidencia de la Comisión General de Secretarios de Estado y Subsecretarios corresponde a un Vicepresidente del Gobierno o, en su defecto, al Ministro de la Presidencia. En caso de ausencia del Presidente de la Comisión, la presidencia recaerá en el Ministro que corresponda según el orden de precedencia de los Departamentos ministeriales. No se entenderá por ausencia la interrupción transitoria en la asistencia a la reunión de la Comisión. En ese caso, las funciones que pudieran corresponder al Presidente serán ejercidas por la siguiente autoridad en rango presente, de

conformidad con el orden de precedencia de los distintos Departamentos ministeriales.

3. La Secretaría de la Comisión General de Secretarios de Estado y Subsecretarios será ejercida por el Subsecretario de la Presidencia. En caso de ausencia, vacante o enfermedad, actuará como Secretario el Director del Secretariado del Gobierno.

4. Las deliberaciones de la Comisión General de Secretarios de Estado y Subsecretarios serán reservadas. En ningún caso la Comisión podrá adoptar decisiones o acuerdos por delegación del Gobierno.

5. Corresponde a la Comisión General de Secretarios de Estado y Subsecretarios:

a) El examen de todos los asuntos que vayan a someterse a aprobación del Consejo de Ministros, excepto los nombramientos, ceses, ascensos a cualquiera de los empleos de la categoría de oficiales generales y aquéllos que, excepcionalmente y por razones de urgencia, deban ser sometidos directamente al Consejo de Ministros.

b) El análisis o discusión de aquellos asuntos que, sin ser competencia del Consejo de Ministros o sus Comisiones Delegadas, afecten a varios Ministerios y sean sometidos a la Comisión por su presidente.»

Seis. Se modifica el artículo 9 que queda redactado en los siguientes términos:

«Artículo 9. Del Secretariado del Gobierno.

1. El Secretariado del Gobierno, como órgano de apoyo del Consejo de Ministros, de las Comisiones Delegadas del Gobierno y de la Comisión General de Secretarios de Estado y Subsecretarios, ejercerá las siguientes funciones:

a) La asistencia al Ministro-Secretario del Consejo de Ministros.

b) La remisión de las convocatorias a los diferentes miembros de los órganos colegiados anteriormente enumerados.

c) La colaboración con las Secretarías Técnicas de las Comisiones Delegadas del Gobierno.

d) El archivo y custodia de las convocatorias, órdenes del día y actas de las reuniones.

e) Velar por el cumplimiento de los principios de buena regulación aplicables a las iniciativas normativas y contribuir a la mejora de la calidad técnica de las disposiciones aprobadas por el Gobierno.

f) Velar por la correcta y fiel publicación de las disposiciones y normas emanadas del Gobierno que deban insertarse en el "Boletín Oficial del Estado□.

2. Asimismo, el Secretariado del Gobierno, como órgano de asistencia al Ministro de la Presidencia, ejercerá las siguientes funciones:

a) Los trámites relativos a la sanción y promulgación real de las leyes aprobadas por las Cortes Generales y la expedición de los Reales Decretos.

b) La tramitación de los actos y disposiciones del Rey cuyo refrendo corresponde al Presidente del Gobierno.

c) La tramitación de los actos y disposiciones que el ordenamiento jurídico atribuye a la competencia del Presidente del Gobierno.

3. El Secretariado del Gobierno se integra en la estructura orgánica del Ministerio de la Presidencia, tal como se prevea en el Real Decreto de estructura de ese Ministerio. El Director del Secretariado del Gobierno ejercerá la secretaría adjunta de la Comisión General de Secretarios de Estado y Subsecretarios.

4. De conformidad con las funciones que tiene atribuidas y de acuerdo con las normas que rigen la elaboración de las disposiciones de carácter general, el Secretariado del Gobierno propondrá al Ministro de la Presidencia la aprobación de las instrucciones que han de seguirse para la tramitación de asuntos ante los órganos colegiados del Gobierno y los demás previstos en el apartado segundo de este artículo. Las instrucciones preverán expresamente la forma de documentar las propuestas y acuerdos adoptados por medios electrónicos, que deberán asegurar la identidad de los órganos intervinientes y la fehaciencia del contenido.»

Siete. El artículo 10 queda redactado en los siguientes términos:

«10. De los Gabinetes.

1. Los Gabinetes son órganos de apoyo político y técnico del Presidente del Gobierno, de los Vicepresidentes, de los Ministros y de los Secretarios de Estado. Los miembros de los Gabinetes realizan tareas de confianza y asesoramiento especial sin que en ningún caso puedan adoptar actos o resoluciones que correspondan legalmente a los órganos de la Administración General del Estado o de las organizaciones adscritas a ella, sin perjuicio de su asistencia o pertenencia a órganos colegiados que adopten decisiones administrativas. Asimismo, los directores de los gabinetes podrán dictar los actos administrativos propios de la jefatura de la unidad que dirigen.

Particularmente, los Gabinetes prestan su apoyo a los miembros del Gobierno y Secretarios de Estado en el desarrollo de su labor política, en el cumplimiento de las tareas de carácter parlamentario y en sus relaciones con las instituciones y la organización administrativa.

El Gabinete de la Presidencia del Gobierno se regulará por Real Decreto del Presidente en el que se determinará, entre otros aspectos, su estructura y funciones. El resto de Gabinetes se regulará por lo dispuesto en esta Ley.

2. Los Directores de Gabinete tendrán el nivel orgánico que se determine reglamentariamente. El resto de miembros del Gabinete tendrán la situación y grado administrativo que les corresponda en virtud de la legislación correspondiente.

3. Las retribuciones de los miembros de los Gabinetes se determinan por el Consejo de Ministros dentro de las consignaciones presupuestarias establecidas al efecto adecuándose, en todo caso, a las retribuciones de la Administración General del Estado.»

Ocho. Se modifica el artículo 11 con la siguiente redacción:

«Artículo 11. De los requisitos de acceso al cargo.

Para ser miembro del Gobierno se requiere ser español, mayor de edad, disfrutar de los derechos de sufragio activo y pasivo, así como no estar inhabilitado para ejercer empleo o cargo público por sentencia judicial firme y reunir el resto de requisitos de idoneidad previstos en la Ley 3/2015, de 30 de marzo, reguladora del ejercicio del alto cargo de la Administración General del Estado.»

Nueve. El artículo 12 queda redactado en los siguientes términos:

«Artículo 12. Del nombramiento y cese.

1. El nombramiento y cese del Presidente del Gobierno se producirá en los términos previstos en la Constitución.

2. Los Vicepresidentes y Ministros serán nombrados y separados por el Rey, a propuesta del Presidente del Gobierno. El nombramiento conllevará el cese en el puesto que, en su caso, se estuviera desempeñando, salvo cuando en el caso de los Vicepresidentes, se designe como tal a un Ministro que conserve la titularidad del Departamento. Cuando el cese en el anterior cargo correspondiera al Consejo de Ministros, se dejará constancia de esta

circunstancia en el nombramiento del nuevo titular. La separación de los Ministros sin cartera llevará aparejada la extinción de dichos órganos.

3. La separación de los Vicepresidentes del Gobierno llevará aparejada la extinción de dichos órganos, salvo el caso en que simultáneamente se designe otro vicepresidente en sustitución del separado.

4. Por Real Decreto se regulará el estatuto que fuera aplicable a los Presidentes del Gobierno tras su cese.»

Diez. El artículo 13 queda redactado en los siguientes términos:

«Artículo 13. De la suplencia.

1. En los casos de vacante, ausencia o enfermedad, las funciones del Presidente del Gobierno serán asumidas por los Vicepresidentes, de acuerdo con el correspondiente orden de prelación, y, en defecto de ellos, por los Ministros, según el orden de precedencia de los Departamentos.

2. La suplencia de los Ministros, para el despacho ordinario de los asuntos de su competencia, será determinada por Real Decreto del Presidente del Gobierno, debiendo recaer, en todo caso, en otro miembro del Gobierno. El Real Decreto expresará entre otras cuestiones la causa y el carácter de la suplencia.

3. No se entenderá por ausencia la interrupción transitoria de la asistencia a la reunión de un órgano colegiado. En tales casos, las funciones que pudieran corresponder al miembro del gobierno durante esa situación serán ejercidas por la siguiente autoridad en rango presente.»

Once. El artículo 20 queda redactado en los siguientes términos:

«Artículo 20. Delegación y avocación de competencias.

1. Pueden delegar el ejercicio de competencias propias:

a) El Presidente del Gobierno en favor del Vicepresidente o Vicepresidentes y de los Ministros.

b) Los Ministros en favor de los Secretarios de Estado y de los Subsecretarios dependientes de ellos, de los Delegados del Gobierno en las Comunidades Autónomas y de los demás órganos directivos del Ministerio.

2. Asimismo, son delegables a propuesta del Presidente del Gobierno las funciones administrativas del Consejo de Ministros en las Comisiones Delegadas del Gobierno.

3. No son en ningún caso delegables las siguientes competencias:

a) Las atribuidas directamente por la Constitución.

b) Las relativas al nombramiento y separación de los altos cargos atribuidas al Consejo de Ministros.

c) Las atribuidas a los órganos colegiados del Gobierno, con la excepción prevista en el apartado 2 de este artículo.

d) Las atribuidas por una ley que prohíba expresamente la delegación.

4. El Consejo de Ministros podrá avocar para sí, a propuesta del Presidente del Gobierno, el conocimiento de un asunto cuya decisión corresponda a las Comisiones Delegadas del Gobierno.

La avocación se realizará mediante acuerdo motivado al efecto, del que se hará mención expresa en la decisión que se adopte en el ejercicio de la avocación. Contra el acuerdo de avocación no cabrá recurso, aunque podrá impugnarse en el que, en su caso, se interponga contra la decisión adoptada.»

Doce. El Título V queda redactado del siguiente modo:

«TÍTULO V

De la iniciativa legislativa y la potestad reglamentaria del Gobierno

Artículo 22. Del ejercicio de la iniciativa legislativa y la potestad reglamentaria del Gobierno.

El Gobierno ejercerá la iniciativa y la potestad reglamentaria de conformidad con los principios y reglas establecidos en el Título VI de la Ley 39/2015, de 1 de octubre, del Procedimiento Administrativo Común de las Administraciones Públicas y en el presente Título.

Artículo 23. Disposiciones de entrada en vigor.

Sin perjuicio de lo establecido en el artículo 2.1 del Código Civil, las disposiciones de entrada en vigor de las leyes o reglamentos, cuya aprobación o propuesta corresponda al Gobierno o a sus miembros, y que impongan nuevas obligaciones a las personas físicas o jurídicas que desempeñen una actividad económica o profesional como consecuencia del ejercicio de ésta, preverán el comienzo de su vigencia el 2 de enero o el 1 de julio siguientes a su aprobación.

Lo previsto en este artículo no será de aplicación a los reales decretos-leyes, ni cuando el cumplimiento del plazo de transposición de directivas europeas u otras razones justificadas así lo aconsejen, debiendo quedar este hecho debidamente acreditado en la respectiva Memoria.

Artículo 24. De la forma y jerarquía de las disposiciones y resoluciones del Gobierno de la Nación y de sus miembros.

1. Las decisiones del Gobierno de la Nación y de sus miembros revisten las formas siguientes:

a) Reales Decretos Legislativos y Reales Decretos-leyes, las decisiones que aprueban, respectivamente, las normas previstas en los artículos 82 y 86 de la Constitución.

b) Reales Decretos del Presidente del Gobierno, las disposiciones y actos cuya adopción venga atribuida al Presidente.

c) Reales Decretos acordados en Consejo de Ministros, las decisiones que aprueben normas reglamentarias de la competencia de éste y las resoluciones que deban adoptar dicha forma jurídica.

d) Acuerdos del Consejo de Ministros, las decisiones de dicho órgano colegiado que no deban adoptar la forma de Real Decreto.

e) Acuerdos adoptados en Comisiones Delegadas del Gobierno, las disposiciones y resoluciones de tales órganos colegiados. Tales acuerdos revestirán la forma de Orden del Ministro competente o del Ministro de la Presidencia, cuando la competencia corresponda a distintos Ministros.

f) Órdenes Ministeriales, las disposiciones y resoluciones de los Ministros. Cuando la disposición o resolución afecte a varios Departamentos revestirá la forma de Orden del Ministro de la Presidencia, dictada a propuesta de los Ministros interesados.

2. Los reglamentos se ordenarán según la siguiente jerarquía:

1.º Disposiciones aprobadas por Real Decreto del Presidente del Gobierno o acordado en el Consejo de Ministros.

2.º Disposiciones aprobadas por Orden Ministerial.

Artículo 25. Plan Anual Normativo.

1. El Gobierno aprobará anualmente un Plan Normativo que contendrá las iniciativas legislativas o reglamentarias que vayan a ser elevadas para su aprobación en el año siguiente.

2. El Plan Anual Normativo identificará, con arreglo a los criterios que se establezcan reglamentariamente, las normas que habrán de someterse a un análisis sobre los resultados de su aplicación, atendiendo fundamentalmente al coste que suponen para la Administración o los destinatarios y las cargas administrativas impuestas a estos últimos.

3. Cuando se eleve para su aprobación por el órgano competente una propuesta normativa que no figurara en el Plan Anual Normativo al que se refiere el presente artículo será necesario justificar este hecho en la correspondiente Memoria del Análisis de Impacto Normativo.

4. El Plan Anual Normativo estará coordinado por el Ministerio de la Presidencia, con el objeto de asegurar la congruencia de todas las iniciativas que se tramiten y de evitar sucesivas modificaciones del régimen legal aplicable a un determinado sector o área de actividad en un corto espacio de tiempo. El Ministro de la Presidencia elevará el Plan al Consejo de Ministros para su aprobación antes del 30 de abril.

Por orden del Ministerio de la Presidencia se aprobarán los modelos que contengan la información a remitir sobre cada iniciativa normativa para su inclusión en el Plan.

Artículo 26. Procedimiento de elaboración de normas con rango de Ley y reglamentos.

La elaboración de los anteproyectos de ley, de los proyectos de real decreto legislativo y de normas reglamentarias se ajustará al siguiente procedimiento:

1. Su redacción estará precedida de cuantos estudios y consultas se estimen convenientes para garantizar el acierto y la legalidad de la norma.

2. Se sustanciará una consulta pública, a través del portal web del departamento competente, con carácter previo a la elaboración del texto, en la que se recabará opinión de los sujetos potencialmente afectados por la futura norma y de las organizaciones más representativas acerca de:

a) Los problemas que se pretenden solucionar con la nueva norma.

b) La necesidad y oportunidad de su aprobación.

c) Los objetivos de la norma.

d) Las posibles soluciones alternativas regulatorias y no regulatorias.

Podrá prescindirse del trámite de consulta pública previsto en este apartado en el caso de la elaboración de normas presupuestarias u organizativas de la Administración General del Estado o de las organizaciones dependientes o vinculadas a éstas, cuando concurran razones graves de interés público que lo justifiquen, o cuando la propuesta normativa no tenga un impacto significativo en la actividad económica, no imponga obligaciones relevantes a los destinatarios o regule aspectos parciales de una materia. También podrá prescindirse de este trámite de consulta en el caso de tramitación urgente de iniciativas normativas, tal y como se establece en el artículo 27.2. La concurrencia de alguna o varias de estas razones, debidamente motivadas, se justificarán en la Memoria del Análisis de Impacto Normativo.

La consulta pública deberá realizarse de tal forma que todos los potenciales destinatarios de la norma tengan la posibilidad de emitir su opinión, para lo cual deberá proporcionarse un tiempo suficiente, que en ningún caso será inferior a quince días naturales.

3. El centro directivo competente elaborará con carácter preceptivo una Memoria del Análisis de Impacto Normativo, que deberá contener los siguientes apartados:

a) Oportunidad de la propuesta y alternativas de regulación estudiadas, lo que deberá incluir una justificación de la necesidad de la nueva norma frente a la alternativa de no aprobar ninguna regulación.

b) Contenido y análisis jurídico, con referencia al Derecho nacional y de la Unión Europea, que incluirá el listado pormenorizado de las normas que quedarán derogadas como consecuencia de la entrada en vigor de la norma.

c) Análisis sobre la adecuación de la norma propuesta al orden de distribución de competencias.

d) Impacto económico y presupuestario, que evaluará las consecuencias de su aplicación sobre los sectores, colectivos o agentes afectados por la norma, incluido el efecto sobre la competencia, la unidad de mercado y la competitividad y su encaje con la legislación vigente en cada momento sobre estas materias. Este análisis incluirá la realización del test Pyme de acuerdo con la práctica de la Comisión Europea.

e) Asimismo, se identificarán las cargas administrativas que conlleva la propuesta, se cuantificará el coste de su cumplimiento para la Administración y para los obligados a soportarlas con especial referencia al impacto sobre las pequeñas y medianas empresas.

f) Impacto por razón de género, que analizará y valorará los resultados que se puedan seguir de la aprobación de la norma desde la perspectiva de la eliminación de desigualdades y de su contribución a la consecución de los objetivos de igualdad de oportunidades y de trato entre mujeres y hombres, a partir de los indicadores de situación de partida, de previsión de resultados y de previsión de impacto.

g) Un resumen de las principales aportaciones recibidas en el trámite de consulta pública regulado en el apartado 2.

La Memoria del Análisis de Impacto Normativo incluirá cualquier otro extremo que pudiera ser relevante a criterio del órgano proponente.

4. Cuando la disposición normativa sea un anteproyecto de ley o un proyecto de real decreto legislativo, cumplidos los trámites anteriores, el titular o titulares de los Departamentos proponentes lo elevarán, previo sometimiento a la Comisión General de Secretarios de Estado y Subsecretarios, al Consejo de Ministros, a fin de que éste decida sobre los ulteriores trámites y, en particular, sobre las consultas, dictámenes e informes que resulten convenientes, así como sobre los términos de su realización, sin perjuicio de los legalmente preceptivos.

Cuando razones de urgencia así lo aconsejen, y siempre que se hayan cumplimentado los trámites de carácter preceptivo, el Consejo de Ministros podrá prescindir de este y acordar la aprobación del anteproyecto de ley o proyecto de real decreto legislativo y su remisión, en su caso, al Congreso de los Diputados o al Senado, según corresponda.

5. A lo largo del procedimiento de elaboración de la norma, el centro directivo competente recabará, además de los informes y dictámenes que resulten preceptivos, cuantos estudios y consultas se estimen convenientes para garantizar el acierto y la legalidad del texto.

Salvo que normativamente se establezca otra cosa, los informes preceptivos se emitirán en un plazo de diez días, o de un mes cuando el informe se solicite a otra Administración o a un órgano u Organismo dotado de espacial independencia o autonomía.

El centro directivo competente podrá solicitar motivadamente la emisión urgente de los informes, estudios y consultas solicitados, debiendo éstos ser emitidos en un plazo no superior a la mitad de la duración de los indicados en el párrafo anterior.

En todo caso, los anteproyectos de ley, los proyectos de real decreto legislativo y los proyectos de disposiciones reglamentarias, deberán ser informados por la Secretaría General Técnica del Ministerio o Ministerios proponentes.

Asimismo, cuando la propuesta normativa afectara a la organización administrativa de la Administración General del Estado, a su régimen de personal, a los procedimientos y a la inspección de los servicios, será necesario recabar la aprobación previa del Ministerio de Hacienda y Administraciones Públicas antes de ser sometidas al órgano competente para promulgarlos. Si transcurridos 15 días desde la recepción de la solicitud de aprobación por parte del citado Ministerio no se hubiera formulado ninguna objeción, se entenderá concedida la aprobación.

Será además necesario informe previo del Ministerio de Hacienda y Administraciones Públicas cuando la norma pudiera afectar a la distribución de las competencias entre el Estado y las Comunidades Autónomas.

6. Sin perjuicio de la consulta previa a la redacción del texto de la iniciativa, cuando la norma afecte a los derechos e intereses legítimos de las personas, el centro directivo competente publicará el texto en el portal web correspondiente, con el objeto de dar audiencia a los ciudadanos afectados y obtener cuantas aportaciones adicionales puedan hacerse por otras personas o entidades. Asimismo, podrá recabarse directamente la opinión de las organizaciones o asociaciones reconocidas por ley que agrupen o representen a las personas cuyos derechos o intereses legítimos se vieren afectados por la norma y cuyos fines guarden relación directa con su objeto.

El plazo mínimo de esta audiencia e información públicas será de 15 días hábiles, y podrá ser reducido hasta un mínimo de siete días hábiles cuando razones debidamente motivadas así lo justifiquen; así como cuando se aplique la tramitación urgente de iniciativas normativas, tal y como se establece en el artículo 27.2. De ello deberá dejarse constancia en la Memoria del Análisis de Impacto Normativo.

El trámite de audiencia e información pública sólo podrá omitirse cuando existan graves razones de interés público, que deberán justificarse en la Memoria del Análisis de Impacto Normativo. Asimismo, no será de aplicación a las disposiciones presupuestarias o que regulen los órganos, cargos y autoridades del Gobierno o de las organizaciones dependientes o vinculadas a éstas.

7. Se recabará el dictamen del Consejo de Estado u órgano consultivo equivalente cuando fuera preceptivo o se considere conveniente.

8. Cumplidos los trámites anteriores, la propuesta se someterá a la Comisión General de Secretarios de Estado y

Subsecretarios y se elevará al Consejo de Ministros para su aprobación y, en caso de proyectos de ley, su remisión al Congreso de los Diputados o, en su caso, al Senado, acompañándolo de una Exposición de Motivos y de la documentación propia del procedimiento de elaboración a que se refieren las letras b) y d) del artículo 7 de la Ley 19/2013, de 9 de diciembre, de transparencia, acceso a la información pública y buen gobierno y su normativa de desarrollo.

9. El Ministerio de la Presidencia, con el objeto de asegurar la coordinación y la calidad de la actividad normativa del Gobierno analizará los siguientes aspectos:

a) La calidad técnica y el rango de la propuesta normativa.

b) La congruencia de la iniciativa con el resto del ordenamiento jurídico, nacional y de la Unión Europea, con otras que se estén elaborando en los distintos Ministerios o que vayan a hacerlo de acuerdo con el Plan Anual Normativo, así como con las que se estén tramitando en las Cortes Generales.

c) La necesidad de incluir la derogación expresa de otras normas, así como de refundir en la nueva otras existentes en el mismo ámbito.

d) El contenido preceptivo de la Memoria del Análisis de Impacto Normativo y, en particular, la inclusión de una sistemática de evaluación posterior de la aplicación de la norma cuando fuere preceptivo.

e) El cumplimiento de los principios y reglas establecidos en este Título.

f) El cumplimiento o congruencia de la iniciativa con los proyectos de reducción de cargas administrativas o buena regulación que se hayan aprobado en disposiciones o acuerdos de carácter general para la Administración General del Estado.

g)La posible extralimitación de la iniciativa normativa respecto del contenido de la norma comunitaria que se trasponga al derecho interno.

Reglamentariamente se determinará la composición del órgano encargado de la realización de esta función así como su modo de intervención en el procedimiento.

10. Se conservarán en el correspondiente expediente administrativo, en formato electrónico, la Memoria del Análisis de Impacto Normativo, los informes y dictámenes recabados para su tramitación, así como todos los estudios y consultas emitidas y demás actuaciones practicadas.

11. Lo dispuesto en este artículo y en el siguiente no será de aplicación para la tramitación y aprobación de decretos-leyes, a excepción de la elaboración de la memoria

prevista en el apartado 3, con carácter abreviado, y lo establecido en los números 1, 8, 9 y 10.

Artículo 27. Tramitación urgente de iniciativas normativas en el ámbito de la Administración General del Estado.

1. El Consejo de Ministros, a propuesta del titular del departamento al que corresponda la iniciativa normativa, podrá acordar la tramitación urgente del procedimiento de elaboración y aprobación de anteproyectos de ley, reales decretos legislativos y de reales decretos, en alguno de los siguientes casos:

a) Cuando fuere necesario para que la norma entre en vigor en el plazo exigido para la transposición de directivas comunitarias o el establecido en otras leyes o normas de Derecho de la Unión Europea.

b) Cuando concurran otras circunstancias extraordinarias que, no habiendo podido preverse con anterioridad, exijan la aprobación urgente de la norma.

La Memoria del Análisis de Impacto Normativo que acompañe al proyecto mencionará la existencia del acuerdo de tramitación urgente, así como las circunstancias que le sirven de fundamento.

2. La tramitación por vía de urgencia implicará que:

a) Los plazos previstos para la realización de los trámites del procedimiento de elaboración, establecidos en ésta o en otra norma, se reducirán a la mitad de su duración. Si, en aplicación de la normativa reguladora de los órganos consultivos que hubieran de emitir dictamen, fuera necesario un acuerdo para requerirlo en dicho plazo, se adoptará por el órgano competente; y si fuera el Consejo de Ministros, se recogerá en el acuerdo previsto en el apartado 1 de este artículo.

b) No será preciso el trámite de consulta pública previsto en el artículo 26.2, sin perjuicio de la realización de los trámites de audiencia pública o de información pública sobre el texto a los que se refiere el artículo 26.6, cuyo plazo de realización será de siete días.

c) La falta de emisión de un dictamen o informe preceptivo en plazo no impedirá la continuación del procedimiento, sin perjuicio de su eventual incorporación y consideración cuando se reciba.

Artículo 28. Informe anual de evaluación.

1. El Consejo de Ministros, a propuesta del Ministerio de la Presidencia, aprobará, antes del 30 de abril de cada año, un informe anual en el que se refleje el grado de cumplimiento del Plan Anual Normativo del año anterior, las iniciativas adoptadas que no estaban inicialmente incluidas en el citado Plan, así como las incluidas en anteriores informes de evaluación con objetivos plurianuales que hayan producido al menos parte de sus efectos en el año que se evalúa.

2. En el informe se incluirán las conclusiones del análisis de la aplicación de las normas a que se refiere el artículo 25.2, que, de acuerdo con lo previsto en su respectiva Memoria, hayan tenido que ser evaluadas en el ejercicio anterior. La evaluación se realizará en los términos y plazos previstos en la Memoria del Análisis de Impacto Normativo y deberá comprender, en todo caso:

a) La eficacia de la norma, entendiendo por tal la medida en que ha conseguido los fines pretendidos con su aprobación.

b) La eficiencia de la norma, identificando las cargas administrativas que podrían no haber sido necesarias.

c) La sostenibilidad de la disposición.

El informe podrá contener recomendaciones específicas de modificación y, en su caso, derogación de las normas evaluadas, cuando así lo aconsejase el resultado del análisis.»

Trece. Se añade un Título VI en el que se incluye el artículo 26 actual, que se renumera como artículo 29, y que queda redactado del siguiente modo:

«TÍTULO VI

Del control del Gobierno

Artículo 29. Del control de los actos del Gobierno.

1. El Gobierno está sujeto a la Constitución y al resto del ordenamiento jurídico en toda su actuación.

2. Todos los actos y omisiones del Gobierno están sometidos al control político de las Cortes Generales.

3. Los actos, la inactividad y las actuaciones materiales que constituyan una vía de hecho del Gobierno y de los órganos y autoridades regulados en la presente Ley son impugnables ante la jurisdicción contencioso-administrativa, de conformidad con lo dispuesto en su Ley reguladora.

4. La actuación del Gobierno es impugnable ante el Tribunal Constitucional en los términos de la Ley Orgánica reguladora del mismo.»

Disposición final cuarta. Modificación de la Ley 50/2002, de 26 de diciembre, de Fundaciones.

El apartado 2 del artículo 34 de la Ley 50/2002, de 26 de diciembre, de Fundaciones, queda redactado en los siguientes términos:

«2. Las funciones de Protectorado respecto de las fundaciones de competencia estatal serán ejercidas por la Administración General del Estado a través de un único órgano administrativo, en la forma que reglamentariamente se determine.»

Disposición final quinta. Modificación de la Ley 22/2003, de 9 de julio, Concursal.

La Ley 22/2003, de 9 de julio, Concursal, queda modificada en los siguientes términos:

Uno. El apartado 1 del artículo 3 queda redactado como sigue:

«1. Para solicitar la declaración de concurso están legitimados el deudor, cualquiera de sus acreedores y el mediador concursal cuando se trate del procedimiento regulado en el Título X de esta Ley.

Si el deudor fuera persona jurídica, será competente para decidir sobre la solicitud el órgano de administración o de liquidación.»

Dos. El artículo 34 ter queda redactado como sigue:

«Artículo 34 ter. Régimen de la cuenta de garantía arancelaria.

1. El Ministerio de Justicia gestionará la cuenta de garantía arancelaria en la forma que se determine reglamentariamente, ya sea directamente o a través de terceros.

2. La gestión de la cuenta y el control de los ingresos y los cargos se realizará a través de la aplicación informática que determine el Ministerio de Justicia. La aplicación dispondrá de los mecanismos adecuados de control, seguridad y supervisión, y deberá garantizar la autenticidad, confidencialidad, integridad y disponibilidad de los datos, permitir la disposición de fondos mediante la expedición de órdenes telemáticas de transferencia y mandamientos de

pago, así como proporcionar información sobre los movimientos y saldos de las cuentas.

3. En los casos de falta de medios informáticos adecuados o imposibilidad técnica sobrevenida, se podrán emitir mandamientos de pago u órdenes de transferencia de forma manual utilizando los impresos normalizados.

4. La cuenta de garantía arancelaria permitirá el control de las aportaciones que corresponden a los administradores concursales. Si en el momento de la rendición de cuentas el administrador concursal no hubiera realizado los ingresos en la cuenta a los que estuviera obligado, el secretario judicial le instará a que lo haga en el plazo de 10 días. Si transcurrido dicho plazo no hubiera cumplido con su obligación, será dado de baja en la sección cuarta del Registro Público Concursal hasta que proceda a su abono.»

Tres. El apartado 2 del artículo 34 quáter de la Ley Concursal quedará con la siguiente redacción:

«2. Antes de la presentación del informe de rendición de cuentas, la administración concursal deberá ingresar en la cuenta de garantía arancelaria las aportaciones obligatorias establecidas en el apartado anterior, calculadas sobre las cantidades efectivamente percibidas. Simultáneamente, la administración concursal o cada uno de los administradores concursales deberán dar cuenta al secretario judicial del juzgado donde se tramita el concurso del importe ingresado.»

Cuatro. El punto 6.º del apartado 1, del artículo 90 queda redactado como sigue:

«6.º Los créditos garantizados con prenda constituida en documento público, sobre los bienes o derechos pignorados que estén en posesión del acreedor o de un tercero. Si se tratare de prenda de créditos, bastará con que conste en documento con fecha fehaciente para gozar de privilegio sobre los créditos pignorados.

Los créditos garantizados con prenda constituida sobre créditos futuros sólo gozarán de privilegio especial cuando concurran los siguientes requisitos antes de la declaración de concurso:

a) Que los créditos futuros nazcan de contratos perfeccionados o relaciones jurídicas constituidas con anterioridad a dicha declaración.

b) Que la prenda esté constituida en documento público o, en el caso de prenda sin desplazamiento de la posesión, se haya inscrito en el registro público competente.

c) Que, en el caso de créditos derivados de la resolución de contratos de concesión de obras o de gestión de servicios públicos, cumplan, además, con lo exigido en el artículo 261.3 del texto Refundido de la Ley de Contratos del Sector Público, aprobado por Real Decreto Legislativo 3/2011, de 14 de noviembre.»

Disposición final sexta. Modificación de la Ley 33/2003, de 3 de noviembre, del Patrimonio de las Administraciones Públicas.

La Ley 33/2003, de 3 de noviembre, del Patrimonio de las Administraciones Públicas queda modificada en los siguientes términos:

Uno. El apartado 1 del artículo 166, queda redactado como sigue:

«1. Las disposiciones de este título serán de aplicación a las siguientes entidades:

a) Las entidades públicas empresariales, a las que se refiere la Sección 3.ª del capítulo III del Título II de la Ley de Régimen Jurídico del Sector Público.

b) Las entidades de Derecho público vinculadas a la Administración General del Estado o a sus organismos públicos cuyos ingresos provengan, al menos en un 50 por ciento, de operaciones realizadas en el mercado.

c) Las sociedades mercantiles estatales, entendiendo por tales aquellas sobre la que se ejerce control estatal:

1.º Bien porque la participación directa en su capital social de la Administración General del Estado o algunas de las entidades que, conforme a lo dispuesto en el artículo 84 de la Ley de Régimen Jurídico del Sector Público integran el sector público institucional estatal, incluidas las sociedades mercantiles estatales, sea superior al 50 por 100. Para la determinación de este porcentaje, se sumarán las participaciones correspondientes a la Administración General del Estado y a todas las entidades integradas en el sector público institucional estatal, en el caso de que en el capital social participen varias de ellas.

2.º Bien porque la sociedad mercantil se encuentre en el supuesto previsto en el artículo 4 de la Ley 24/1988, de 28 de julio, del Mercado de Valores respecto de la Administración General del Estado o de sus organismos públicos vinculados o dependientes.»

Dos. El apartado segundo del artículo 167 queda redactado en los siguientes términos:

«2. Las entidades a que se refiere el párrafo c) del apartado 1 del artículo anterior ajustarán la gestión de su patrimonio al Derecho privado, sin perjuicio de las disposiciones de esta ley que les resulten expresamente de aplicación.»

Disposición final séptima. Modificación de la Ley 38/2003, de 17 de noviembre, General de Subvenciones.

Se introducen las siguientes modificaciones en la Ley 38/2003, de 17 de noviembre, General de Subvenciones:

Uno. Se modifica el artículo 10, que queda redactado como sigue:

«Artículo 10. Órganos competentes para la concesión de subvenciones.

1. Los Ministros y los Secretarios de Estado en la Administración General del Estado y los presidentes o directores de los organismos y las entidades públicas vinculados o dependientes de la Administración General del Estado, cualquiera que sea el régimen jurídico a que hayan de sujetar su actuación, son los órganos competentes para conceder subvenciones, en sus respectivos ámbitos, previa consignación presupuestaria para este fin.

2. No obstante lo dispuesto en el apartado anterior, para autorizar la concesión de subvenciones de cuantía superior a 12 millones de euros será necesario acuerdo del Consejo de Ministros o, en el caso de que así lo establezca la normativa reguladora de la subvención, de la Comisión Delegada del Gobierno para Asuntos Económicos.

En el caso de subvenciones concedidas en régimen de concurrencia competitiva, la autorización del Consejo de Ministros a que se refiere el párrafo anterior deberá obtenerse antes de la aprobación de la convocatoria cuya cuantía supere el citado límite.

La autorización a que se refiere el párrafo anterior no implicará la aprobación del gasto, que, en todo caso, corresponderá al órgano competente.

3. Las facultades para conceder subvenciones, a que se refiere este artículo, podrán ser objeto de desconcentración mediante real decreto acordado en Consejo de Ministros.

4. La competencia para conceder subvenciones en las corporaciones locales corresponde a los órganos que tengan atribuidas tales funciones en la legislación de régimen local.»

Dos. Se modifica el apartado 1 de la disposición adicional decimosexta con el siguiente contenido:

«1. Las fundaciones del sector público únicamente podrán conceder subvenciones cuando así se autorice a la correspondiente fundación de forma expresa mediante acuerdo del Ministerio de adscripción u órgano equivalente de la Administración a la que la fundación esté adscrita y sin perjuicio de lo dispuesto en el artículo 10.2.

La aprobación de las bases reguladoras, la autorización previa de la concesión, las funciones derivadas de la exigencia del reintegro y de la imposición de sanciones, así como las funciones de control y demás que comporten el ejercicio de potestades administrativas, serán ejercidas por los órganos de la Administración que financien en mayor proporción la subvención correspondiente; en caso de que no sea posible identificar tal Administración, las funciones serán ejercidas por los órganos de la Administración que ejerza el Protectorado de la fundación.»

Tres. Se introduce una nueva disposición transitoria tercera con el siguiente contenido:

«Disposición transitoria tercera. Convocatorias iniciadas y subvenciones concedidas con anterioridad a la entrada en vigor de la modificación de la Ley 38/2003, de 17 de noviembre, General de Subvenciones incluida en la disposición final séptima de la Ley 40/2015, de 1 de octubre, de Régimen Jurídico del Sector Público.

Las subvenciones públicas que se concedan en régimen de concurrencia competitiva cuya convocatoria se hubiera aprobado con anterioridad a la entrada en vigor de la modificación del artículo 10 de la Ley General de Subvenciones, se regirán por la normativa anterior.»

Cuatro. Se introduce una nueva disposición adicional vigésima quinta con el siguiente contenido:

«Disposición adicional vigésima quinta. Servicio Nacional de Coordinación Antifraude para la protección de los intereses financieros de la Unión Europea.

1. El Servicio Nacional de Coordinación Antifraude, integrado en la Intervención General de la Administración del Estado, coordinará las acciones encaminadas a proteger los intereses financieros de la Unión Europea contra el

fraude y dar cumplimiento al artículo 325 del Tratado de Funcionamiento de la Unión Europea y al artículo 3.4 del Reglamento (UE, Euratom) n.° 883/2013, del Parlamento Europeo y del Consejo relativo a las investigaciones efectuadas por la Oficina Europea de Lucha contra el Fraude (OLAF).

2. Corresponde al Servicio Nacional de Coordinación Antifraude:

a) Dirigir la creación y puesta en marcha de las estrategias nacionales y promover los cambios legislativos y administrativos necesarios para proteger los intereses financieros de la Unión Europea.

b) Identificar las posibles deficiencias de los sistemas nacionales para la gestión de fondos de la Unión Europea.

c) Establecer los cauces de coordinación e información sobre irregularidades y sospechas de fraude entre las diferentes instituciones nacionales y la OLAF.

d) Promover la formación para la prevención y lucha contra el fraude.

3. El Servicio Nacional de Coordinación Antifraude ejercerá sus competencias con plena independencia y deberá ser dotado con los medios adecuados para atender los contenidos y requerimientos establecidos por la OLAF.

4. El Servicio Nacional de Coordinación Antifraude estará asistido por un Consejo Asesor presidido por el Interventor General de la Administración del Estado e integrado por representantes de los ministerios, organismos y demás instituciones nacionales que tengan competencias en la gestión, control, prevención y lucha contra el fraude en relación con los intereses financieros de la Unión Europea. Su composición y funcionamiento se determinarán por Real Decreto.

5. Las autoridades, los titulares de los órganos del Estado, de las Comunidades Autónomas y de las Entidades Locales, así como los jefes o directores de oficinas públicas, organismos y otros entes públicos y quienes, en general, ejerzan funciones públicas o desarrollen su trabajo en dichas entidades deberán prestar la debida colaboración y apoyo al Servicio. El Servicio tendrá las mismas facultades que la OLAF para acceder a la información pertinente en relación con los hechos que se estén investigando.

6. El Servicio podrá concertar convenios con la OLAF para la transmisión de la información y para la realización de investigaciones.»

Disposición final octava. Modificación de la Ley 47/2003, de 26 de noviembre, General Presupuestaria.

Se modifica la Ley 47/2003, de 26 de noviembre, General

Presupuestaria, que queda redactada como sigue:

Uno. Se modifica el artículo 2 que queda redactado en los siguientes términos:

«Artículo 2. Sector público estatal.

1. A los efectos de esta Ley forman parte del sector público estatal:

a) La Administración General del Estado.

b) El sector público institucional estatal.

2. Integran el sector público institucional estatal las siguientes entidades:

a) Los organismos públicos vinculados o dependientes de la Administración General del Estado, los cuales se clasifican en:

1.° Organismos autónomos.

2.° Entidades Públicas Empresariales.

b) Las autoridades administrativas independientes.

c) Las sociedades mercantiles estatales.

d) Los consorcios adscritos a la Administración General del Estado.

e) Las fundaciones del sector público adscritas a la Administración General del Estado.

f) Los fondos sin personalidad jurídica.

g) Las universidades públicas no transferidas.

h) Las entidades gestoras, servicios comunes y las mutuas colaboradoras con la Seguridad Social en su función pública de colaboración en la gestión de la Seguridad Social, así como sus centros mancomunados.

i) Cualesquiera organismos y entidades de derecho público vinculados o dependientes de la Administración General del Estado.

3. Los órganos con dotación diferenciada en los Presupuestos Generales del Estado que, careciendo de personalidad jurídica, no están integrados en la Administración General del Estado, forman parte del sector público estatal, regulándose su régimen económico-financiero por esta Ley, sin perjuicio de las especialidades que se establezcan en sus normas de creación, organización y funcionamiento. No obstante, su régimen de contabilidad y de control quedará sometido en todo caso a lo establecido en dichas normas, sin que les sea aplicable en dichas materias lo establecido en esta Ley.

Sin perjuicio de lo anterior, esta Ley no será de aplicación a las Cortes Generales, que gozan de autonomía presupuestaria de acuerdo con lo establecido en el artículo 72 de la Constitución; no obstante, se mantendrá la coordinación necesaria para la elaboración del Proyecto de Ley de Presupuestos Generales del Estado.»

Dos. Se modifica el artículo 3 que queda redactado como sigue:

«Artículo 3. Sector público administrativo, empresarial y fundacional.

A los efectos de esta Ley, el sector público estatal se divide en los siguientes:

1. El sector público administrativo, integrado por:

a) La Administración General del Estado, los organismos autónomos, las autoridades administrativas independientes, las universidades públicas no transferidas y las entidades gestoras, servicios comunes y las mutuas colaboradoras con la Seguridad Social, así como sus centros mancomunados, así como las entidades del apartado 3 del artículo anterior.

b) Cualesquiera organismos y entidades de derecho público vinculados o dependientes de la Administración General del Estado, los consorcios y los fondos sin personalidad jurídica, que cumplan alguna de las dos características siguientes:

1.ª Que su actividad principal no consista en la producción en régimen de mercado de bienes y servicios destinados al consumo individual o colectivo, o que efectúen operaciones de redistribución de la renta y de la riqueza nacional, en todo caso sin ánimo de lucro.

2.ª Que no se financien mayoritariamente con ingresos comerciales, entendiéndose como tales a los efectos de esta Ley, los ingresos, cualquiera que sea su naturaleza, obtenidos como contrapartida de las entregas de bienes o prestaciones de servicios.

2. El sector público empresarial, integrado por:

a) Las entidades públicas empresariales.

b) Las sociedades mercantiles estatales.

c) Cualesquiera organismos y entidades de derecho público vinculados o dependientes de la Administración General del Estado, los consorcios y los fondos sin personalidad jurídica no incluidos en el sector público administrativo.

3. El sector público fundacional, integrado por las fundaciones del sector público estatal.»

Disposición final novena. Modificación del Texto Refundido de la Ley de Contratos del Sector Público, aprobado por Real Decreto Legislativo 3/2011, de 14 de noviembre.

El Texto Refundido de la Ley de Contratos del Sector Público, aprobado por Real Decreto Legislativo 3/2011, de 14 de noviembre, queda modificado como sigue:

Uno. El artículo 60 queda redactado del siguiente modo:

«Artículo 60. Prohibiciones de contratar.

1. No podrán contratar con las entidades previstas en el artículo 3 de la presente Ley con los efectos establecidos en el artículo 61 bis, las personas en quienes concurra alguna de las siguientes circunstancias:

a) Haber sido condenadas mediante sentencia firme por delitos de terrorismo, constitución o integración de una organización o grupo criminal, asociación ilícita, financiación ilegal de los partidos políticos, trata de seres humanos, corrupción en los negocios, tráfico de influencias, cohecho, prevaricación, fraudes, negociaciones y actividades prohibidas a los funcionarios, delitos contra la Hacienda Pública y la Seguridad Social, delitos contra los derechos de los trabajadores, malversación, blanqueo de capitales, delitos relativos a la ordenación del territorio y el urbanismo, la protección del patrimonio histórico y el medio ambiente, o a la pena de inhabilitación especial para el ejercicio de profesión, oficio, industria o comercio.

La prohibición de contratar alcanzará a las personas jurídicas que sean declaradas penalmente responsables, y a aquéllas cuyos administradores o representantes, lo sean de hecho o de derecho, vigente su cargo o representación y hasta su cese, se encontraran en la situación mencionada en este apartado.

b) Haber sido sancionadas con carácter firme por infracción grave en materia profesional, de falseamiento de la competencia, de integración laboral y de igualdad de oportunidades y no discriminación de las personas con discapacidad, o de extranjería, de conformidad con lo establecido en la normativa vigente; por infracción muy grave en materia medioambiental, de acuerdo con lo establecido en la Ley 21/2013, de 9 de diciembre, de evaluación ambiental; en la Ley 22/1988, de 28 de julio, de Costas; en la Ley 4/1989, de 27 de marzo, de Conservación de los Espacios Naturales y de la Flora y Fauna Silvestres; en la Ley 11/1997, de 24 de abril, de Envases y Residuos de Envases; en la Ley 10/1998, de 21 de abril, de Residuos; en el Texto Refundido de la Ley de Aguas, aprobado por Real Decreto Legislativo 1/2001, de 20 de julio, y en la Ley 16/2002, de 1 de julio, de Prevención y Control Integrados de la Contaminación; o por infracción muy grave en materia laboral o social, de acuerdo con lo dispuesto en el Texto Refundido de la Ley sobre Infracciones y Sanciones en el Orden Social, aprobado por el Real Decreto Legislativo 5/2000, de 4 de agosto, así como por la infracción grave prevista en el artículo 22.2 del citado texto.

c) Haber solicitado la declaración de concurso voluntario, haber sido declaradas insolventes en cualquier procedimiento, hallarse declaradas en concurso, salvo que en éste haya adquirido la eficacia un convenio, estar sujetos a intervención judicial o haber sido inhabilitados conforme a la Ley 22/2003, de 9 de julio, Concursal, sin que haya concluido el período de inhabilitación fijado en la sentencia de calificación del concurso.

d) No hallarse al corriente en el cumplimiento de las obligaciones tributarias o de Seguridad Social impuestas por las disposiciones vigentes, en los términos que reglamentariamente se determinen; o en el caso de empresas de 50 o más trabajadores, no cumplir el requisito de que al menos el 2 por ciento de sus empleados sean trabajadores con discapacidad, de conformidad con el artículo 42 del Real Decreto Legislativo 1/2013, de 29 de noviembre, por el que se aprueba el Texto Refundido de la Ley General de derechos de las personas con discapacidad y de su inclusión social, en las condiciones que reglamentariamente se determinen.

En relación con el cumplimiento de sus obligaciones tributarias o con la Seguridad Social, se considerará que las empresas se encuentran al corriente en el mismo cuando las deudas estén aplazadas, fraccionadas o se hubiera acordado su suspensión con ocasión de la impugnación de tales deudas.

e) Haber incurrido en falsedad al efectuar la declaración responsable a que se refiere el artículo 146 o al facilitar cualesquiera otros datos relativos a su capacidad y solvencia, o haber incumplido, por causa que le sea imputable, la obligación de comunicar la información que corresponda en materia de clasificación y la relativa a los registros de licitadores y empresas clasificadas.

f) Estar afectado por una prohibición de contratar impuesta en virtud de sanción administrativa firme, con arreglo a lo previsto en la Ley 38/2003, de 17 de noviembre, General de Subvenciones, o en la Ley 58/2003, de 17 de diciembre, General Tributaria.

g) Estar incursa la persona física o los administradores de la persona jurídica en alguno de los supuestos de la Ley 5/2006, de 10 de abril, de Regulación de los Conflictos de Intereses de los Miembros del Gobierno y de los Altos Cargos de la Administración General del Estado o las respectivas normas de las Comunidades Autónomas, de la Ley 53/1984, de 26 de diciembre, de Incompatibilidades del

Personal al Servicio de las Administraciones Públicas o tratarse de cualquiera de los cargos electivos regulados en la Ley Orgánica 5/1985, de 19 de junio, del Régimen Electoral General, en los términos establecidos en la misma.

La prohibición alcanzará a las personas jurídicas en cuyo capital participen, en los términos y cuantías establecidas en la legislación citada, el personal y los altos cargos a que se refiere el párrafo anterior, así como los cargos electos al servicio de las mismas.

La prohibición se extiende igualmente, en ambos casos, a los cónyuges, personas vinculadas con análoga relación de convivencia afectiva, ascendientes y descendientes, así como a parientes en segundo grado por consanguineidad o afinidad de las personas a que se refieren los párrafos anteriores, cuando se produzca conflicto de intereses con el titular del órgano de contratación o los titulares de los órganos en que se hubiere delegado la facultad para contratar o los que ejerzan la sustitución del primero.

h) Haber contratado a personas respecto de las que se haya publicado en el "Boletín Oficial del Estado" el incumplimiento a que se refiere el artículo 18.6 de la Ley 5/2006, de 10 de abril, de Regulación de los Conflictos de Intereses de los Miembros del Gobierno y de los Altos Cargos de la Administración General del Estado o en las respectivas normas de las Comunidades Autónomas, por haber pasado a prestar servicios en empresas o sociedades privadas directamente relacionadas con las competencias del cargo desempeñado durante los dos años siguientes a la fecha de cese en el mismo. La prohibición de contratar se mantendrá durante el tiempo que permanezca dentro de la organización de la empresa la persona contratada con el límite máximo de dos años a contar desde el cese como alto cargo.

2. Además de las previstas en el apartado anterior, son circunstancias que impedirán a los empresarios contratar con las entidades comprendidas en el artículo 3 de la presente Ley, en las condiciones establecidas en el artículo 61 bis las siguientes:

a) Haber retirado indebidamente su proposición o candidatura en un procedimiento de adjudicación, o haber imposibilitado la adjudicación del contrato a su favor por no cumplimentar lo establecido en el apartado 2 del artículo 151 dentro del plazo señalado mediando dolo, culpa o negligencia.

b) Haber dejado de formalizar el contrato, que ha sido adjudicado a su favor, en los plazos previstos en el artículo 156.3 por causa imputable al adjudicatario.

c) Haber incumplido las cláusulas que son esenciales en el contrato, incluyendo las condiciones especiales de ejecución establecidas de acuerdo con lo señalado en el artículo 118, cuando dicho incumplimiento hubiese sido definido en los pliegos o en el contrato como infracción grave, concurriendo dolo, culpa o negligencia en el empresario, y siempre que haya dado lugar a la imposición de penalidades o a la indemnización de daños y perjuicios.

d) Haber dado lugar, por causa de la que hubiesen sido declarados culpables, a la resolución firme de cualquier contrato celebrado con una entidad de las comprendidas en el artículo 3 de la presente Ley.

3. Las prohibiciones de contratar afectarán también a aquellas empresas de las que, por razón de las personas que las rigen o de otras circunstancias, pueda presumirse que son continuación o que derivan, por transformación, fusión o sucesión, de otras empresas en las que hubiesen concurrido aquéllas.»

Dos. El artículo 61 queda redactado del siguiente modo:

«Artículo 61. Apreciación de la prohibición de contratar. Competencia y procedimiento.

1. Las prohibiciones de contratar relativas a las circunstancias contenidas en las letras c), d), f), g) y h) del apartado 1 del artículo anterior, se apreciarán directamente por los órganos de contratación, subsistiendo mientras concurran las circunstancias que en cada caso las determinan.

2. La prohibición de contratar por las causas previstas en las letras a) y b) del apartado 1 del artículo anterior se apreciará directamente por los órganos de contratación, cuando la sentencia o la resolución administrativa se hubiera pronunciado expresamente sobre su alcance y duración, subsistiendo durante el plazo señalado en las mismas.

En el caso de que la sentencia o la resolución administrativa no contengan pronunciamiento sobre el alcance o duración de la prohibición de contratar; en los casos de la letra e) del apartado primero del artículo anterior; y en los supuestos contemplados en el apartado segundo, también del artículo anterior, el alcance y duración de la prohibición deberá determinarse mediante procedimiento instruido al efecto, de conformidad con lo dispuesto en este artículo.

3. La competencia para fijar la duración y alcance de la prohibición de contratar en el caso de las letras a) y b) del

apartado 1 del artículo anterior, en los casos en que no figure en la correspondiente sentencia o resolución, y la competencia para la declaración de la prohibición de contratar en el caso de la letra e) del apartado primero del artículo anterior respecto de la obligación de comunicar la información prevista en materia de clasificación y respecto del registro de licitadores y empresas clasificadas, corresponderá al Ministro de Hacienda y Administraciones Públicas previa propuesta de la Junta Consultiva de Contratación Administrativa del Estado, o a los órganos que resulten competentes en el ámbito de las Comunidades Autónomas en el caso de la letra e) citada.

A efectos de poder dar cumplimiento a lo establecido en el párrafo anterior, el órgano judicial o administrativo del que emane la sentencia o resolución administrativa deberá remitir de oficio testimonio de aquélla o copia de ésta a la Junta Consultiva de Contratación Administrativa del Estado, sin perjuicio de que por parte de éste órgano, de tener conocimiento de su existencia y no habiendo recibido el citado testimonio de la sentencia o copia de la resolución administrativa, pueda solicitarlos al órgano del que emanaron.

En los supuestos previstos en la letra e) del apartado 1 del artículo anterior referido a casos en que se hubiera incurrido en falsedad al efectuar la declaración responsable a que se refiere el artículo 146, y en los supuestos previstos en el apartado segundo del artículo 60, la declaración de la prohibición de contratar corresponderá al órgano de contratación.

4. La competencia para la declaración de la prohibición de contratar en los casos en que la entidad contratante no tenga el carácter de Administración Pública corresponderá al titular del departamento, presidente o director del organismo al que esté adscrita o del que dependa la entidad contratante o al que corresponda su tutela o control. Si la entidad contratante estuviera vinculada a más de una Administración, será competente el órgano correspondiente de la que ostente el control o participación mayoritaria.

5. Cuando conforme a lo señalado en este artículo, sea necesaria una declaración previa sobre la concurrencia de la prohibición, el alcance y duración de ésta se determinarán siguiendo el procedimiento que en las normas de desarrollo de esta Ley se establezca.

6. En los casos en que por sentencia penal firme así se prevea, la duración de la prohibición de contratar será la prevista en la misma. En los casos en los que ésta no haya establecido plazo, esa duración no podrá exceder de cinco años desde la fecha de la condena por sentencia firme.

En el resto de los supuestos, el plazo de duración no podrá exceder de tres años, para cuyo cómputo se estará a lo establecido en el apartado tercero del artículo 61 bis.

7. En el caso de la letra a) del apartado 1 del artículo anterior, el procedimiento, de ser necesario, no podrá iniciarse una vez transcurrido el plazo previsto para la prescripción de la correspondiente pena, y en el caso de la letra b) del apartado 2 del mismo artículo, si hubiesen transcurrido más de tres meses desde que se produjo la adjudicación.

En los restantes supuestos previstos en dicho artículo, el procedimiento para la declaración de la prohibición de contratar no podrá iniciarse si hubiesen transcurrido más de tres años contados a partir de las siguientes fechas:

a) Desde la firmeza de la resolución sancionadora, en el caso de la causa prevista en la letra b) del apartado 1 del artículo anterior;

b) Desde la fecha en que se hubieran facilitado los datos falsos o desde aquella en que hubiera debido comunicarse la correspondiente información, en los casos previstos en la letra e) del apartado 1 del artículo anterior;

c) Desde la fecha en que fuese firme la resolución del contrato, en el caso previsto en la letra d) del apartado 2 del artículo anterior;

d) En los casos previstos en la letra a) del apartado 2 del artículo anterior, desde la fecha en que se hubiese procedido a la adjudicación del contrato, si la causa es la retirada indebida de proposiciones o candidaturas; o desde la fecha en que hubiese debido procederse a la adjudicación, si la prohibición se fundamenta en el incumplimiento de lo establecido en el apartado segundo del artículo 151.

e) Desde que la entidad contratante tuvo conocimiento del incumplimiento de las condiciones especiales de ejecución del contrato en los casos previstos en la letra c) del apartado segundo del artículo 61 bis.»

Tres. Se introduce un artículo 61 bis, con la siguiente redacción:

«Artículo 61 bis. Efectos de la declaración de la prohibición de contratar.

1. En los supuestos en que se den las circunstancias establecidas en el apartado segundo del artículo 60 y en la letra e) del apartado primero del mismo artículo en lo referente a haber incurrido en falsedad al efectuar la declaración responsable del artículo 146 o al facilitar otros datos relativos a su capacidad y solvencia, la prohibición de

contratar afectará al ámbito del órgano de contratación competente para su declaración.

Dicha prohibición se podrá extender al correspondiente sector público en el que se integre el órgano de contratación. En el caso del sector público estatal, la extensión de efectos corresponderá al Ministro de Hacienda y Administraciones Públicas, previa propuesta de la Junta Consultiva de Contratación Administrativa del Estado.

En los supuestos en que, de conformidad con lo establecido en el primer párrafo del apartado tercero del artículo anterior respecto a la letra e) del apartado primero del artículo 60, la competencia para la declaración de la prohibición de contratar corresponda a los órganos que resulten competentes en el ámbito de las Comunidades Autónomas, la citada prohibición de contratar afectará a todos los órganos de contratación del correspondiente sector público.

Excepcionalmente, y siempre que previamente se hayan extendido al correspondiente sector público territorial, los efectos de las prohibiciones de contratar a las que se refieren los párrafos anteriores se podrán extender al conjunto del sector público. Dicha extensión de efectos a todo el sector público se realizará por el Ministro de Hacienda y Administraciones Públicas, previa propuesta de la Junta Consultiva de Contratación Administrativa del Estado, y a solicitud de la Comunidad Autónoma o Entidad Local correspondiente en los casos en que la prohibición de contratar provenga de tales ámbitos.

En los casos en que la competencia para declarar la prohibición de contratar corresponda al Ministro de Hacienda y Administraciones Públicas, la misma producirá efectos en todo el sector público.

2. Todas las prohibiciones de contratar, salvo aquellas en que se den alguna de las circunstancias previstas en las letras c), d), g) y h) del apartado primero del artículo 60, se inscribirán en el Registro Oficial de Licitadores y Empresas Clasificadas del Sector Público o el equivalente en el ámbito de las Comunidades Autónomas, en función del ámbito de la prohibición de contratar y del órgano que la haya declarado.

Los órganos de contratación del ámbito de las Comunidades Autónomas o de las entidades locales situadas en su territorio notificarán la prohibición de contratar a los Registros de Licitadores de las Comunidades Autónomas correspondientes, o si no existieran, al Registro Oficial de Licitadores y Empresas Clasificadas del Sector Público.

La inscripción de la prohibición de contratar en el Registro de Licitadores correspondiente caducará pasados 3 meses desde que termine su duración, debiendo procederse de oficio a su cancelación en dicho Registro tras el citado plazo.

3. Las prohibiciones de contratar contempladas en las letras a) y b) del apartado primero del artículo 60 producirán efectos desde la fecha en que devinieron firmes la sentencia o la resolución administrativa en los casos en que aquélla o ésta se hubieran pronunciado sobre el alcance y la duración de la prohibición.

En el resto de supuestos, los efectos se producirán desde la fecha de inscripción en el registro correspondiente.

No obstante lo anterior, en los supuestos previstos en las letras a) y b) del apartado primero del artículo 60 en los casos en que los efectos de la prohibición de contratar se produzcan desde la inscripción en el correspondiente registro, podrán adoptarse, en su caso, por parte del órgano competente para resolver el procedimiento de determinación del alcance y duración de la prohibición, de oficio, o a instancia de parte, las medidas provisionales que estime oportunas para asegurar la eficacia de la resolución que pudiera adoptarse.

4. Las prohibiciones de contratar cuya causa fuera la prevista en la letra f) del apartado primero del artículo 60, producirán efectos respecto de las Administraciones Públicas que se establezcan en la resolución sancionadora que las impuso, desde la fecha en que ésta devino firme.»

Cuatro. El apartado 2 del artículo 150 queda redactado de la siguiente manera:

«2. Los criterios que han de servir de base para la adjudicación del contrato se determinarán por el órgano de contratación y se detallarán en el anuncio, en los pliegos de cláusulas administrativas particulares o en el documento descriptivo.

En la determinación de los criterios de adjudicación se dará preponderancia a aquellos que hagan referencia a características del objeto del contrato que puedan valorarse mediante cifras o porcentajes obtenidos a través de la mera aplicación de las fórmulas establecidas en los pliegos. Cuando en una licitación que se siga por un procedimiento abierto o restringido se atribuya a los criterios evaluables de forma automática por aplicación de fórmulas una ponderación inferior a la correspondiente a los criterios cuya cuantificación dependa de un juicio de valor, deberá constituirse un comité que cuente con un mínimo de tres miembros, formado por expertos no integrados en el órgano proponente del contrato y con cualificación apropiada, al que corresponderá realizar la evaluación de las ofertas conforme a estos últimos criterios, o encomendar esta evaluación a un organismo técnico especializado, debidamente identificado en los pliegos.

La evaluación de las ofertas conforme a los criterios cuantificables mediante la mera aplicación de fórmulas se realizará tras efectuar previamente la de aquellos otros criterios en que no concurra esta circunstancia, dejándose constancia documental de ello. Las normas de desarrollo de esta Ley determinarán los supuestos y condiciones en que deba hacerse pública tal evaluación previa, así como la forma en que deberán presentarse las proposiciones para hacer posible esta valoración separada.

Cuando en los contratos de concesión de obra pública o gestión de servicios públicos se prevea la posibilidad de que se efectúen aportaciones públicas a la construcción o explotación así como cualquier tipo de garantías, avales u otro tipo de ayudas a la empresa, en todo caso figurará como un criterio de adjudicación evaluable de forma automática la cuantía de la reducción que oferten los licitadores sobre las aportaciones previstas en el expediente de contratación.»

Cinco. El artículo 254 queda redactado de la siguiente manera:

«Artículo 254. Aportaciones públicas a la construcción y garantías a la financiación.

1. Las Administraciones Públicas podrán contribuir a la financiación de la obra mediante aportaciones que serán realizadas durante la fase de ejecución de las obras, tal como dispone el artículo 240 de esta Ley, o una vez concluidas éstas, y cuyo importe será fijado por los licitadores en sus ofertas dentro de la cuantía máxima que establezcan los pliegos de condiciones.

2. Las aportaciones públicas a que se refiere el apartado anterior podrán consistir en aportaciones no dinerarias del órgano de contratación o de cualquier otra Administración con la que exista convenio al efecto, de acuerdo con la valoración de las mismas que se contenga en el pliego de cláusulas administrativas particulares.

Los bienes inmuebles que se entreguen al concesionario se integrarán en el patrimonio afecto a la concesión, destinándose al uso previsto en el proyecto de la obra, y revertirán a la Administración en el momento de su extinción, debiendo respetarse, en todo caso, lo dispuesto en los planes de ordenación urbanística o sectorial que les afecten.

3. Todas las aportaciones públicas han de estar previstas en el pliego de condiciones determinándose su

cuantía en el procedimiento de adjudicación y no podrán incrementarse con posterioridad a la adjudicación del contrato.

4. El mismo régimen establecido para las aportaciones será aplicable a cualquier tipo de garantía, avales y otras medidas de apoyo a la financiación del concesionario que, en todo caso, tendrán que estar previstas en los pliegos.»

Seis. El artículo 256 queda redactado de la siguiente manera:

«Artículo 256. Aportaciones públicas a la explotación.

Las Administraciones Públicas podrán otorgar al concesionario las siguientes aportaciones a fin de garantizar la viabilidad económica de la explotación de la obra, que, en todo caso, tendrán que estar previstas en el pliego de condiciones y no podrán incrementarse con posterioridad a la adjudicación del contrato, sin perjuicio del reequilibrio previsto en el artículo 258:

a) Subvenciones, anticipos reintegrables, préstamos participativos, subordinados o de otra naturaleza, para ser aportados desde el inicio de la explotación de la obra o en el transcurso de la misma. La devolución de los préstamos y el pago de los intereses devengados en su caso por los mismos se ajustarán a los términos previstos en la concesión.

b) Ayudas, incluyendo todo tipo de garantías, en los casos excepcionales en que, por razones de interés público, resulte aconsejable la promoción de la utilización de la obra pública antes de que su explotación alcance el umbral mínimo de rentabilidad.»

Siete. El artículo 261 queda redactado de la siguiente manera:

«Artículo 261. Objeto de la hipoteca de la concesión y pignoración de derechos.

1. Las concesiones de obras públicas con los bienes y derechos que lleven incorporados serán hipotecables conforme a lo dispuesto en la legislación hipotecaria, previa autorización del órgano de contratación.

No se admitirá la hipoteca de concesiones de obras públicas en garantía de deudas que no guarden relación con la concesión correspondiente.

2. Las solicitudes referentes a las autorizaciones administrativas previstas en este artículo y en el siguiente

se resolverán por el órgano competente en el plazo de un mes, debiendo entenderse desestimadas si no resuelve y notifica en ese plazo.

3. Los derechos derivados de la resolución de un contrato de concesión de obra o de gestión de servicio público, a que se refieren los primeros apartados de los artículos 271 y 288, así como los derivados de las aportaciones públicas y de la ejecución de garantías establecidos en los artículos 254 y 256, sólo podrán pignorarse en garantía de deudas que guarden relación con la concesión o el contrato, previa autorización del órgano de contratación, que deberá publicarse en el "Boletín Oficial del Estado" o en los diarios oficiales autonómicos o provinciales.»

Ocho. Los apartados 1 y 3 del artículo 271 quedan redactados de la siguiente manera:

«1. En los supuestos de resolución por causa imputable a la Administración, esta abonará en todo caso al concesionario el importe de las inversiones realizadas por razón de la expropiación de terrenos, ejecución de obras de construcción y adquisición de bienes que sean necesarios para la explotación de la obra objeto de la concesión, atendiendo a su grado de amortización. Al efecto, se aplicará un criterio de amortización lineal. La cantidad resultante se fijará dentro del plazo de seis meses, salvo que se estableciera otro en el pliego de cláusulas administrativas particulares.

En los casos en que la resolución se produzca por causas no imputables a la Administración, el importe a abonar a éste por razón de la expropiación de terrenos, ejecución de obras y adquisición de bienes que deban revertir a la Administración será el que resulte de la valoración de la concesión, determinado conforme a lo dispuesto en el artículo 271 bis.

En todo caso, se entenderá que la resolución de la concesión no es imputable a la Administración cuando obedezca a alguna de las causas previstas en las letras a), b), c), e) y j) del artículo 269 de esta Ley.»

«3. En los supuestos de los párrafos g), h) e i) del artículo 269, y sin perjuicio de lo dispuesto en el apartado 1 de este artículo, la Administración concedente indemnizará al concesionario por los daños y perjuicios que se le irroguen. Para determinar la cuantía de la indemnización se tendrán en cuenta:

a) los beneficios futuros que el concesionario dejará de percibir, cuantificándolos en la media aritmética de los beneficios antes de impuestos obtenidos durante un período de tiempo equivalente a los años que restan hasta la terminación de la concesión. En caso de que el tiempo restante fuese superior al transcurrido, se tomará como referencia este último.

La tasa de descuento aplicable será la que resulte del coste de capital medio ponderado correspondiente a las últimas cuentas anuales del concesionario.

b) la pérdida del valor de las obras e instalaciones que no hayan de ser entregadas a aquélla, considerando su grado de amortización.»

Nueve. Se añade un nuevo artículo 271 bis con la siguiente redacción:

«Artículo 271 bis. Nuevo proceso de adjudicación en concesión de obras en los casos en los que la resolución obedezca a causas no imputables a la Administración.

1. En el supuesto de resolución por causas no imputables a la Administración, el órgano de contratación deberá licitar nuevamente la concesión, siendo el tipo de licitación el que resulte del artículo siguiente. La licitación se realizará mediante subasta al alza siendo el único criterio de adjudicación el precio.

En el caso que quedara desierta la primera licitación, se convocará una nueva licitación en el plazo máximo de un mes, siendo el tipo de licitación el 50 % de la primera.

El adjudicatario de la licitación deberá abonar el importe de ésta en el plazo de dos meses desde que se haya adjudicado la concesión. En el supuesto de que no se abone el citado importe en el indicado plazo, la adjudicación quedará sin efecto, adjudicándose al siguiente licitador por orden o, en el caso de no haber más licitadores, declarando la licitación desierta.

La convocatoria de la licitación podrá realizarse siempre que se haya incoado el expediente de resolución, si bien no podrá adjudicarse hasta que éste no haya concluido. En todo caso, desde la resolución de la concesión a la apertura de las ofertas de la primera licitación no podrá transcurrir un plazo superior a tres meses.

Podrá participar en la licitación todo empresario que haya obtenido la oportuna autorización administrativa en los términos previstos en el apartado 2 del artículo 263.

2. El valor de la concesión, en el supuesto de que la resolución obedezca a causas no imputables a la Administración, será el que resulte de la adjudicación de las licitaciones a las que se refiere el apartado anterior.

En el caso de que la segunda licitación quedara desierta, el valor de la concesión será el tipo de ésta, sin perjuicio de la posibilidad de presentar por el concesionario originario o acreedores titulares al menos de un 5 % del pasivo exigible de la concesionaria, en el plazo máximo de tres meses a contar desde que quedó desierta, un nuevo comprador que abone al menos el citado tipo de licitación, en cuyo caso el valor de la concesión será el importe abonado por el nuevo comprador.

La Administración abonará al primitivo concesionario el valor de la concesión en un plazo de tres meses desde que se haya realizado la adjudicación de la licitación a la que se refiere el apartado anterior o desde que la segunda licitación haya quedado desierta.

En todo caso, el nuevo concesionario se subrogará en la posición del primitivo concesionario quedando obligado a la realización de las actuaciones vinculadas a las subvenciones de capital percibidas cuando no se haya cumplido la finalidad para la que se concedió la subvención.

3. El contrato resultante de la licitación referida en el apartado 1 tendrá en todo caso la naturaleza de contrato de concesión de obra pública, siendo las condiciones del mismo las establecidas en el contrato primitivo que se ha resuelto, incluyendo el plazo de duración.»

Diez. Se añade un nuevo artículo 271 ter con la siguiente redacción:

«Artículo 271 ter. Determinación del tipo de licitación de la concesión de obras en los casos en los que la resolución obedezca a causas no imputables a la Administración.

Para la fijación del tipo de la primera licitación, al que se refiere el artículo 271 bis se seguirán las siguientes reglas:

a) El tipo se determinará en función de los flujos futuros de caja que se prevea obtener por la sociedad concesionaria, por la explotación de la concesión, en el periodo que resta desde la resolución del contrato hasta su reversión, actualizados al tipo de descuento del interés de las obligaciones del Tesoro a diez años incrementado en 300 puntos básicos.

Se tomará como referencia para el cálculo de dicho rendimiento medio los últimos datos disponibles publicados por el Banco de España en el Boletín del Mercado de Deuda Pública.

b) El instrumento de deuda que sirve de base al cálculo de la rentabilidad razonable y el diferencial citados podrán ser modificados por la Comisión Delegada del Gobierno para Asuntos Económicos, previo informe de la Oficina Nacional de Evaluación, para adaptarlo a las condiciones de riesgo y rentabilidad observadas en los contratos del sector público.

c) Los flujos netos de caja futuros se cuantificarán en la media aritmética de los flujos de caja obtenidos por la entidad durante un período de tiempo equivalente a los años que restan hasta la terminación. En caso de que el tiempo restante fuese superior al transcurrido, se tomará como referencia este último. No se incorporará ninguna actualización de precios en función de la inflación futura estimada.

d) El valor de los flujos de caja será el que el Plan General de Contabilidad establece en el Estado de Flujos de Efectivo como Flujos de Efectivo de las Actividades de Explotación sin computar en ningún caso los pagos y cobros de intereses, los cobros de dividendos y los cobros o pagos por impuesto sobre beneficios.

e) Si la resolución del contrato se produjera antes de la terminación de la construcción de la infraestructura, el tipo de la licitación será el 70 % del importe equivalente a la inversión ejecutada. A estos efectos se entenderá por inversión ejecutada el importe que figure en las últimas cuentas anuales aprobadas incrementadas en la cantidad resultante de las certificaciones cursadas desde el cierre del ejercicio de las últimas cuentas aprobadas hasta el momento de la resolución. De dicho importe se deducirá el correspondiente a las subvenciones de capital percibidas por el beneficiario, cuya finalidad no se haya cumplido.»

Once. El apartado 1 del artículo 288 queda redactado de la siguiente manera:

«1. En los supuestos de resolución por causa imputable a la Administración, esta abonará al concesionario en todo caso el importe de las inversiones realizadas por razón de la expropiación de terrenos, ejecución de obras de construcción y adquisición de bienes que sean necesarios para la explotación de la obra objeto de la concesión, atendiendo a su grado de amortización. Al efecto, se aplicará un criterio de amortización lineal de la inversión.

Cuando la resolución obedezca a causas no imputables a la Administración, el importe a abonar a éste por razón de la expropiación de terrenos, ejecución de obras y adquisición de bienes que deban revertir a la Administración será el que resulte de la valoración de la concesión, determinado conforme a lo dispuesto en el artículo 271 bis.

En todo caso, se entenderá que no es imputable a la Administración la resolución del contrato cuando ésta obedezca a alguna de las causas establecidas en las letras a) y b) del artículo 223 de esta Ley.»

Doce. Se incorpora una nueva disposición adicional con el siguiente contenido:

«Disposición adicional trigésimo sexta. La Oficina Nacional de Evaluación.

1. Se crea la Oficina Nacional de Evaluación que tiene como finalidad analizar la sostenibilidad financiera de los contratos de concesiones de obras y contratos de concesión de servicios públicos.

2. Mediante Orden del Ministro de Hacienda y Administraciones Públicas, previo informe de la Comisión Delegada del Gobierno para Asuntos Económicos, se determinará la composición, organización y funcionamiento de la misma.

3. La Oficina Nacional de Evaluación, con carácter previo a la licitación de los contratos de concesión de obras y de gestión de servicios públicos a celebrar por los poderes adjudicadores dependientes de la Administración General del Estado y de las Corporaciones Locales, evacuará informe preceptivo en los siguientes casos:

a) Cuando se realicen aportaciones públicas a la construcción o a la explotación de la concesión, así como cualquier medida de apoyo a la financiación del concesionario.

b) Las concesiones de obra pública y los contratos de gestión de servicios en las que la tarifa sea asumida total o parcialmente por el poder adjudicador concedente, cuando el importe de las obras o los gastos de primer establecimiento superen un millón de euros.

Asimismo informará de los acuerdos de restablecimiento del equilibrio del contrato, en los casos previstos en los artículos 258.2 y 282.4 del Texto Refundido de la Ley de Contratos del Sector Público, respecto de las concesiones de obras y servicios públicos que hayan sido informadas previamente de conformidad con las letras a) y b) anteriores o que, sin haber sido informadas, supongan la incorporación en el contrato de alguno de los elementos previstos en éstas. Cada Comunidad Autónoma podrá adherirse a la Oficina Nacional de Evaluación para que realice dichos informes o si hubiera creado un órgano u organismo equivalente solicitará estos informes preceptivos al mismo cuando afecte a sus contratos de concesión.

Reglamentariamente se fijarán las directrices apropiadas para asegurar que la elaboración de los informes se realiza con criterios suficientemente homogéneos.

4. Los informes previstos en el apartado anterior evaluarán si la rentabilidad del proyecto obtenida en función del valor de la inversión, las ayudas otorgadas, los flujos de caja esperados y la tasa de descuento establecida es razonable en atención al riesgo de demanda que asuma el concesionario. En dicha evaluación se tendrá en cuenta la mitigación que las ayudas otorgadas puedan suponer sobre otros riesgos distintos del de demanda, que habitualmente deban ser soportados por los operadores económicos.

En los contratos de concesión de obra en los que el abono de la tarifa concesional se realice por el poder adjudicador la oficina evaluará previamente la transferencia del riesgo de demanda al concesionario. Si éste no asume completamente dicho riesgo, el informe evaluará la razonabilidad de la rentabilidad en los términos previstos en el párrafo anterior.

En los acuerdos de restablecimiento del equilibrio del contrato, el informe evaluará si las compensaciones financieras establecidas mantienen una rentabilidad razonable según lo dispuesto en el primer párrafo de este apartado.

5. Los informes serán evacuados, a solicitud del poder adjudicador contratante, en el plazo de treinta días desde la petición o nueva aportación de información al que se refiere el párrafo siguiente. Este plazo podrá reducirse a la mitad siempre que se justifique en la solicitud las razones de urgencia. Estos informes serán publicados a través de la central de información económico-financiera de las Administraciones Públicas dependiente del Ministerio de Hacienda y Administraciones Públicas y estarán disponibles para su consulta por el público a través de medios electrónicos.

El poder adjudicador que formule la petición remitirá la información necesaria a la Oficina, quien evacuará su informe sobre la base de la información recibida. Si dicha Oficina considera que la información remitida no es suficiente, no es completa o requiriere alguna aclaración se dirigirá al poder adjudicador peticionario para que le facilite la información requerida dentro del plazo que ésta señale al efecto. La información que reciba la Oficina deberá ser tratada respetando los límites que rigen el acceso a la información confidencial.

6. Si la Administración o la entidad destinataria del informe se apartara de las recomendaciones contenidas en un informe preceptivo de la Oficina, deberá motivarlo en un

informe que se incorporará al expediente del correspondiente contrato y que será objeto de publicación. En el caso de la Administración General del Estado esta publicación se hará a través de la central de información económico-financiera de las Administraciones Públicas.

7. La Oficina publicará anualmente una memoria de actividad.»

Trece. Se incorpora una nueva disposición transitoria con el siguiente contenido:

«Disposición transitoria décima. Prohibición de contratar por incumplimiento de la cuota de reserva de puestos de trabajo para personas con discapacidad.

1. La prohibición de contratar establecida en el artículo 60.1.d) relativa al incumplimiento de la cuota de reserva de puestos de trabajo del 2 por ciento para personas con discapacidad no será efectiva en tanto no se desarrolle reglamentariamente y se establezca qué ha de entenderse por el cumplimiento de dicho requisito a efectos de la prohibición de contratar y cómo se acreditará el mismo, que, en todo caso, será bien mediante certificación del órgano administrativo correspondiente, con vigencia mínima de seis meses, o bien mediante certificación del correspondiente Registro de Licitadores, en los casos en que dicha circunstancia figure inscrita en el mismo.

2. Hasta el momento en que se produzca la aprobación del desarrollo reglamentario a que se refiere el apartado anterior, los órganos de contratación ponderarán en los supuestos que ello sea obligatorio, que los licitadores cumplen lo dispuesto en el Real Decreto Legislativo 1/2013, de 29 de noviembre, por el que se aprueba el Texto Refundido de la Ley General de derechos de las personas con discapacidad y de su inclusión social, en relación con la obligación de contar con un dos por ciento de trabajadores con discapacidad o adoptar las medidas alternativas correspondientes, de conformidad con lo dispuesto en la disposición adicional cuarta.»

Disposición final décima. Modificación de la Ley 17/2012, de 27 de diciembre, de Presupuestos Generales del Estado para el año 2013.

Se modifica la disposición adicional décima tercera de la Ley 17/2012, de 27 de diciembre, de Presupuestos Generales del

Estado para el año 2013, que queda redactada en los siguientes términos:

«Décima tercera. Subvenciones al transporte marítimo y aéreo para residentes en Canarias, Baleares, Ceuta y Melilla.

Uno. Con vigencia indefinida tendrán derecho a obtener bonificaciones en las tarifas de los servicios regulares de transporte marítimo y aéreo de pasajeros, los ciudadanos españoles, así como los de los demás Estados miembros de la Unión Europea o de otros Estados firmantes del Acuerdo sobre el Espacio Económico Europeo o de Suiza, sus familiares nacionales de terceros países beneficiarios del derecho de residencia o del derecho de residencia permanente y los ciudadanos nacionales de terceros países residentes de larga duración, que acrediten su condición de residente en las Comunidades Autónomas de Canarias e Illes Balears y en las Ciudades de Ceuta y Melilla.

El derecho de residencia de los familiares de ciudadanos de Estados miembros de la Unión Europea o de otro Estado parte en el Acuerdo del Espacio Económico Europeo se acreditará conforme al Real Decreto 240/2007, de 16 de febrero, sobre entrada, libre circulación y residencia en España de ciudadanos de los Estados miembros de la Unión Europea o de otro Estado parte en el Acuerdo del Espacio Económico Europeo. El derecho de residencia de larga duración de los nacionales de terceros países a que se refiere el párrafo anterior se acreditará conforme a lo previsto en la Ley Orgánica 4/2000, de 11 de enero, de derechos y libertades de los extranjeros en España y su integración social y su normativa de desarrollo.

Para ciudadanos españoles, de los Estados miembros de la Unión Europea o de los demás Estados firmantes del Acuerdo sobre el Espacio Económico Europeo o Suiza, el documento acreditativo de su identidad será el documento nacional de identidad o pasaporte en vigor. En el caso de los familiares de ciudadanos de Estados miembros de la Unión Europea o de otro Estado parte en el Acuerdo del Espacio Económico Europeo y los ciudadanos nacionales de terceros países residentes de larga duración, su identidad se acreditará mediante la tarjeta española de residencia de familiar de ciudadano de la Unión o de identidad de extranjero en la que debe constar su condición de residente de larga duración, respectivamente. Dichos documentos deben encontrarse en vigor.

En el caso de que telemáticamente se haya constatado que el pasajero cumple las condiciones para ser beneficiario de la subvención, éste podrá acreditar su identidad en el modo aéreo a través de los mismos medios que los pasajeros sin derecho a bonificación. En este caso, el pasajero no tendrá que acreditar su condición de residente ni en facturación ni en embarque.

Dos. El porcentaje de bonificación aplicable en los billetes de transporte marítimo, con vigencia indefinida, para los trayectos directos, ya sean de ida o de ida y vuelta, entre las Comunidades Autónomas de Canarias y las Illes Balears y las Ciudades de Ceuta y Melilla, respectivamente, y el resto del territorio nacional será del 50 por ciento de la tarifa bonificable y en los viajes interinsulares será del 25 por ciento de dicha cuantía.

Tres. El porcentaje de bonificación en las tarifas de los servicios regulares de transporte aéreo de pasajeros, entre las Comunidades Autónomas de Canarias e Illes Balears y las Ciudades de Ceuta y Melilla, respectivamente, y el resto del territorio nacional, así como en los viajes interinsulares será, con vigencia indefinida, del 50 por ciento de la tarifa bonificable por cada trayecto directo de ida o de ida y vuelta.

A estos efectos, se considera trayecto directo de ida aquél que se realiza desde el aeropuerto o helipuerto del punto de origen en los archipiélagos, Ceuta o Melilla, al de destino final, distinto del anterior, en el territorio nacional y viceversa, sin escalas intermedias o con escalas, siempre que estas no superen las 12 horas de duración, salvo aquéllas que vinieran impuestas por las necesidades técnicas del servicio o por razones de fuerza mayor.

A los efectos de esta bonificación, del importe de la tarifa bonificable se deducirá el importe correspondiente a las prestaciones patrimoniales públicas a que se refieren las letras d), e) y f) del artículo 68.2 de la Ley 21/2003, de 7 de julio, de Seguridad Aérea, con independencia de que hayan sido repercutidas o no al pasajero. A tal efecto, dichas prestaciones patrimoniales aparecerán desglosadas en la documentación justificativa de los cupones de vuelo.

Cuatro. La condición de residente en las Comunidades Autónomas de Canarias y las Illes Balears y en las Ciudades de Ceuta y Melilla a los efectos de las bonificaciones reguladas en esta disposición se acreditará mediante el certificado de empadronamiento en vigor.

Reglamentariamente podrán establecerse otros medios para la acreditación de la condición de residente, en sustitución del previsto en este apartado o como adicionales de éste.

Cinco. En relación con la verificación del cumplimiento de los requisitos exigidos en esta disposición:

a) Los órganos gestores de las bonificaciones del Ministerio de Fomento podrán acceder a los servicios de verificación y consulta de datos de identidad, domicilio, residencia, nacionalidad y régimen de extranjería de la Plataforma de Intermediación del Ministerio de Hacienda y Administraciones Públicas con el fin de comprobar el cumplimiento de los requisitos para ser beneficiarios de la subvención y realizar las funciones de control encomendadas a dichos órganos, con las garantías previstas en la Ley Orgánica 15/1999, de 13 de diciembre, de Protección de Datos de Carácter Personal y en la Ley 58/2003, de 17 de diciembre, General Tributaria.

b) Los órganos gestores podrán facilitar por vía telemática a las agencias, las compañías aéreas o marítimas o sus delegaciones, que comercialicen los títulos de transporte bonificados y lo soliciten, la confirmación del cumplimiento de los requisitos para ser beneficiario de la subvención.

La cesión de datos prevista en los párrafos precedentes y su tratamiento, no requerirá el consentimiento de los interesados ni requerirá informarles sobre dicho tratamiento, de conformidad con lo previsto, respectivamente, en los artículos 11.2, letra a), y 5.5 de la Ley Orgánica 15/1999, de Protección de Datos de Carácter Personal.

La integración en el sistema telemático de acreditación de la residencia de los sistemas de emisión de billetes y su utilización al emitir billetes subvencionados será obligatoria para todas las compañías, aéreas o marítimas, que emitan billetes aéreos o marítimos subvencionados por razones de residencia en territorios no peninsulares, en todos sus canales de venta.

En el caso de la incorporación a un mercado subvencionado de una nueva compañía de transporte regular aéreo o marítimo, ésta podrá emitir billetes aéreos o marítimos con derecho a subvención, sin necesidad de hacer uso del sistema telemático, durante un máximo de tres meses hasta la implantación efectiva de dicho sistema en todos sus canales de venta.

Seis. Cuando el cumplimiento de los requisitos exigidos para ser beneficiario de estas subvenciones no pueda acreditarse a través de la Plataforma de Intermediación conforme a lo previsto en el apartado Cinco, dichos requisitos se acreditarán por cualquiera de los medios previstos en la normativa de aplicación. A estos efectos, el certificado de empadronamiento se ajustará a lo previsto reglamentariamente en la normativa de desarrollo de estas bonificaciones.

Siete. Sin perjuicio de lo dispuesto en el apartado Uno de esta disposición, las bonificaciones previstas en él para familiares nacionales de terceros países beneficiarios del derecho de residencia o del derecho de residencia permanente y los ciudadanos nacionales de terceros países residentes de larga duración, que acrediten su condición de residente en las Comunidades Autónomas de Canarias e Illes Balears y en las Ciudades de Ceuta y Melilla, surten efectos a partir del 1 de abril de 2013.

Ocho. Además de las obligaciones impuestas por la normativa reguladora de las subvenciones al transporte marítimo y aéreo para residentes en Canarias, Illes Balears, Ceuta y Melilla y para familias numerosas y por la Ley 38/2003, de 17 de noviembre, las compañías aéreas y marítimas, como entidades colaboradoras, deben cumplir lo siguiente:

a) En el caso de las compañías aéreas, presentarán las liquidaciones mensuales de los cupones bonificados volados durante un mes en el transcurso de los dos meses siguientes, salvo autorización expresa de la Dirección General de Aviación Civil por razones excepcionales. Estas liquidaciones podrán contener aquellos cupones volados en los seis meses anteriores que no hayan podido ser incluidos, por causas justificadas, en los ficheros de meses pasados.

En el caso de las compañías marítimas, presentarán las liquidaciones trimestrales en el transcurso de los dos meses siguientes, salvo autorización expresa de la Dirección General de la Marina Mercante por razones excepcionales. Estas liquidaciones podrán contener aquellos embarques bonificados en los seis meses anteriores que no hayan podido ser incluidos, por causas justificadas, en los ficheros de trimestres pasados.

b) En la documentación justificativa de la subvención desglosarán el precio y la identificación de todos los conceptos incluidos en el billete aéreo y marítimo, así como cualquier servicio adicional contratado por el pasajero incluido en el billete.

c) Levantarán un parte de incidente cuando un pasajero que posea un billete subvencionado no acredite su identidad y residencia de conformidad con la normativa aplicable. Los partes correspondientes a cada periodo de liquidación o, en otro caso, un certificado de inexistencia de incidentes en dicho período serán enviados al órgano gestor durante el periodo siguiente.

d) Cumplir con las obligaciones de registro establecidas reglamentariamente, así como registrar ante el órgano gestor, con anterioridad a su comercialización, las tarifas aéreas que incluyan servicios ajenos al transporte aéreo especificándolo en sus condiciones, así como los convenios, contratos o acuerdos de cualquier tipo, con sus anexos, adendas o modificaciones, susceptibles de generar la emisión de billetes subvencionados, con al menos un mes de antelación a la emisión del primer billete bonificado.

Nueve. Asimismo, las compañías marítimas y aéreas y sus agentes, incluidos los sistemas de reserva, habrán de conservar toda la información y documentación relativa a billetes bonificados tanto por razón de residencia no peninsular como por familias numerosas, cualquiera que sea su forma de almacenamiento, que acredite el importe de la subvención y el cumplimento de los procedimientos recogidos reglamentariamente para la concesión de la subvención, a disposición del Ministerio de Fomento, durante el plazo de prescripción previsto en el artículo 39 de la Ley 38/2003, de 17 de noviembre.

A efectos de la liquidación de las bonificaciones aplicadas, las compañías marítimas, aéreas, y sus agentes, lo que incluye a los sistemas de reserva y a cualquier tercero que haya intervenido en la determinación de la tarifa bonificada, en el pago realizado por el pasajero o en la gestión o aplicación de la bonificación, estarán obligadas a prestar colaboración y facilitar cuanta documentación les sea requerida en relación con las tarifas comercializadas objeto de bonificación, las bonificaciones aplicadas, los pagos realizados por el pasajero y las liquidaciones efectuadas.

La negativa al cumplimiento de esta obligación se considerará resistencia, excusa, obstrucción o negativa a los efectos previstos en el artículo 37 de la Ley 38/2003, de 17 de noviembre, sin perjuicio de las sanciones que, en su caso, pudieran corresponder.

Diez. Se autoriza al órgano gestor a modificar mediante resolución, tras dar trámite de audiencia a las compañías aéreas que exploten los mercados sujetos a subvención y a las principales asociaciones de aerolíneas, el contenido de los modelos de los anexos, en lo que afecta a las bonificaciones al transporte aéreo, del Real Decreto 1316/2001, de 30 de noviembre, por el que se regula la bonificación en las tarifas de los servicios regulares de transporte aéreo y marítimo para los residentes en las Comunidades Autónomas de Canarias y las Illes Balears y en las Ciudades de Ceuta y Melilla.

Once. No serán objeto de liquidación por las compañías marítimas y aéreas, ni de reembolso a éstas:

a) Los billetes subvencionados con tarifas marítimas y aéreas que incluyan respectivamente servicios ajenos al transporte marítimo y aéreo, sean o no repercutidos al pasajero.

b) Los billetes aéreos subvencionados emitidos bajo contratos, convenios o acuerdos de cualquier tipo que no hayan sido registrados y expresamente aprobados por la Dirección General de Aviación Civil.

c) Los conceptos excluidos de bonificación por la normativa de aplicación, entre otros, las ofertas, descuentos, promociones o prácticas comerciales equivalentes, que deben ser aplicados de forma previa al cálculo de la subvención, así como los servicios opcionales del transporte comercializados por la compañía marítima y aérea.

Doce. Verificación de fichero informático de las liquidaciones solicitadas por las compañías marítimas con la relación de los embarques realmente producidos en puertos.

El procedimiento de inspección y control de las bonificaciones al transporte marítimo ha de incluir la comprobación de si los datos de los embarques contenidos en el fichero informático se corresponden con embarques reales producidos en los puertos. Para ello, las autoridades portuarias remitirán mensualmente a la Dirección General de la Marina Mercante la relación de todos los embarques reales producidos en los puertos correspondientes a los trayectos bonificables.

La relación mensual de todos los embarques reales producidos en cada puerto incluirá las relaciones de embarques de todas y cada una de las escalas que hayan tenido lugar durante ese período. Estas relaciones de embarques de cada trayecto serán recabadas directamente por las autoridades portuarias u organismos competentes en cada caso o, en su defecto, remitidas electrónicamente a éstas por las compañías marítimas. La remisión se realizará en el tiempo y forma que determine la Dirección General de la Marina Mercante, pero en todo caso, deberán haber sido recibidas por el órgano competente antes de que la nave llegue a su destino.

No podrá bonificarse ningún embarque contenido en el fichero informático que no esté incluido en la relación de embarques reales, salvo que se demuestre error u omisión.

Trece. El Gobierno dictará las normas de aplicación y desarrollo de las bonificaciones al transporte, marítimo y aéreo, regular de pasajeros.»

Disposición final undécima. Modificación de la Ley 20/2015, de 14 de julio, de ordenación, supervisión y solvencia de las entidades aseguradoras y reaseguradoras.

Se modifica el apartado 2 de la disposición final vigésima primera de la ley 20/2015, de 14 de julio, de ordenación, supervisión y solvencia de las entidades aseguradoras y reaseguradoras, que queda redactado en los siguientes términos:

«2. No obstante, la disposición transitoria decimotercera y la disposición adicional decimosexta entrarán en vigor el día siguiente al de su publicación. Las disposiciones transitorias cuarta y décima entrarán en vigor el 1 de septiembre de 2015. La disposición final novena entrará en vigor el 1 de julio de 2016. La disposición final duodécima entrará en vigor al día siguiente de la publicación de la Ley 40/2015, de 1 de octubre, de Régimen Jurídico del Sector Público.»

Disposición final duodécima. Restitución o compensación a los partidos políticos de bienes y derechos incautados en aplicación de la normativa sobre responsabilidades políticas.

El reconocimiento de los derechos previstos en la Ley 50/2007, de 26 de diciembre, de modificación de la Ley 43/1998, de 15 de diciembre, de restitución o compensación a los partidos políticos de bienes y derechos incautados en aplicación de la normativa sobre responsabilidades políticas del periodo 1936-1939, así como la tramitación y resolución de los procedimientos iniciados al amparo de dicha Ley, seguirán suspendidos hasta que se verifiquen las condiciones que permitan atender las prestaciones que la Ley reconoce sin menoscabo de la financiación de otras actuaciones públicas prioritarias.

Una vez se constate la concurrencia de las expresadas condiciones, el Gobierno aprobará el Reglamento de desarrollo de la Ley, el cual fijará un nuevo plazo para la presentación de las solicitudes de restitución o compensación.

Disposición final decimotercera. Referencias normativas.

Las referencias hechas a Ley 30/1992, de 26 de noviembre, de Régimen Jurídico de las Administraciones Públicas y del Procedimiento Administrativo Común se entenderán hechas a la Ley del Procedimiento Administrativo Común de las Administraciones Públicas o a la Ley de Régimen Jurídico del Sector Público, según corresponda.

Disposición final decimocuarta. Título competencial.

1. Esta Ley se dicta al amparo de lo dispuesto en el artículo 149.1.18.ª de la Constitución Española que atribuye al Estado competencia exclusiva sobre las bases régimen jurídico de las Administraciones Públicas, así como al amparo de lo previsto en el artículo 149.1.13.ª, relativo a las bases y coordinación de la planificación general de la actividad económica, y del artículo 149.1.14.ª, relativo a la Hacienda Pública general.

2. No tiene carácter básico y se aplica exclusivamente a la Administración General del Estado y al sector público estatal lo previsto en:

a) La subsección 2.ª referida a los órganos colegiados de la Administración General del Estado de la sección 3.ª del capítulo II del Título preliminar.

b) El Título I relativo a la Administración General del Estado.

c) Lo dispuesto en el Capítulo II relativo a la organización y funcionamiento del sector público institucional estatal, el Capítulo III de los organismos públicos estatales, el Capítulo IV de las Autoridades administrativas independientes, el Capítulo V de las sociedades mercantiles estatales, en el artículo 123.2 del Capítulo VI relativo a los Consorcios, los artículos 128, 130, 131, 132, 133, 135 y 136 del Capítulo VII de las fundaciones del sector público estatal y el Capítulo VIII de los fondos carentes de personalidad jurídica, todos ellos del Título II relativo a la organización y funcionamiento del sector público institucional.

d) Lo previsto en las disposiciones adicionales: cuarta, sobre adaptación de entidades y organismos estatales, quinta, sobre gestión compartida de servicios comunes en organismos públicos estatales, sexta, sobre medios propios, séptima, sobre el registro electrónico estatal de órganos e instrumentos de cooperación, undécima, sobre conflictos de atribuciones intraministeriales, duodécima, sobre Autoridades Portuarias y Puertos del Estado, decimotercera, relativa a las entidades de la Seguridad Social, decimocuarta, sobre la organización militar, decimoquinta, relativa al personal militar, la decimosexta, sobre Servicios territoriales integrados en las

Delegaciones del Gobierno, decimoséptima, relativa a la Agencia Estatal de la Administración Tributaria, la decimoctava relativa al Centro Nacional de Inteligencia, la decimonovena relativa al Banco de España y la vigésima relativa al Fondo de Reestructuración Ordenada Bancaria.

Disposición final decimoquinta. Desarrollo normativo de la Ley.

Se faculta al Consejo de Ministros y a los Ministros de Presidencia y de Hacienda y Administraciones Públicas, en el ámbito de sus competencias, para dictar cuantas disposiciones reglamentarias sean necesarias para el desarrollo de la presente Ley, así como para acordar las medidas necesarias para garantizar la efectiva ejecución e implantación de las previsiones de esta Ley.

En el plazo de tres meses desde la entrada en vigor de esta Ley, mediante Orden del Ministro de Hacienda y Administraciones Públicas, se desarrollará lo previsto en el artículo 85 sobre la supervisión continua.

Disposición final decimosexta. Precedencias en actos oficiales.

Por Real Decreto del Consejo de Ministros, a propuesta del Presidente del Gobierno, se determinarán las precedencias de los titulares de los poderes constitucionales y de las instituciones nacionales, así como las de los titulares de los departamentos ministeriales y de los órganos internos de estos en relación con los actos oficiales.

Disposición final decimoséptima. Adaptación normativa.

1. En el plazo de un año a partir de la entrada en vigor de la Ley, se deberán adecuar a la misma las normas estatales o autonómicas que sean incompatibles con lo previsto en esta Ley.

2. Los consorcios creados por una ley singular aprobada por las Cortes Generales con anterioridad a la aprobación de esta Ley seguirán rigiéndose por su legislación especial hasta que se produzca la citada adaptación normativa.

Disposición final decimoctava. Entrada en vigor.

1. La presente Ley entrará en vigor al año de su publicación en el «Boletín Oficial del Estado», a excepción del punto cuatro de la disposición final quinta, de modificación de la Ley 22/2003, de 9 de julio, Concursal, de los puntos uno a once de la disposición final novena, de modificación del Texto Refundido de la Ley de Contratos del Sector Público, aprobado por Real Decreto Legislativo 3/2011, de 14 de noviembre y la disposición final decimosegunda, de

restitución o compensación a los partidos políticos de bienes y derechos incautados en aplicación de la normativa sobre responsabilidades políticas que entrarán en vigor a los veinte días de su publicación en el «Boletín Oficial del Estado», y el punto doce de la misma disposición final novena, que lo hará a los seis meses de la citada publicación en el «Boletín Oficial del Estado».

2. No obstante, entrarán en vigor el día siguiente al de su publicación en el «Boletín Oficial del Estado» la disposición final primera, de modificación de la Ley 23/1982, de 16 de junio, reguladora del Patrimonio Nacional, la disposición final segunda, de modificación del Real Decreto-Ley 12/1995, de 28 de diciembre, sobre medidas urgentes en materia presupuestaria, tributaria y financiera, los puntos uno a tres de la disposición final quinta, de modificación de la Ley 22/2003, de 9 de julio, Concursal, la disposición final séptima, de modificación de la Ley 38/2003, de 17 de noviembre, General de Subvenciones y la disposición final undécima, de modificación de la Ley 20/2015, de 14 de julio, de ordenación, supervisión y solvencia de las entidades aseguradoras y reaseguradoras.

3. La disposición final décima de modificación de la disposición adicional décima tercera de la Ley 17/2012, de 27 de diciembre, de Presupuestos Generales del Estado para el año 2013, entrará en vigor el día siguiente al de su publicación en el «Boletín Oficial del Estado», sin perjuicio de que los apartados Uno, primer y segundo párrafo; Dos; Tres, párrafos primero y segundo; Cuatro; Cinco, párrafos primero a cuarto y, Seis, surtirán efectos a partir del 1 de enero de 2013, y de lo dispuesto en el apartado Siete.

Por tanto,

Mando a todos los españoles, particulares y autoridades, que guarden y hagan guardar esta ley.

Madrid, 1 de octubre de 2015.

FELIPE R.

El Presidente del Gobierno,
MARIANO RAJOY BREY

Contacto con el autor

Puedes contactar con el autor en la dirección de correo electrónico "diegofiscalero@gmail.com". Para comunicar erratas o cualquier sugerencia.

www.ingramcontent.com/pod-product-compliance
Lightning Source LLC
Chambersburg PA
CBHW070313190526
45169CB00005B/1613

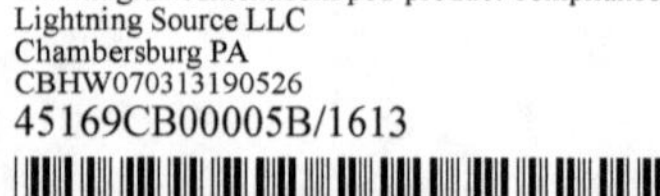

* 9 7 8 1 5 3 0 4 6 7 2 0 4 *